—— 信息系统协会中国分会（CNAIS）——

# 信息系统学报

## CHINA JOURNAL OF INFORMATION SYSTEMS

### 第20辑

清华大学经济管理学院 编

CJIS

科学出版社

北京

# 内 容 简 介

《信息系统学报》是我国信息系统科学研究领域的唯一专门学术出版物，被信息系统协会中国分会指定为会刊。《信息系统学报》倡导学术研究的科学精神和规范方法，鼓励对信息系统与信息管理领域中的理论和应用问题进行原创性探讨和研究，旨在发表信息系统研究领域中应用科学严谨的方法论、具有思想性与创新性的研究成果，并在国际学术界产生影响。其稿件内容包括相关的理论、方法、应用经验等方面，涵盖信息系统各个研究领域，注重结合我国国情的探讨，从而对我国和世界信息系统的研究与应用做出贡献。

《信息系统学报》主要面向信息系统领域的研究人员，已经成为我国信息系统领域学术研究探索与发展的重要主流平台，为相关研究工作创造了一个友好而宽阔的交流空间，推动着我国信息系统研究、应用以及学科建设不断前进。

**图书在版编目（CIP）数据**

信息系统学报. 第 20 辑 / 清华大学经济管理学院编. —北京：科学出版社，2019.7
ISBN 978-7-03-060609-9
Ⅰ. ①信… Ⅱ. ①清… Ⅲ. ①信息系统-丛刊 Ⅳ. ①G202-55
中国版本图书馆 CIP 数据核字（2019）第 033484 号

责任编辑：马　跃　李　嘉／责任校对：陶　璇
责任印制：张　伟／封面设计：无极书装

**科 学 出 版 社** 出版
北京东黄城根北街 16 号
邮政编码：100717
http://www.sciencep.com
**北京虎彩文化传播有限公司** 印刷

科学出版社发行　各地新华书店经销
\*
2019 年 7 月第 一 版　开本：889×1194 1/16
2019 年 7 月第一次印刷　印张：9
字数：210 000
**定价：78.00 元**
（如有印装质量问题，我社负责调换）

# 《信息系统学报》编委会

主 编 单 位　清华大学（经济管理学院）

副主编单位　北京大学（光华管理学院）　　　　复旦大学（管理学院）
　　　　　　哈尔滨工业大学（管理学院）　　　西安交通大学（管理学院）
　　　　　　中国人民大学（商学院）

参 编 单 位　北京大学（光华管理学院）　　　　北京航空航天大学（经济管理学院）
　　　　　　北京理工大学（管理与经济学院）　大连理工大学（管理与经济学部）
　　　　　　电子科技大学（管理学院）　　　　东南大学（经济管理学院）
　　　　　　复旦大学（管理学院）　　　　　　哈尔滨工业大学（管理学院）
　　　　　　合肥工业大学（管理学院）　　　　华中科技大学（管理学院）
　　　　　　南开大学（商学院）　　　　　　　清华大学（经济管理学院）
　　　　　　上海交通大学（安泰经济与管理学院）　天津大学（管理与经济学部）
　　　　　　同济大学（经济与管理学院）　　　武汉大学（信息管理学院）
　　　　　　西安交通大学（管理学院）　　　　中国科技大学（管理学院）
　　　　　　中国人民大学（商学院、信息学院）　中南大学（商学院）
　　　　　　中山大学（管理学院）


**通 信 地 址**

北京市清华大学经济管理学院《信息系统学报》，邮政编码：100084。

联系电话：86-10-62789850，传真：86-10-62771647，电子邮件：CJIS@sem.tsinghua.edu.cn，网址：http://cjis.sem.tsinghua.edu.cn。

# 《信息系统学报》审稿专家

梅姝娥（东南大学）　　　　　　　　闵庆飞（大连理工大学）
牛东来（首都经济贸易大学）　　　　潘　煜（北京邮电大学）
戚桂杰（山东大学）　　　　　　　　齐佳音（北京邮电大学）
邱凌云（北京大学）　　　　　　　　裘江南（大连理工大学）
任　菲（北京大学）　　　　　　　　任　明（中国人民大学）
任　南（江苏科技大学）　　　　　　单晓红（北京工业大学）
邵培基（电子科技大学）　　　　　　沈　波（江西财经大学）
宋明秋（大连理工大学）　　　　　　宋培建（南京大学）
孙建军（南京大学）　　　　　　　　苏　芳（暨南大学）
唐晓波（武汉大学）　　　　　　　　王　刚（合肥工业大学）
王　昊（清华大学）　　　　　　　　王　君（北京航空航天大学）
王刊良（中国人民大学）　　　　　　王　珊（中国人民大学）
卫　强（清华大学）　　　　　　　　闻　中（清华大学）
吴　亮（贵州师范大学）　　　　　　吴俊杰（北京航空航天大学）
夏　昊（哈尔滨工业大学）　　　　　肖静华（中山大学）
肖勇波（清华大学）　　　　　　　　谢　康（中山大学）
徐　心（清华大学）　　　　　　　　徐云杰（复旦大学）
许　伟（中国人民大学）　　　　　　严建援（南开大学）
严　威（中国传媒大学）　　　　　　闫相斌（哈尔滨工业大学）
颜志军（北京理工大学）　　　　　　杨　波（中国人民大学）
杨善林（合肥工业大学）　　　　　　杨　雪（南京大学）
杨彦武（中科院自动化所）　　　　　姚　忠（北京航空航天大学）
叶　强（哈尔滨工业大学）　　　　　易　成（清华大学）
殷国鹏（对外贸易大学）　　　　　　余　力（中国人民大学）
于笑丰（南京大学）　　　　　　　　余　艳（中国人民大学）
袁　华（电子科技大学）　　　　　　曾庆丰（上海财经大学）
张　诚（复旦大学）　　　　　　　　张金隆（华中科技大学）
张　瑾（中国人民大学）　　　　　　张　楠（清华大学）
张朋柱（上海交通大学）　　　　　　张　新（山东财经大学）
张紫琼（哈尔滨工业大学）　　　　　赵　昆（云南财经大学）
赵捧未（西安电子科技大学）　　　　赵　英（四川大学）
仲伟俊（东南大学）　　　　　　　　周　涛（杭州电子科技大学）
周中允（同济大学）　　　　　　　　朱庆华（南京大学）
左美云（中国人民大学）　　　　　　左文明（华南理工大学）
Chau Patrick Y. K.（University of Hong Kong）
Zhao Leon（City University of Hong Kong）

# 信息系统学报

## 第 20 辑

# 目　录

# China Journal of Information Systems

# CONTENTS

# 主 编 的 话

本期《信息系统学报》是总第 20 辑，共收录 7 篇研究论文和 2 篇领域综述与学科发展论文。

此次所发表的 7 篇研究论文呈现了高度多样化的研究视角和方法。吴金南和黄丽华的论文基于网络外部性理论、后悔理论和习惯理论，构建了一个以支付宝为研究情境的整合分析模型，用于理解移动支付用户持续使用行为的形成机理，为移动支付持续使用研究提供了新视角；侯冠华等为提升中老年人数字阅读体验，根据认知负荷与用户体验测量理论，采用正交实验设计方法，以及主观测量与眼动数据相结合的技术路线，以可用性、舒适度、阅读速度、认知负荷、眨眼率、瞳孔面积为评价指标，评价数字阅读文字设计；张敏等的论文以"郫县撤县设区引发的公众对郫县豆瓣热议事件"为研究对象，利用公众在社会化媒体平台发布的内容作为数据源，并遵循"开放编码-主轴编码-选择编码"的数据处理程序，对这些数据进行质性分析，探索该事件对消费者品牌情绪反应的影响；任延静和林丽慧的论文主要研究网络众包平台创新竞赛中的"加价延期"机制，通过对任务中国网站数据的实证分析，在学术方面丰富了众包平台竞赛机制的理论研究，在实践方面对平台运营方和任务发布者的策略有指导意义；马玲等的论文采用综合分析方法，对企业 E-learning 应用有效性的已有研究做系统的归纳分析，将多样性的评估指标归纳为技能、知识、行为、满意度和绩效等 5 类指标，得出了总体上企业 E-learning 应用有效，并就企业 E-learning 应用实践策略、研究局限和未来议题做了讨论；解峰等基于 Web of Science 平台，以清华大学为例，使用网络分析和统计方法，研究其 1981~2015 年学术合作网络的演变和对产出的影响，这对中国高校发展学术网络具有指导作用；陆慧玲等的论文利用新浪微博与百度搜索引擎两个不同类型的平台数据，分别构建了反映股票市场投资者情绪和关注的看涨指数，进一步从信息供求视角出发，结合行为金融学的相关知识，揭示其内在机理，并运用计量模型实证了微博看涨指数、百度看涨指数与上证综指（上海证券综合指数）收益率之间的相互影响关系。

本辑学报所刊发的两篇领域综述与学科发展论文也从不同的角度讨论了信息系统领域的发展现状和未来方向。姚欣林和张诚以 1980~2010 年信息系统领域 86 份主要期刊的 91 751 篇论文为基础，分析了中美学者在这 30 年间的合作特征演变，并对比了互联网技术发展前后合作特征的差异。穆勇等的论文针对已建成或正在运行的大量信息系统中存在的系统与实际业务流程不匹配、数据不规范、信息共享难及系统与技术文档"两层皮"等方面的问题，引入了"信息系统专业审计"的概念，界定了其内涵和外延，提出了一套信息系统专业审计的定位、目标、对象、内容、依据、工具、方法、组织、策略、流程、成果及作用的体系框架。

我们希望本期刊登的这些文章能够在促进科学探讨、启发创新思维、分享学术新知方面发挥应有的作用，同时也希望《信息系统学报》得到大家的更多关注并刊登更多高水平的文章。谨向关心和支持《信息系统学报》的国内外学者同仁及各界人士致以深深的谢意。感谢参与稿件评审的各位专家的辛勤工作，感谢各位作者对学报的支持以及在出版过程中的配合，并感谢科学出版社在编辑和出版过程中的勤恳努力！

主　编：陈国青
副主编：黄丽华　李　东　李一军　毛基业　王刊良
2019 年 7 月于北京

# 支付宝持续使用行为形成机理：一个整合模型与实证研究*

吴金南 [1]，黄丽华 [2]

（1. 安徽工业大学 商学院，马鞍山 243032；

2. 复旦大学 管理学院，上海 200443）

**摘 要** 不同于以往文献基于期望确认理论将用户满意作为预测信息技术持续使用的关键因素，本文基于网络外部性理论、后悔理论和习惯理论，构建了一个以支付宝为研究情境的整合分析模型，用于理解移动支付用户持续使用行为的形成机理。实证结果表明，在控制替代品吸引力和用户信任影响的前提下，用户持续使用意图受到支付宝的用户规模、感知重要性和体验后悔的影响，并且这种影响是通过培养用户习惯实现的；体验后悔作为消极情绪体验可以直接降低用户持续使用意图。研究结论是对期望确认理论的补充和完善，为移动支付持续使用研究提供了新视角。

**关键词** 网络外部性，后悔，习惯，持续使用意图，替代品吸引力

**中图分类号** C931.6

## 1 引言

移动互联网和移动终端设备正在改变人们的工作、生活和消费习惯。人们越来越多地使用移动支付工具进行在线交易活动。当前中国移动支付市场存在多样化的支付服务，这些提供移动支付服务的厂商包括电信运营商（如和包支付、沃支付、翼支付）、银行（如云闪付、手机银行）、移动硬件厂商（如 Apple Pay、Samsung Pay、Huawei Pay）、互联网服务提供商（如微信支付、百度钱包、Android Pay）和在线零售商（如支付宝、京东钱包）。不同于多数移动支付工具，支付宝已经成为阿里巴巴电商生态系统的核心平台，其功能和作用已经超出传统意义上的支付工具，兼具支付、社交和生态等功能特性。就目前移动支付市场来看，只有微信支付与支付宝的功能最为接近，但是支付宝的优势地位远超微信支付。根据 Analysys（易观）发布的《中国第三方支付移动支付市场季度监测报告 2016 年第 1 季度》数据，支付宝和微信支付取得了更大的市场优势，尤其是支付宝的市场交易额占中国第三方移动支付市场交易额的比重达到 63.4%，是排名第二的微信支付的 3 倍左右（财付通由于春节红包及社交转账交易频繁的拉动，市场份额上升到 23.03%，而微信支付在其中的占比达到 84%）；而且，根据比达咨询的监测数据，支付宝 APP 的用户黏性也是遥遥领先，用户活跃度最高，其人均日启动次数达到 4.2 次，几乎是微信支付的两倍。为什么支付宝能够获得这么大的市场优势？即便是面临微信支付不断的挑战，仍能维持这种优势？当市场上出现更多新兴的移动支付工具时，为什么用户会持

---

\* 基金项目：国家自然科学基金项目（71371013）、安徽省哲学社会科学规划项目（AHSKY2016D16）、安徽省教育厅人文社会科学重点项目（SK2016A0151）。

通信作者：吴金南，安徽工业大学商学院教授、硕士生导师。E-mail：wujinnanseu@aliyun.com。

致谢：感谢邵婧在前期文献整理和原稿数据收集中的辛苦工作，以及三位匿名评审人和责任编辑对论文修改所做的重要贡献。

续使用支付宝？对这些问题开展深入研究，不仅能够丰富现有移动支付用户使用行为研究，还能指导企业成功开发新型移动支付或其他移动应用服务，为移动支付服务采纳和使用率较低的国家加快移动支付技术市场扩散提供指导。

学者们已经对信息系统和移动应用服务的用户持续使用行为进行了较为丰富的研究，但是针对移动支付持续使用行为的研究还不多，更多的研究关注移动支付用户采纳或初始使用行为[1]。现有移动支付持续使用行为文献，主要以计划行为理论、统一技术接受和使用模型、沉浸理论、期望确认模型为理论基础，研究移动支付或智能手机银行服务的持续使用行为[2-5]。赵延昇和高佳[2]则借助计划行为理论和统一技术接受和使用模型，研究主观参照和效用期望对移动社交支付持续使用意愿的影响。Zhou[4, 5]基于沉浸理论研究发现信任、满意和沉浸体验是影响移动支付的直接因素，同时这些关键因素受到移动支付工具的系统、信息和服务质量的影响。Chen[6]基于期望确认模型引入并验证了关系质量（作为用户满意和信任的高阶构念）对移动银行持续使用意图的决定作用，而技术准备、服务质量和感知风险会影响关系质量。Susanto 等[3]通过构建一个扩展的期望确认模型证实，用户期望确认通过提升感知安全性与隐私、感知有用性以及用户信任和满意，间接影响移动手机银行持续使用意图。

通过对现有移动支付持续使用行为研究的分析发现，国内外虽已有较多关于移动支付接受行为的研究，但对移动支付持续使用行为的研究尚处于起步阶段[2]，对特定类型移动支付（如创造了丰富使用场景的支付宝）持续使用意图影响因素及作用机制的挖掘还不够深入；而且仅有的一些研究也多采用传统的信息系统持续使用研究模型作为理论基础，未来还需要开发新的理论或强化相关理论，从而改进移动支付用户行为研究[1]，或者在移动支付情境中进一步验证其他移动服务持续使用的最新成果。为此，本文结合网络外部性理论、习惯理论和后悔理论，将用户规模、感知重要性和体验后悔作为前因变量，持续使用意图作为因变量，前因变量通过用户使用习惯实现对持续使用意图的影响，同时控制替代品吸引力、用户信任、社会影响及服务质量的潜在影响，构建支付宝持续使用行为模型，试图更好地理解影响支付宝的用户持续使用意图的因素和作用路径。

## 2　理论模型与研究假设

### 2.1　理论模型

尽管习惯在信息系统文献中很少受到关注，但是在社会心理学、营销与消费者行为以及组织行为等学科领域一直受到广泛研究[7]。近年来，信息系统学者开始关注信息系统习惯在信息系统持续使用行为中的作用。Guinea 和 Markus 对信息系统持续使用文献的研究发现，以往信息系统持续使用行为研究强调用户的信息系统持续使用行为是一个理性思考和评价的过程，忽视了用户习惯在其中的重要作用，实际上信息系统持续使用行为是理性认知和习惯共同作用的结果[8]。一方面，理性的用户希望持续使用某个信息系统能够帮助他们更好地实现任务目标，只有当他们感知该系统对其有用或者重要时，才可能持续使用该系统[9]。另一方面，信息系统学者也承认有意识的使用意图会受到非理性因素的影响，如心情、满意度和其他情绪变量[8]。正如积极情绪会让用户产生持续意图，初始使用带来的消极情绪反应或体验（如体验后悔）会阻止用户持续的行为意图[10]。尽管信息系统持续使用的主流研究强调认知和情绪反应有助于形成有意识的持续意图，但用户持续使用行为经常是无意识的习惯性行为[7, 8]。Aarts 等[11]提出的习惯形成模型进一步表明，习惯的形成受到社会性因素（如社会压力）和行为重复一段时间后的满意度的共同影响。

基于以上理论分析，本文构建了图 1 所示的研究模型，实证检验支付宝持续使用行为的影响因素及其相互作用关系。在该模型中，持续使用意图不仅受到有意识的认知（感知重要性）和情绪（体验后悔）因素的影响，还会受到无意识思维（习惯）的影响；同时，用户感知重要性、网络外部性和体验后悔共同影响使用习惯，促进支付宝使用习惯的形成。为了提高模型预测效果的稳健性，将替代品吸引力、用户信任、社会影响和服务质量作为控制变量整合到图 1 所示的研究模型中。

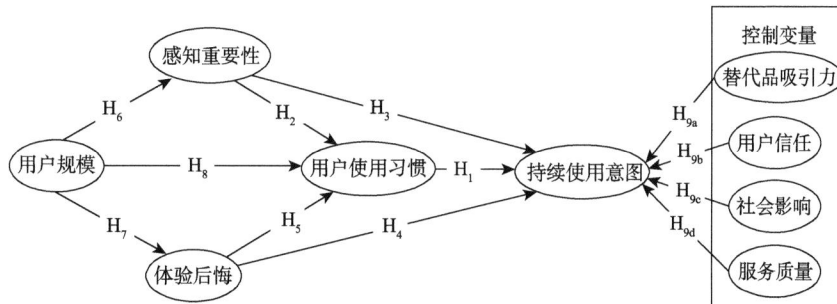

图 1 研究模型

## 2.2 研究假设

### 1. 用户使用习惯

行为习惯大部分是在稳定环境下（相似的物理和社会环境）经过多次重复形成的。习惯性行为一旦形成，再次实施这种行为就不再需要理性分析过程，即习惯越强，理性思考越弱[11]。社会心理学文献中的一个一般性结论是，在考虑理性行动理论和计划行为理论中关键变量的影响条件下，过去的（习惯性）行为能够预测未来行为[12]。就移动支付服务而言，一旦用户在过去的重复使用中形成习惯，他们就更有可能持续使用下去，以避免选择其他系统出现的不确定性对未来行为的影响。这是因为行为习惯具有无意识、难以控制和心理效率等自动性特征[12]。Lankton 等[13]强调，相比需要更多推理过程的行为，习惯性行为在认知上处理得更快速和容易，进而导致持续的信息技术使用频率提高，并且他们的研究结果也证实用户习惯与持续使用意图之间存在显著正向关系。陈明红等[14]的研究也表明用户习惯显著正向影响移动图书馆用户的持续使用意向。曹欢欢等[15]在研究社交网络持续使用行为时也发现了习惯对持续使用意图的积极影响。支付宝是信息系统的一种，用户在长期频繁使用支付宝的过程中容易形成习惯，习惯不仅能够节约时间，提高效率，还能够降低认知处理，发展成无意识的、自发的习惯性行为，进而影响持续使用意图。据此，本文提出以下假设：

H₁：用户使用习惯与支付宝持续使用意图之间存在正相关关系。

### 2. 感知重要性

重要性是采纳后情境中与用户关注度密切相关的一个重要因素，非常类似于营销文献中的卷入、兴趣和目标导向的唤醒水平[13]。在本文的研究中，支付宝重要性是指使用支付宝进行在线交易对用户的重要性程度。一般认为支付宝对用户进行在线交易或者完成某项任务的帮助越大，用户感知支付宝的重要性越大。而且，社会心理学家已经指出，习惯性行为更可能是重要的、与个人密切相关的，而且具有目标导向性[16]。Lankton[13]的研究表明用户感知信息技术的重要性对用户使用习惯有很强的预测力。陈渝等[17]对中国用户信息系统采纳后行为的研究也发现，系统的重要性对用户习惯的养成具有良好的促进作用。因此，支付宝作为一种移动的信息系统技术，对用户的重要性也应该有助于促进用户使用习惯的形成。

H₂：支付宝的重要性与用户使用习惯之间存在正相关关系。

系统的重要性不仅能够帮助用户形成使用习惯，还可以通过帮助用户更好地完成预期工作或任务目标，提高其满意度。陈渝等[17]发现系统的重要性对用户满意产生显著影响，而且对用户满意有很强的解释力。同时，使用习惯和满意又是提升信息系统持续使用意图的重要因素[7, 13, 14]。因此，本文认为在移动支付情境下，支付宝的重要性会增加用户持续使用该服务的行为意图，故提出以下假设：

H$_3$：支付宝的重要性与用户持续意图之间存在正相关关系。

### 3. 体验后悔

如果人们意识到一个被放弃的方案会产生一个比被选择的方案更好的结果，就会诱发一种不愉快的体验，而这种不愉快的体验是产生体验后悔的关键[18]。后悔理论假设当人们认为替代方案会产生更好（更坏）的结果时，他们会感觉后悔（庆幸）[18]。用户对包括移动支付在内的移动服务的评价，可能是积极的，也可能是消极的。积极的评价会让用户产生心理满意，而消极评价的结果却是（体验）后悔。以往多数研究从积极情绪视角研究用户满意对持续使用的影响，如用户使用满意度对移动图书馆和社交网络持续使用意图产生积极影响[14, 15]。Zhou[4]和 Susanto 等[3]同样发现用户满意积极影响移动支付或智能手机银行服务持续使用意图。本文认为体验后悔不只是低水平满意，有时满意的用户也会因为后悔没有选择更好的方案而放弃现有方案。市场营销和信息系统文献都已经证实体验后悔降低消费者再购意图[19]和在线服务持续使用意图[20]。因此，研究体验后悔对持续使用意图的影响是必要和重要的。在移动支付产品使用背景下，如果用户使用支付宝之后，不满意其服务质量；或者当初没有选择更好的竞争产品（如微信支付、苹果支付），即使他们对支付宝是满意的，也可能会产生后悔的情绪，此时他们更有可能选择放弃使用支付宝，转而使用其他类似产品。换句话说，如果用户使用支付宝后的情绪是后悔的，他就可能减少甚至彻底放弃使用。因此，本文提出如下假设：

H$_4$：用户体验后悔与支付宝持续使用意图之间存在负相关关系。

习惯和行为意图具有类似的自动触发机制，即当面临某种特定线索时，这种机制会自动触发一种特定的行为反应，而这种"线索-反应"的联系就是建立在过去满意的重复行为之上[12]。对一种行为的满意体验是形成习惯的关键条件，因为这种满意体验增加了人们不断重复相同做法的倾向[11]。一般来说，一旦用户通过实施某种行为成功地实现了其预期目标，他们更可能在类似情境下重复相同行为[7]。在移动支付情境下，如果用户对其使用支付宝服务有一个积极的评价（如避免了携带现金的不便或者忘记携带现金的窘境，或者因为使用支付宝而获得价格折扣），他们愿意再次使用支付宝进行在线交易的可能性就会增加。有关习惯与持续使用意图的研究也已经证实用户满意对使用习惯的积极影响[17, 20]。相反，如果用户对使用之前的绩效期望确认的认知过程是不满意的——体验后悔，可能导致他们改变现有使用模式，进而阻碍使用习惯的形成[13]。同样，如果用户在使用支付宝之后的评价是消极的体验后悔情绪，他就会放弃当前的使用习惯。据此，提出以下假设：

H$_5$：用户体验后悔与用户使用习惯之间存在负相关关系。

### 4. 用户规模

网络外部性指的是某产品的价值随着采用该产品或兼容产品的用户规模增加而增大的现象[21]。换句话说，当有更多其他人尤其是朋友正在使用某种产品或服务时，人们会更多地使用该产品或服务。网络外部性会增加人们对某产品或服务的感知价值，既包括经济价值，又涉及积极的认知和情感收益[22]。本文关注用户规模对支付宝持续使用的影响，并参考现有研究的测量方法[23, 24]，使用感知支付宝用户和朋友的规模表示直接的网络外部性。信息系统文献已经证实用户规模会影响用户对信息系统或技术的感知收益。邓朝华等[25]在研究移动服务使用行为时发现，用户数量的增加对感知短信服务有用性有显著影响。Lin 和 Lu[23]的研究同样表明，随着社交网站的用户和朋友规模的增加，用户会感受到更大的有用性。在移动支付环境下，杨永清等[26]发现近距离移动支付的用户感知价值亦明显受到用户规模的影响。因此，本文假设支付宝用户规模（包括使用支付宝的一般用户和朋友）越大，人们感知支付宝的重要性越大。

H₆：支付宝用户规模对用户感知重要性产生积极影响。

使用产品的用户规模不仅影响人们的认知判断，也会对用户的情感体验产生影响。用户规模越大，意味着产品质量和使用体验越好，否则该产品不会吸引大量用户使用。如果用户感知支付宝的用户规模庞大，则表明这些支付宝用户认可产品质量和使用体验，新用户在使用支付宝后体验后悔的可能性就会降低。尽管没有发现文献检验用户规模对移动支付用户满意或后悔的影响，但其在相关研究领域已经受到学者们的关注。Zhou 和 Lu[27]发现用户规模正向影响用户对移动即时通信服务的满意度。Zhao 和 Lu[22]证实感知用户规模通过提升感知交互性创造更大的微博服务满意度。Wei 和 Lu[24]也发现，当用户感知移动社交游戏的用户和朋友规模更大时，他们可能获得更多的乐趣和交互性等满足感。因此，本文假设在移动支付情境下，如果用户感知支付宝的用户规模更大或者绝大部分朋友都在使用支付宝，那么在同其他用户的互动与分享过程中会产生更多积极情绪体验，就可能感受到更多的认知和情感收益，产生后悔情绪的可能性越小。

H₇：支付宝用户规模与用户体验后悔之间存在负相关关系。

以上对用户规模与信息系统使用行为关系文献的分析表明，信息系统用户规模与用户感知系统有用性/重要性和满意度之间存在积极关系[22-27]，而用户对系统重要性和满意度的感知又是培养用户使用习惯的重要决定因素[7, 13, 17, 28]。因此，用户规模与使用习惯之间存在正向关系。对于支付宝用户而言，庞大的用户规模有助于更方便地同朋友和商家进行在线交易和互动，提升他们对支付宝服务重要性和满意度的感知，从而促进使用习惯的形成。

H₈：支付宝用户规模与用户习惯之间存在正相关关系。

### 5. 替代品吸引力、用户信任、社会影响及服务质量对持续使用意图的影响

为了提高研究模型预测能力的稳健性，进一步将替代品吸引力、用户信任、社会影响及服务质量作为控制变量纳入研究模型，以便更好地理解研究模型中前因和中介变量对支付宝持续使用意图的影响效应。替代品吸引力指的是市场上获得可行的竞争性替代品的感知水平，它与消费者重购意图负相关[29]。服务转换研究表明，用户转换服务的意图与他们对替代品的感知积极相关[30]。例如，Xu 等[31]发现替代社交网站服务的吸引力与用户转向该替代服务的意图正相关。Ghazali 等[32]研究发现，替代品吸引力显著负向影响对在线零售商的忠诚度。因此，本文认为支付宝用户是否转换移动支付服务商也应该受到替代品（如微信支付、京东钱包）吸引力的影响。

H₉ₐ：替代品吸引力与用户持续使用意图之间存在负相关关系。

已有研究表明消费者对移动支付服务的信任会直接影响其持续使用意图[5]，而且提供商服务质量也会通过提升消费者信任和流体验增加移动支付持续使用意图[5]。社会影响是指消费者感知朋友和家人等重要个体并认为他们应该使用移动支付服务的程度[33, 34]。Kim 等[35]、Baptista 和 Oliveira[33]的研究表明，社会影响会提高用户对移动银行的接受和使用水平。基于以上结论，支付宝作为一种移动支付技术，用户信任、服务质量和社会影响同样会对用户持续使用意图产生影响。

H₉ᵦ：用户信任与用户持续使用意图之间存在正相关关系。

H₉꜀：服务质量与用户持续使用意图之间存在正相关关系。

H₉ᵈ：社会影响与用户持续使用意图之间存在正相关关系。

## 3　研究方法

### 3.1　样本与数据收集

采用便利抽样和随机抽样相结合的方法，分两阶段对支付宝的用户进行在线抽样问卷调查。第一阶段是在"问卷星"在线调查平台设计问卷，以有偿方式委托问卷星公司在其 260 万份样本库成员中收集答卷，最终利用 1 周时间回收问卷 300 份，剔除答项一致性过高及答项前后矛盾（设置逆向题项）的无效问卷 53 份，最终得到有效问卷 247 份。第二阶段将问卷二维码在"本科生《管理学》"微信群中发放。该教学班授课对象包括工商管理、市场营销、人力资源管理、会计学、财务管理、经济学、经济与金融、审计学、英语、无机非金属材料工程、给排水科学与工程等 11 个专业的 205 名本科生，研究人员利用 1 周时间最终回收问卷 160 份，有效问卷 143 份。两阶段共收集有效问卷 390 份，有效样本数量超出观测变量数量的 10 倍[36]，且总体样本数大于 200[37]，表明本文有效样本数量满足验证性因子分析的需要。被试性别大致平衡，男女样本比例为 48.2%和 51.8%；全部样本平均年龄为 28 岁，各年龄段分布（18~22 岁占 36.7%、23~30 岁占 26.6%、31~35 岁占 20%、35 岁以上占 16.7%）基本符合支付宝产品的用户分布特征；被试教育程度较高，大专及本科学历的样本比例是 89.7%；月收入 1 500 元以下的样本占 33.3%、1 500~5 000 元和 5 000 元以上的样本占比分别为 27%和 39.7%；从被试的职业分析，学生群体占比 36.9%，技术/研发人员、管理人员、行政/后勤人员和文职/办事人员等四类职业的被试共同占比 38%，其他十种类型职业占比 25.1%。

### 3.2　变量测量与问卷设计

本文量表主要来自现有文献中已经得到广泛使用的成熟量表，并结合研究实际进行情境化调整。测量用户规模的量表根据 Lin 和 Lu[23]的量表改编；测量重要性的量表改编自 Lankton 等[13]的量表；体验后悔的测量量表修订自 Kang 等[20]的量表；改编 Limayem 等[7]的量表来测量移动支付使用习惯；测量持续使用意图的量表改编自 Bhattacherjee[9]和 Zhou[4]等的量表。对于控制变量，替代品吸引力量表改编自 Jones 等[29]的量表，用户信任量表改编自 Zhou[4]和 Lu 等[38]的量表，社会影响量表修订自 Venkatesh 等[34]及 Baptista 和 Oliveira[33]的量表，服务质量量表则改编自 Zhou[4]的量表。题项的具体内容及有效样本指标均值和标准差详见表 1。问卷采用 Likert 五级量表测量人口统计学变量之外的题项，"1"表示完全反对，"2"表示比较反对，"3"表示不确定，"4"表示比较同意，"5"表示完全同意。在正式发放问卷之前，咨询了 4 位本领域专家学者，根据他们的意见修订问卷题项的表述，并以此问卷在安徽工业大学进行了小规模预调研，进一步修改了可能产生歧义的题项，最终确定用于正式调查的问卷。

## 4　研究结果

### 4.1　信度分析

在进行信度检验之前，首先使用 SPSS 17.0 对数据进行探索性因子分析（exploratory factor analysis，EFA），删除在多个因子上载荷大于 0.5 以及理论上不属于任何维度的题项（US6 和 CI3）后，最终萃取 9 个因子，旋转后的因子载荷结果见表 1 中的 EFA 载荷。结果显示，KMO=0.906，通过球形检验（$p<0.000\,1$），解释总方差为 75.01%。接着根据因子分析结果对各因子的信度进行检验，结

果见表 1。所有量表的 Cronbach's $\alpha$ 系数在 0.729~0.910，均大于 0.70，表明量表具有较好的内部一致性；项目总分相关系数（corrected item-total correlation，CITC）在 0.526~0.876，超出 0.50 的标准，同样表明本文的量表具有较高的信度。

表 1　量表及统计分析结果

| 变量 | 测量条目 | 均值 | 标准差 | EFA 载荷 | CITC | Cronbach's $\alpha$ |
|---|---|---|---|---|---|---|
| 用户规模（user size）<br>（改编自文献[23]） | | | | | | |
| US1 | 我认为有很多人曾经使用支付宝 | 4.390 | 0.589 | 0.794 | 0.684 | |
| US2 | 我认为绝大部分人正在使用支付宝 | 4.279 | 0.638 | 0.666 | 0.602 | |
| US3 | 我认为将来还会有很多人使用支付宝 | 4.364 | 0.556 | 0.680 | 0.592 | 0.830 |
| US4 | 我身边的很多朋友都在使用支付宝 | 4.367 | 0.634 | 0.753 | 0.619 | |
| US5 | 我的大多数朋友正在使用支付宝 | 4.387 | 0.592 | 0.712 | 0.644 | |
| 感知重要性（perceived importance）<br>（改编自文献[13]） | | | | | | |
| IM1 | 您认为支付宝对您是重要的 | 4.292 | 0.693 | 0.838 | 0.714 | |
| IM2 | 您认为支付宝与您生活工作密切相关 | 4.326 | 0.724 | 0.823 | 0.745 | 0.870 |
| IM3 | 您认为支付宝对您是意义重大的 | 4.033 | 0.770 | 0.783 | 0.738 | |
| IM4 | 您认为支付宝是您很在乎的 | 4.097 | 0.812 | 0.764 | 0.701 | |
| 体验后悔（experienced regret）<br>（改编自文献[20]） | | | | | | |
| RE1 | 我很遗憾选择使用支付宝 | 1.721 | 0.831 | 0.892 | 0.876 | |
| RE2 | 我很后悔选择使用支付宝 | 1.705 | 0.911 | 0.904 | 0.846 | 0.910 |
| RE3 | 我本应该选择使用其他移动支付工具 | 2.013 | 0.928 | 0.786 | 0.748 | |
| 用户使用习惯（user habit）<br>（改编自文献[7]） | | | | | | |
| HA1 | 使用支付宝是我的习惯性行为 | 4.121 | 0.758 | 0.731 | 0.684 | |
| HA2 | 使用支付宝对我来说很自然 | 4.290 | 0.646 | 0.658 | 0.670 | 0.811 |
| HA3 | 网络交易时，我的第一选择是使用支付宝 | 4.282 | 0.733 | 0.645 | 0.639 | |
| 替代品吸引力（alternatives attractiveness）<br>（改编自文献[29]） | | | | | | |
| AA1 | 如果要更换支付宝，还有其他好的手机支付工具可以选择 | 3.103 | 0.910 | 0.855 | 0.690 | |
| AA2 | 与支付宝相比，还有其他支付工具与支付宝一样甚至让我更满意 | 2.838 | 0.982 | 0.866 | 0.777 | 0.859 |
| AA3 | 其他手机支付工具可能比支付宝更让我受益 | 2.813 | 0.980 | 0.820 | 0.734 | |
| 用户信任（user trust）（改编自文献[4, 38]） | | | | | | |
| TR1 | 支付宝服务总是可靠的 | 3.818 | 0.907 | 0.745 | 0.793 | |
| TR2 | 支付宝服务总是安全的 | 3.621 | 0.895 | 0.807 | 0.832 | 0.905 |
| TR3 | 支付宝服务总是值得信任的 | 3.828 | 0.909 | 0.804 | 0.805 | |
| 社会影响（social influence）<br>（改编自文献[33, 34]） | | | | | | |
| SI1 | 那些对我来说重要的人认为我应该使用支付宝 | 3.795 | 0.741 | 0.705 | 0.726 | |
| SI2 | 那些能够影响我的行为的人认为我应该使用支付宝 | 3.815 | 0.777 | 0.760 | 0.752 | 0.857 |

续表

| 变量 | 测量条目 | 均值 | 标准差 | EFA 载荷 | CITC | Cronbach's α |
|---|---|---|---|---|---|---|
| SI3 | 那些与我观点一致的人希望我使用支付宝 | 3.885 | 0.785 | 0.708 | 0.715 | 0.857 |
| 服务质量（service quality）（改编自文献[4]） | | | | | | |
| SQ1 | 支付宝可以提供快速的响应 | 4.254 | 0.629 | 0.817 | 0.526 | 0.729 |
| SQ2 | 支付宝可以提供专业的服务 | 4.131 | 0.669 | 0.506 | 0.592 | |
| SQ3 | 支付宝可以提供个性化的服务 | 3.905 | 0.771 | 0.543 | 0.548 | |
| 持续使用意图（continuance use intention）（改编自文献[4, 9]） | | | | | | |
| CI1 | 我打算持续使用支付宝而不是其他类似的手机支付工具 | 4.062 | 0.763 | 0.819 | 0.659 | 0.793 |
| CI2 | 我未来的打算是继续使用支付宝 | 4.236 | 0.707 | 0.707 | 0.659 | |

## 4.2　效度检验

本文使用 AMOS 17.0 软件进行验证性因子分析，对应用最广泛的收敛效度和区分效度进行检验。表 2 所示的收敛效度检验结果显示，所有测量项的标准化载荷都接近或大于 0.70，临界值（C.R.）也显示出很高的显著性；所有变量的平均方差提取量（AVE=0.50~0.78）都大于 0.50 的可接受标准；组合信度（CR）介于 0.78~0.91，大于 0.70 的标准。这三个指标值都表明本文的量表具有很好的收敛效度[39]。

表 2　验证性因子分析及收敛效度检验结果

| 变量 | 标准载荷 | C.R. | AVE | CR |
|---|---|---|---|---|
| US1 | 0.770 | 13.433 | 0.50 | 0.83 |
| US2 | 0.675 | 11.976 | | |
| US3 | 0.659 | 11.699 | | |
| US4 | 0.701 | 12.398 | | |
| US5 | 0.716 | — | | |
| IM1 | 0.729 | — | 0.61 | 0.86 |
| IM2 | 0.772 | 16.771 | | |
| IM3 | 0.838 | 14.738 | | |
| IM4 | 0.783 | 14.077 | | |
| RE1 | 0.957 | 20.866 | 0.78 | 0.91 |
| RE2 | 0.911 | 20.183 | | |
| RE3 | 0.773 | — | | |
| HA1 | 0.773 | 14.235 | 0.58 | 0.81 |
| HA2 | 0.767 | 14.136 | | |
| HA3 | 0.747 | — | | |
| AA1 | 0.751 | 15.718 | 0.67 | 0.86 |
| AA2 | 0.885 | 17.833 | | |
| AA3 | 0.821 | — | | |

续表

| 变量 | 标准载荷 | C.R. | AVE | CR |
|------|---------|------|-----|-----|
| TR1 | 0.849 | — | | |
| TR2 | 0.893 | 22.390 | 0.76 | 0.91 |
| TR3 | 0.874 | 21.729 | | |
| SI1 | 0.820 | 16.869 | | |
| SI2 | 0.838 | 17.228 | 0.67 | 0.89 |
| SI3 | 0.795 | — | | |
| SQ1 | 0.725 | — | | |
| SQ2 | 0.778 | 10.615 | 0.54 | 0.78 |
| SQ3 | 0.694 | 9.796 | | |
| CI1 | 0.769 | — | 0.64 | 0.78 |
| CI2 | 0.804 | 11.181 | | |

—表示验证性因子分析时固定系数为 1，因此没有计算相应的临界值（C.R.）

根据 Fornell 和 Larcker[39]的建议，通过比较潜变量 AVE 平方根与相关潜变量的相关系数检验区分效度。表 3 所示的区别效度检验结果显示，全部变量 AVE 值的平方根都大于该变量与其他潜变量之间的相关系数，说明量表具有良好的区分效度。

表 3   区分效度检验结果

| 变量 | IM | RE | CI | HA | TR | SI | SQ | AA | US |
|------|-----|-----|-----|-----|-----|-----|-----|-----|-----|
| IM | **0.781** | | | | | | | | |
| RE | −0.200 | **0.883** | | | | | | | |
| CI | 0.375 | −0.318 | **0.800** | | | | | | |
| HA | 0.583 | −0.348 | 0.532 | **0.762** | | | | | |
| TR | 0.379 | −0.199 | 0.487 | 0.533 | **0.872** | | | | |
| SI | 0.446 | −0.228 | 0.441 | 0.507 | 0.647 | **0.819** | | | |
| SQ | 0.359 | −0.218 | 0.433 | 0.456 | 0.644 | 0.603 | **0.735** | | |
| AA | −0.090 | 0.488 | −0.134 | −0.226 | −0.217 | −0.205 | −0.181 | **0.819** | |
| US | 0.355 | −0.340 | 0.503 | 0.509 | 0.357 | 0.454 | 0.401 | −0.177 | **0.707** |

注：对角线上的数字为潜变量 AVE 的平方根，对角线下方的数字为潜变量间的相关系数

## 4.3 假设检验

本文的测量模型具有良好的测量结构，故采用极大似然估计进行结构模型检验。此外，利用 Bootstrapping 重复抽样方法，选取数量为 50 000 的抽样样本，计算显著性检验的 $T$ 值。整体结构模型的绝对适配度指标（$\chi^2/\mathrm{df}=2.13$、GFI=0.90、AGFI=0.862、RMSEA=0.054）和增值适配度指标（CFI=0.937、IFI=0.938）表明，本文的结构模型拟合效果良好。结构模型路径系数估计结果如图 2 所示。

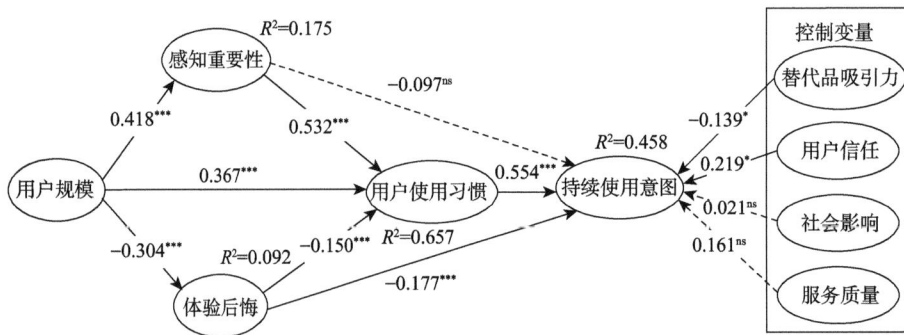

图 2  结构模型路径系数估计结果

***表示 $p<0.001$；*表示 $p<0.05$；ns 表示结果不显著

从图 2 所示的结果来看，用户支付宝的持续使用意图 45.8%的方差可以通过研究模型中的变量得到解释，用户使用习惯被重要性、体验后悔和用户规模共同解释了 65.7%的方差，说明本文的研究模型具有很好的预测效果。结构模型路径参数估计结果表明，在控制替代品吸引力、用户信任、社会影响及服务质量潜在影响的前提下，用户使用习惯（$\beta=0.554$，$p<0.001$）和体验后悔（$\beta=-0.177$，$p<0.001$）对持续使用意图产生显著的直接影响，假设 $H_1$ 和 $H_4$ 成立；然而感知重要性（$\beta=-0.097$，$p>0.05$）对持续使用意图没有直接影响，结果不支持 $H_3$。感知重要性（$\beta=0.532$，$p<0.001$）、用户规模（$\beta=0.367$，$p<0.001$）和体验后悔（$\beta=-0.150$，$p<0.001$）对用户使用习惯产生显著影响，假设 $H_2$、$H_8$ 和 $H_5$ 成立。用户规模与感知重要性（$\beta=0.418$，$p<0.001$）和体验后悔（$\beta=-0.304$，$p<0.001$）存在显著关系，假设 $H_6$ 和 $H_7$ 成立。研究结果还发现，支付宝替代品的吸引力（$\beta=-0.139$，$p<0.05$）和用户对支付宝的信任（$\beta=0.219$，$p<0.05$）直接影响用户持续使用意图，但是社会影响（$\beta=0.021$，$p>0.05$）和服务质量（$\beta=0.161$，$p>0.05$）不存在直接影响。表 4 总结了假设检验结果。

表 4  路径参数估计及假设检验结果

| | 假设关系 | 标准化路径系数 | 检验结果 |
|---|---|---|---|
| $H_1$ | CI←HA | $0.554^{***}$ | 支持 |
| $H_2$ | HA←IM | $0.532^{***}$ | 支持 |
| $H_3$ | CI←IM | $-0.097^{ns}$ | 不支持 |
| $H_4$ | CI←RE | $-0.177^{***}$ | 支持 |
| $H_5$ | HA←RE | $-0.150^{***}$ | 支持 |
| $H_6$ | IM←US | $0.418^{***}$ | 支持 |
| $H_7$ | RE←US | $-0.304^{***}$ | 支持 |
| $H_8$ | HA←US | $0.367^{***}$ | 支持 |
| $H_{9a}$ | CI←AA | $-0.139^{*}$ | 支持 |
| $H_{9b}$ | CI←TR | $0.219^{*}$ | 支持 |
| $H_{9c}$ | CI←SI | $0.021^{ns}$ | 不支持 |
| $H_{9d}$ | CI←SQ | $0.161^{ns}$ | 不支持 |

***表示 $p<0.001$；*表示 $p<0.05$；ns 表示结果不显著

# 5 结论与展望

当前中国移动支付市场存在着由不同类型厂商提供的多样化的移动支付服务，但这些不同的移动支付服务在服务内容和市场上存在显著差异，因此 Dahlberg 等[1]在综合分析当前移动支付研究现状时指出，现有许多移动支付研究结论缺乏一般性。作为对此问题的回应，本文选取当前占中国移动支付市场绝对优势的移动支付宝为研究对象，以习惯理论、后悔理论和网络外部性理论为基础，构建移动支付宝的用户持续使用意图模型，探讨用户规模、感知重要性和体验后悔对用户使用习惯和持续使用意图的影响机理。通过对中国移动支付用户的问卷调查，使用结构方程模型对样本数据进行实证分析，得出以下重要结论。

首先，研究发现用户使用习惯是决定其持续使用支付宝的重要因素，而支付宝服务的用户规模、感知重要性和用户体验后悔等前因变量，是培养用户使用习惯的关键。不同于现有的研究将习惯作为调节变量或独立的自变量纳入研究模型[7, 14, 40]，本文研究表明用户使用习惯是连接感知重要性、用户规模、体验后悔与持续使用意图的中介变量，因此深化了我们对用户使用习惯在移动支付持续使用行为中的作用的理解。

其次，用户感知支付宝服务的重要性和体验后悔对培养用户使用习惯具有重要影响，但只有体验后悔能够直接降低用户的持续使用意图，感知重要性并不能直接提升用户持续使用意图。不同于以往研究主要关注感知有用性、期望确认和用户满意对移动支付持续使用行为的影响[3, 4, 7]，本文受 Kang 等[20]研究的启发，探索并证实了用户体验后悔（不同于沉浸体验和用户满意等积极情感），作为一种消极的情绪体验，对用户使用习惯和持续使用行为的影响，因此为后续的移动支付和信息系统持续使用研究提供了新的视角。

再次，支付宝服务的用户规模通过感知重要性、体验后悔和用户使用习惯对用户持续使用意图产生间接影响。随着商家通过各种促销和优惠措施吸引和积累用户以加快移动服务产品扩散，信息系统学者开始关注用户规模对移动服务使用行为的影响[23, 41, 42]，但至今没有发现文献分析用户规模对移动支付持续使用的影响。本文首次提出并实证检验了用户规模如何影响拥有庞大用户群的支付宝的持续使用意图，发现用户规模主要通过提升感知重要性、降低体验后悔和培养使用习惯等形式，激励用户持续使用支付宝服务。研究结论不仅揭示了用户规模影响移动支付持续使用行为的机理，还拓展了用户规模理论的应用领域。

最后，研究还发现，替代品吸引力和用户信任也是影响用户是否持续使用支付宝的重要因素。以往的服务转换研究虽然关注替代品吸引力对产品购买和移动技术使用的影响[29-31]，但本文将替代品吸引力引入移动支付持续使用研究中，并证实了它对支付宝持续使用意图的消极影响。然而，社会影响和服务质量对支付宝持续使用意图的影响并没有得到数据支持，原因可能是二者对持续使用意图的影响不是直接的。虽然社会影响与移动支付服务持续使用意图关系的结论不支持 Kim 等[35]、Baptista 和 Oliveira [33]的研究结论，但是与 Martins 等[43]的研究是一致的。而且，Zhou[5]的研究也证实了服务质量对移动支付持续使用意图的影响是通过提升消费者信任和流体验间接实现的。

本文对移动支付用户使用行为研究具有一定的理论贡献，但也存在一定的局限性，这也是未来研究可以进一步探讨的方向。一是虽然样本涉及不同年龄层次和多种职业，但全部来自中国，考虑文化差异性，将来可以采集不同国家的样本对理论模型做进一步验证，以增强模型预测结果的稳健性和普适性。二是在研究方法上采用截面数据，且使用持续使用意图代替实际使用行为作为因变量。尽管现有研究多采用这种方法，但是考虑到移动支付用户持续使用行为是一个长期的动态过程，未来可以考虑纵向动态跟踪调查，对不同时期用户的使用意愿和行为进行比较，以更好地反映用户持续使用意愿和行为的变化规律。

# 参 考 文 献

[1] Dahlberg T，Guo J，Ondrus J. A critical review of mobile payment research[J]. Electronic Commerce Research and Applications，2015，14（5）：265-284.

[2] 赵延昇，高佳. 移动社交支付 APP 用户持续使用意愿研究——主观参照的调节作用[J]. 大连理工大学学报（社会科学版），2015，（4）：47-52.

[3] Susanto A，Chang Y，Ha Y. Determinants of continuance intention to use the smartphone banking services[J]. Industrial Management & Data Systems，2016，116（3）：508-525.

[4] Zhou T. An empirical examination of continuance intention of mobile payment services[J]. Decision Support Systems，2013，54（2）：1085-1091.

[5] Zhou T. Understanding the determinants of mobile payment continuance usage[J]. Industrial Management & Data Systems，2014，114（6）：205-222.

[6] Chen S C. To use or not to use：understanding the factors affecting continuance intention of mobile banking[J]. International Journal of Mobile Communications，2012，10（5）：490-507.

[7] Limayem M，Hirt S G，Cheung C M K. How habit limits the predictive power of intention：the case of information systems continuance[J]. MIS Quarterly，2007，31（4）：705-737.

[8] Guinea A O D，Markus M L. Why break the habit of a lifetime? Rethinking the roles of intention，habit，and emotion in continuing information technology use[J]. MIS Quarterly，2009，33（3）：433-444.

[9] Bhattacherjee A. Understanding information systems continuance：an expectation-confirmation model[J]. MIS Quarterly，2001，25（3）：351-370.

[10] Kim H W，Chan H C，Chan Y P. A balanced thinking-feelings model of information systems continuance[J]. International Journal of Human-Computer Studies，2007，65（6）：511-525.

[11] Aarts H，Verplanken B，Knippenberg A V. Predicting behavior from actions in the past：repeated decision making or a matter of habit?[J]. Journal of Applied Social Psychology，1998，28（15）：1356-1374.

[12] Verplanken B. Beyond frequency：habit as mental construct[J]. British Journal of Social Psychology，2006，45（Pt 3）：639-656.

[13] Lankton N K，Wilson E V，Mao E. Antecedents and determinants of information technology habit[J]. Information & Management，2010，47（5~6）：300-307.

[14] 陈明红，漆贤军，刘莹. 移动图书馆持续使用意向及习惯的调节作用[J]. 情报科学，2016，34（6）：125-132.

[15] 曹欢欢，姜锦虎，胡立斌. 社交网络持续使用：从众行为和习惯调节作用[J]. 华东经济管理，2015，（4）：156-162.

[16] Aarts H，Dijksterhuis A. Habits as knowledge structures：automaticity in goal-directed behavior[J]. Journal of Personality & Social Psychology，2000，78（1）：53-63.

[17] 陈渝，毛姗姗，潘晓月，等. 信息系统采纳后习惯对用户持续使用行为的影响[J]. 管理学报，2014，11（3）：408-415.

[18] Bell D E. Regret in decision making under uncertainty[J]. Operations Research，1982，30（5）：961-981.

[19] Tsiros M，Mittal V. Regret：a model of its antecedents and consequences in consumer decision making[J]. Journal of Consumer Research，2000，26（4）：401-417.

[20] Kang Y S，Hong S，Lee H. Exploring continued online service usage behavior：the roles of self-image congruity and regret[J]. Computers in Human Behavior，2009，25（1）：111-122.

[21] Kauffman R J，Mcandrews J，Wang Y M. Opening the "Black Box" of network externalities in network adoption[J]. Information Systems Research，2000，11（1）：61-82.

[22] Zhao L，Lu Y. Enhancing perceived interactivity through network externalities：an empirical study on micro-blogging service satisfaction and continuance intention[J]. Decision Support Systems，2012，53（4）：825-834.

[23] Lin K Y，Lu H P. Why people use social networking sites：an empirical study integrating network externalities and motivation theory[J]. Computers in Human Behavior，2011，27（3）：1152-1161.

[24] Wei P S，Lu H P. Why do people play mobile social games? An examination of network externalities and of uses and gratifications[J]. Internet Research，2014，24（3）：313-331.

[25] 邓朝华，鲁耀斌，张金隆. 基于 TAM 和网络外部性的移动服务使用行为研究[J]. 管理学报，2007，4（2）：

216-221.

[26] 杨永清，张金隆，李楠，等. 近距离移动支付用户接受行为研究：基于消费者视角[J]. 图书情报工作，2012，56（2）：142-148.

[27] Zhou T，Lu Y. Examining mobile instant messaging user loyalty from the perspectives of network externalities and flow experience[J]. Computers in Human Behavior，2011，27（2）：883-889.

[28] 陈渝，路洋. 习惯下的信息系统持续使用研究述评[J]. 图书馆论坛，2016，36（3）：34-41.

[29] Jones M A，Mothersbaugh D L，Beatty S E. Switching barriers and repurchase intentions in services[J]. Journal of Retailing，2000，76（2）：259-274.

[30] Zhang K Z K，Cheung C M K，Lee M K O. Online service switching behavior：the case of blog service providers[J]. Journal of Electronic Commerce Research，2012，13（3）：184-197.

[31] Xu Y，Yang Y，Cheng Z，et al. Retaining and attracting users in social networking services：an empirical investigation of cyber migration[J]. Journal of Strategic Information Systems，2014，23（3）：239-253.

[32] Ghazali E，Bang N，Mutum D S，et al. Constructing online switching barriers：examining the effects of switching costs and alternative attractiveness on e-store loyalty in online pure-play retailers[J]. Electronic Markets，2016，26（2）：157-171.

[33] Baptista G，Oliveira T. Understanding mobile banking：the unified theory of acceptance and use of technology combined with cultural moderators[J]. Computers in Human Behavior，2015，50：418-430.

[34] Venkatesh V，Thong J，Xu X. Consumer acceptance and use of information technology：extending the unified theory of acceptance and use of technology[J]. MIS Quarterly，2012，36（1）：157-178.

[35] Kim G，Shin B S，Lee H G. Understanding dynamics between initial trust and usage intentions of mobile banking[J]. Information Systems Journal，2009，19（3）：283-311.

[36] Bentler P M，Chou C P. Practical issues in structural modeling[J]. Sociological Methods Research，1987，16（1）：78-117.

[37] Loehlin J C. Latent Variable Models：An Introduction to Factor，Path，and Structural Analysis[M]. 2nd ed. New Jersey：Lawrence Erlbaum Associates，1992.

[38] Lu Y，Yang S，Chau P Y K，et al. Dynamics between the trust transfer process and intention to use mobile payment services：a cross-environment perspective[J]. Information & Management，2011，48（8）：393-403.

[39] Fornell C，Larcker D. Evaluating structure equations models with unobservable variables and measurement error[J]. Journal of Marketing Research，1981，18：39-50.

[40] Gwebu K L，Wang J，Guo L. Continued usage intention of multifunctional friend networking services：a test of a dual-process model using Facebook[J]. Decision Support Systems，2014，67（C）：66-77.

[41] 洪红，徐迪. 移动社交应用的持续使用意愿影响因素研究——探讨网络外部性和羊群行为的共同作用[J]. 经济管理，2015，（5）：40-50.

[42] Zhou T，Li H，Liu Y. Understanding mobile IM continuance usage from the perspectives of network externality and switching costs[J]. International Journal of Mobile Communications，2015，13（2）：188-203.

[43] Martins C，Oliveira T，Popovič A. Understanding the internet banking adoption：a unified theory of acceptance and use of technology and perceived risk application[J]. International Journal of Information Management，2014，34（1）：1-13.

# Understanding Consumer Continuance Intention of Alipay：An Integrated Model and Empirical Study

WU Jinnan[1]，HUANG Lihua[2]

（1. School of Business，Anhui University of Technology，Ma'anshan 243032，China；

2. School of Management，Fudan University，Shanghai 200443，China）

**Abstract** Unlike prior studies focusing on the role of user satisfaction in determining information technologies continuance based on the expectation confirmation theory （ECT），in order to deeply understand consumer continuance intention of m-payment，this study developed a comprehensive framework in the context of Alipay by integrating the network externality theory，the regret theory and the habit theory. Empirical results show that after controlling the effects of alternatives attractiveness and trust in m-payment, consumer continuance use intention of Alipay can be predicted by Alipay user size, perceived importance and experienced regret, and that these effects are achieved through the mediating role of user habit. Also, experienced regret （a negative emotional experience） is negatively related to continuance intention of Alipay. This study not only complements and improves the ECT, also provides insights to m-payment continuance research.

**Key words**　network externality, regret, habit, continuance use intention, alternatives attractiveness

### 作者简介

吴金南（1981—），男，安徽工业大学商学院教授、硕士生导师，研究方向为信息系统管理、组织行为与信息技术等。E-mail：wujinnanseu@aliyun.com。

黄丽华（1965—），女，复旦大学管理学院教授、博士生导师，研究方向为信息管理、电子商务和两化融合等。E-mail：lhhuang@fudan.edu.cn。

# 认知负荷视角下的中老年人数字阅读界面体验设计研究*

侯冠华[1, 2]，宁维宁[3]，董　华[3]

（1. 同济大学 建筑与城市规划学院，上海 200092；

2. 浙江工商职业技术学院 机电学院，宁波 315012；

3. 同济大学 设计创意学院，上海 200092）

**摘　要**　为提升中老年人数字阅读体验，根据认知负荷与用户体验测量理论，采用正交实验设计方法，以及主观测量与眼动数据相结合的技术路线，以可用性、舒适度、阅读速度、认知负荷、眨眼率、瞳孔面积为评价指标，评价数字阅读文字设计。结果发现影响中老年人数字移动阅读的最优体验的因素重要性排序是字号、字间距和行间距。在字号是17像素，字间距加宽0.5磅，1.2倍行间距的实验条件下，获得了最优体验和较低的认知负荷，此外阅读体验的可用性与舒适性显著正相关，与认知负荷显著负相关。

**关键词**　用户体验，认知负荷，可用性，数字阅读界面

**中图分类号**　TB472

## 1　引言

　　智能手机的普及让老年人享受到了数字信息技术带来的便利，数字阅读已经成为老年人生活的重要组成部分，然而，数字阅读中仍存在很多问题，如图标识别困难、字号小、难以辨认等，严重影响了老年人的数字阅读意愿[1-3]，尽管很多学者提出了适合手机阅读的文字字号、间距，但手机屏幕尺寸更新速度快，很多研究成果已经不适用于当下，如 Wang 等[4]提出手机阅读汉字字号大小应为15像素，字符间距 2~4 像素，但由于当时实验条件下屏幕尺寸仅为 38 毫米×30 毫米，因此该结论已不适用于目前的智能手机。此外，过去的研究主要关注老年人阅读的效率和文字设计的可读性，忽视了对用户体验的研究。本文将以文字的字号、间距为变量，讨论这些变量对阅读体验的影响。

　　通常影响数字阅读体验的因素可分为内因与外因。内因方面，中老年人正在经历认知老化的过程[5]，主要表现在工作记忆、注意力、空间感知能力、反应时间等的改变，这些变化会不可避免地影响他们与产品交互的体验。认知负荷理论建立在对注意和工作记忆的研究基础上，已有研究证明，使用同一个操作界面时，老年人比年轻人更容易经历认知超载，其平均操作绩效低于年轻人[6]。随着手机 APP 的快速发展，出现了老年人打车难、春运购票难、公交卡充值难等一系列社会问题，部分原因是界面交互复杂导致认知负荷超载，迫使老年人放弃学习和使用 APP。因此，预测认知负荷的分布、变化对判断用户体验优劣具有重要的参考价值，但已有研究很少探讨认知负荷变化对用户体验的影响，本文

---

* 基金项目：浙江省高校重大人文社会科学项目攻关计划项目（2016QN044）。

通信作者：董华，同济大学设计创意学院教授。E-mail：donghua@tongji.edu.cn。

将认知负荷纳入考察范围，探讨二者的影响关联机制。外因方面，文字字号、间距、界面布局、在线帮助、加载时间、图案背景等都会影响阅读体验，如 Kerber[7]发现界面布局不合理会增加中老年人操作难度；Kules 和 Xie[8]发现美国老年人在线搜索健康信息时，在线辅助内容太多，这不仅无助于找到正确信息，还会阻碍信息搜索；Bernard 等[9]发现加载时间长、文字清晰度差、复杂背景图案会减少老年人在线阅读时间；Becker[10]研究发现，老年人在线搜索信息时，动态页面会干扰阅读，降低搜索效率；Nielsen[11]发现搜索界面操作困难是降低用户体验的重要影响因素。字体、字号、间距是在数字阅读中影响体验的直接变量，但周爱保等[12]研究发现，常见字体对认知负荷影响不显著，因此本文选择将字号和间距作为操作变量，探究其对认知负荷和用户体验的影响，并进一步探索认知负荷变化与用户体验的影响机制。

认知负荷与用户体验之间的关系错综复杂。认知负荷太高或太低，用户体验都会降低。已有研究表明，认知负荷超载会迫使用户放弃任务，而过低则会引发注意力不集中，从而增加任务出错率。视觉努力是产生认知负荷的原因之一，在老年人数字阅读情境中，字号与间距变化会决定文字辨识的难易程度和视觉努力程度。已有研究多集中于任务类型和难度变化时认知负荷与用户体验的关系，由字号、间距引发，源于视觉努力产生的认知负荷变化与用户体验的关系尚待研究证实。

本文将采用主观量表与客观眼动数据相结合的方式，操纵文字大小与间距，记录用户体验和认知负荷变化情况。根据相关研究结论[13-15]，将瞳孔直径和眨眼率作为认知负荷和用户体验的重要指标，用眼动仪记录瞳孔直径、眨眼率，判断认知负荷与用户体验的变化，研究文字设计对认知负荷和用户体验的影响，研究框架见图 1。

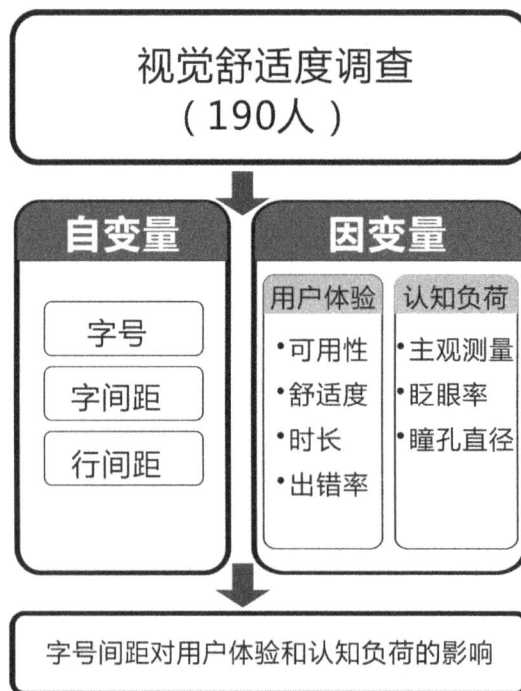

图 1　总体研究框架

## 2　确定评价指标

Pass 和 van Merrienboer[16]对认知负荷的定义指出，认知负荷由反映任务与操作者交互的因果维度和反映心理负荷、心理努力、绩效等可测性指标的评价维度组成。本文采用自我评定与眼动生理数据相结合的测量方法，测量用户认知负荷指标。

在主观测量方面，采用 PASS 自我评定量表，含心理努力评价和任务难度评价两个指标。由两个问题组成，采用 Likert 量表 9 点计分方法。虽然 PASS 量表在信度、效度方面表现都极好，但由于是主观评价，容易受社会赞许效应影响[17]，增加生理数据测量可以使测量数据更加客观准确。本文考察字号和间距对认知负荷的影响，而非阅读内容的难易对因变量的影响，因此在实验中应尽量控制内容难度。

在生理测量方面，与认知负荷有关的眼动指标包括瞳孔面积、眨眼时间及眨眼率、注视次数、注视时间等。Pass 和 Renkl[17]发现，瞳孔反应对认知负荷水平波动高度敏感。Lamberts 等[18]的研究再次确认了 Pass 和 Renkl 的发现，瞳孔扩张是显示认知负荷的有效指标。此外，研究发现[19]眨眼率与阅读任务关系密切：任务难度增大，会导致认知负荷加大，会降低眨眼率。因此，本文将瞳孔面积和眨眼率作为重要测量指标。

用户体验[19]是从产品构造、功能质量到用户情感、体验的角度研究交互质量的技术。研究者们将用户体验研究分为两部分[20]，一是系统（可用、易用、功能、目的等），二是人（需求、情感、动机、倾向等）。文献研究表明，学术界对用户体验的定义和构成还存在争议，大多数文献在进行用户体验研究中是根据实际研究问题选择用户体验构成要素，如 Hassenzahl 和 Tractinsky[20]将用户体验构成分为实用性和享乐性两种方式；Morville 和 Rosenfeld[21]将用户体验划分为可用性、有用性、易用性、可靠性、易查找、合意度、有价值七个方面对用户体验进行测评。本文考察老年人数字阅读体验的主观感受，选择可用性、舒适度、任务完成时间这三个主客观结合的衡量指标，舒适度指标符合 Hassenzahl 和 Tractinsky 提出的享乐性，可用性与任务完成时间符合 Hassenzahl 和 Tractinsky 提出的实用性。其中，可用性测量采用标准化问卷及场景后问卷进行测量，舒适度采用 Likert 量表 7 点计分方法测量。任务完成时间转换为阅读速度，换算为每秒钟阅读字数。

综上，本文将心理努力、任务难度、瞳孔面积、眨眼率作为认知负荷的评价指标，可用性、舒适度、任务完成时间作为阅读体验指标，对数字阅读界面设计进行研究。

# 3 试验方法和试验方案

## 3.1 确定舒适值

对 190 位中老年人（50~69 岁，标准差=5.3）做了视觉舒适度调查，分别测量了电子阅读时能看到文字的最小极限值和最小舒适值、最小舒适字间距、最小舒适行间距。预实验发现，老年人的主观舒适字号往往是越大越好，但由于屏幕尺寸的限制，所选舒适值必须合理，因此在实验过程中，要求老年人选取感觉舒适的字号中最小的那个字号，称为最小舒适值。全程测试使用同一型号手机，屏幕尺寸 138.1 毫米×67.0 毫米，屏幕像素密度 326 像素值，亮度统一，测试材料分字号测试、字间距测试和行间距测试，部分测试材料如图 2 所示。

测试结果如图 3 所示，采用工效学常用的 95%为阈值，可以看出 95%的参与者感知的舒适数字字号是 20 像素，字间距是 1.0 磅，行间距是 1.4 倍。以 50%~95%的参与者比例划分舒适值范围，即中老年人数字阅读最小舒适字号范围是 14~20 像素，最小舒适字间距是在正常字间距的基础上增加 0.5~1.0 磅，最小舒适行距为 1.0~1.4 倍。

1) 玉　想　戴　球　奏　三　踩
2) 戒　慧　常　睬　亏　科　未
3) 威　正　撑　瞧　感　运　眼
4) 扔　置　坏　藏　下　碗　聪
5) 钟　霜　扯　横　与　输　绿
6) 小　霞　满　深　赵　醉　走
7) 拾　石　撩　雕　群　山　暴　给
8) 镇　繁　摇　票　故　投　平　川
9) 嘟　棕　卡　扛　蒙　验　婚　马
10) 及　藏　媚　抓　铁　盘　统　旧
11) 紫　典　鸪　掉　骑　堡　染　盎
12) 

图 2　文字测试材料

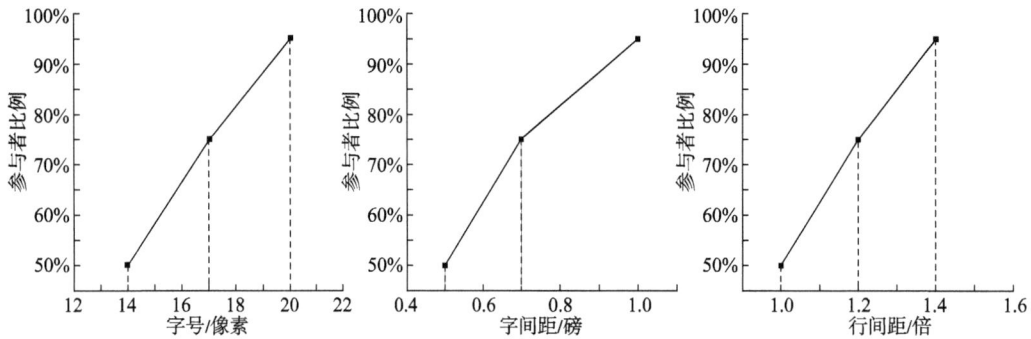

图 3　最小舒适值测试结果

## 3.2　实验设计

本次实验采用 3×3×3 正交试验设计。正交设计是利用正交表，科学地安排与分析多因素试验的方法，是最常用的试验方法之一。根据周爱保等[12]的研究结论，常见字体对汉字认知加工没有显著影响，实验材料采用宋体，3 个自变量分别选择字号、字间距、行间距作为研究对象，每个自变量分别由 3 个水平组成，根据之前的调研结果，分别采用第 50%、75% 和 95% 三个百分位数所对应的接近字号、字间距、行间距，将变量划分为 3 个水平。字号的 3 个水平分别为 14 像素、17 像素和 20 像素，字间距的 3 个水平分别为正常间距增加 0.5 磅、0.7 磅和 1.0 磅，行间距的 3 个水平分别为 1.0 倍（单倍行间距）、1.2 倍和 1.4 倍，以确保所设计的文字令大多数老年人感觉舒适。实验顺序采用拉丁方顺序进行，避免产生顺序效应。

## 3.3　实验方案

查正交表知，3 因素 3 水平正交实验应采用正交表 $L_9(3^4)$，其中 L 为正交代表符号，9 为正交表横行数，3 为因素水平数，4 为正交表纵列数。

表头设计方法是将各因素安排在正交表对应的位置上，一般一个因素占有一列，不同因素占有不同的列（可随机排列），如表 1 所示。其中 A 代表字号，B 代表字间距，C 代表行间距。把正交表上的 1、2、3 分别看作各个因素的水平数，正交表对应的每一行就是一个试验方案，即各因素的水平组合，空白列对试验没有影响，实验前设置 $A_1$ 为 20，$A_2$ 为 14，$A_3$ 为 17；$B_1$ 为 0.5，$B_2$ 为 1.0，$B_3$ 为 0.7；$C_1$ 为 1.4，$C_2$ 为 1.2，$C_3$ 为 1.0。

**表 1 正交试验实验方案**

| 因素 | A | 空列 | B | C | 实验方案 |
|---|---|---|---|---|---|
| 1 | 1 | 1 | 1 | 1 | $A_1B_1C_1$ |
| 2 | 1 | 2 | 2 | 2 | $A_1B_2C_2$ |
| 3 | 1 | 3 | 3 | 3 | $A_1B_3C_3$ |
| 4 | 2 | 1 | 2 | 3 | $A_2B_2C_3$ |
| 5 | 2 | 2 | 3 | 1 | $A_2B_3C_1$ |
| 6 | 2 | 3 | 1 | 2 | $A_2B_1C_2$ |
| 7 | 3 | 1 | 3 | 2 | $A_3B_3C_2$ |
| 8 | 3 | 2 | 1 | 3 | $A_3B_1C_3$ |
| 9 | 3 | 3 | 2 | 1 | $A_3B_2C_1$ |

## 3.4 参与者与测试工具

实验参与者 20 名，全部来自同济大学老年大学，年龄为 61~69 岁，平均年龄 64.2 岁，其中男性 10 名，女性 10 名，所有被试在佩戴视力辅助工具后视力正常，均为右手利。

实验采取组内设计，每名参与者按照随机化顺序阅读 9 份文字材料。材料挑选时，控制其他无关变量，每份材料约 200 字（SD=2.8），替换生僻字，所选材料经多轮测试，对结果做单因素方差分析，更换掉差异显著材料，最后实验所用 9 份测试材料难度没有显著差异。

实验设备采用 iphone 6，眼镜式眼动仪 Dikablis，采样率 60 赫兹，监测瞳孔面积与眨眼率。

## 3.5 测试流程

实验在同济大学包容性设计研究中心实验室开展，由于瞳孔面积易受光线影响，实验环境照明全程采用 40 瓦 LED 照明灯，每位参与者在实验室静坐 5 分钟，适应光环境后，试戴眼动仪，以测量校准时的瞳孔面积作为参考值。

考虑到认知负荷具有时间相关性原理，即认知负荷具有累积效应和时间效应，因此实验全部安排在上午 8 点 30 分~11 点 30 分进行，读完每篇短文填写一份由 7 个问题组成的测后量表，完成后放松 3 分钟，再阅读下一篇短文。平均每位参与者完成全部试验耗时约 40~50 分钟。此外，研究团队为本次实验专门开发了一款计时阅读软件，阅读开始前，手机屏幕会显示圆形黑底白字"开始"按钮，点击"开始"，屏幕自动跳转到文章页面，同时计时开始，文章阅读完成后，点击"结束"，计时结束。参与者在试用 2 次后，开始实验。实验场景如图 4 所示。

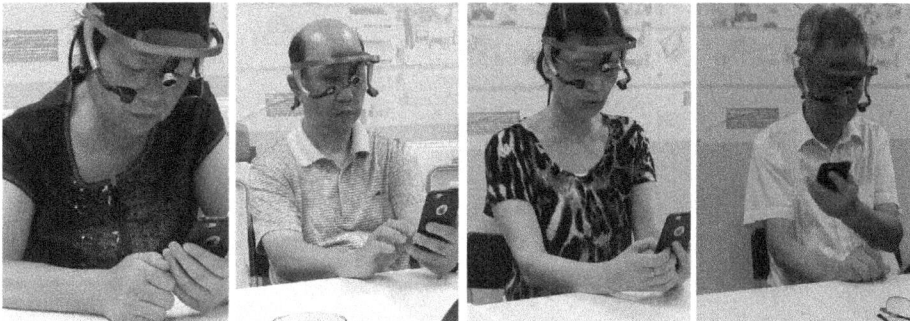

图 4 实验场景图

# 4 结果与分析

## 4.1 认知负荷结果分析

实验完成后，检验极端数据，排除眼疾和操作失误造成的极端数据，最后有效样本为 16 人。对认知负荷自主评价做极差分析，结果如表 2 所示，极差分析结果表明，影响数字阅读认知负荷的变量重要性排序是 A、C、B，即字号对认知负荷影响最大，其次是行间距，再其次是字间距。其中 9 组实验方案中的最低认知负荷组合是 $A_1C_2B_2$，该组合对应的认知负荷是 2.938。但方差分析最后结果显示，最优方案组合是 $A_1C_1B_3$，对应的字号是 20 像素，行间距 1.4 倍，字间距 0.7 磅。对认知负荷趋势进行分析可以发现，如图 5 的子图（a）所示，认知负荷在字号值为 14 像素时最高，20 像素时最低，但从 14 像素到 17 像素比 17 像素到 20 像素的降幅明显，随着字体增大，认知负荷下降趋势减缓。分析字间距变化对认知负荷的影响，如图 5 的子图（b）所示，发现字间距从 0.5 磅增至 0.7 磅时，认知负荷下降明显，从 0.7 磅增至 1.0 磅时，认知负荷不降反增。图 5 的子图（c）显示，行间距从 1.0 倍增至 1.2 倍时，认知负荷下降明显，但从 1.2 倍增至 1.4 倍时，认知负荷变化趋零。从趋势图分析可知，符合认知负荷最低的最优设计方案字号是 20 像素，行间距是 0.7 倍，字间距 1.2 磅或 1.4 磅都可以，二者对认识负荷影响差异不大。因此文字排版时，在每行多排字的情况下，1.2 磅的字间距更为合理。

**表 2 认知负荷正交实验分析表**

| 实验方案 | A | 空列 | B | C | 认知负荷 |
|---|---|---|---|---|---|
| 1 | 1 | 1 | 1 | 1 | 3.375 |
| 2 | 1 | 2 | 2 | 2 | 2.938 |
| 3 | 1 | 3 | 3 | 3 | 3.500 |
| 4 | 2 | 1 | 2 | 3 | 5.250 |
| 5 | 2 | 2 | 3 | 1 | 4.125 |
| 6 | 2 | 3 | 1 | 2 | 4.750 |
| 7 | 3 | 1 | 3 | 2 | 3.500 |
| 8 | 3 | 2 | 1 | 3 | 3.938 |
| 9 | 3 | 3 | 2 | 1 | 3.375 |
| $K_1$ | 3.271 | 4.021 | 4.042 | 3.625 | |
| $K_2$ | 4.708 | 3.854 | 3.667 | 3.729 | |
| $K_3$ | 3.604 | 3.875 | 3.875 | 4.226 | |
| 极差 $R$ | 1.437 | 0.313 | 0.375 | 0.601 | |
| 因素主次 | ACB | | | | |
| 最优方案 | $A_1C_1B_3$ | | | | |

注：$K$ 值是单个变量每个水平数值求和的平均数；$R$ 是单个变量中 $K$ 值的最大值与最小值之差

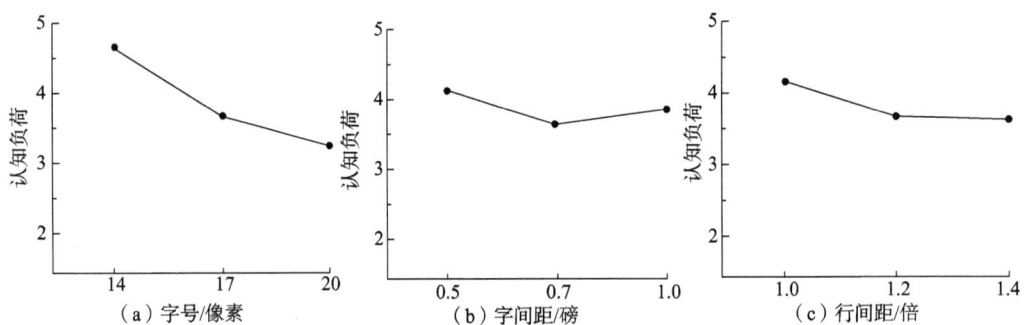

图 5 不同文字设计组合的认知负荷趋势图

## 4.2 阅读体验结果分析

阅读体验包括可用性、舒适度、阅读速度三个指标，在评价文字设计对阅读体验的影响时需综合考率三个因素。正交实验分析结果如表3所示，字号对可用性和舒适度的重要程度排第一，但对阅读速度的影响弱于字间距。字间距对可用性和舒适度的重要程度排第二，对阅读速度的重要程度排第一。行间距对阅读体验的总体重要程度排第三。由于老年人阅读时，可用性和舒适度比阅读速度更加重要，因此在选择方案时，字号的重要性应当排第一。其次是字间距和行间距。

**表3 阅读体验正交实验分析表**

| 指标 | | A | 空列 | B | C |
| --- | --- | --- | --- | --- | --- |
| 可用性评价（均值） | $K_1$ | 6.579 | 6.271 | 6.424 | 6.410 |
| | $K_2$ | 5.965 | 6.361 | 6.209 | 6.347 |
| | $K_3$ | 4.010 | 6.382 | 6.382 | 6.257 |
| | 极差 $R$ | 0.632 | 0.111 | 0.215 | 0.153 |
| | 因素主次 | A B C | | | |
| | 最优方案 | $A_1B_1C_1$ | | | |
| 舒适度评价（均值） | $K_1$ | 6.417 | 6.125 | 6.208 | 6.125 |
| | $K_2$ | 5.750 | 6.008 | 5.896 | 6.146 |
| | $K_3$ | 6.200 | 6.145 | 6.271 | 6.104 |
| | 极差 $R$ | 0.667 | 0.137 | 0.375 | 0.042 |
| | 因素主次 | A B C | | | |
| | 最优方案 | $A_1B_3C_2$ | | | |
| 阅读速度 | $K_1$ | 3.960 | 3.831 | 4.277 | 4.020 |
| | $K_2$ | 4.157 | 4.196 | 3.850 | 3.970 |
| | $K_3$ | 4.010 | 4.010 | 4.004 | 4.140 |
| | 极差 $R$ | 0.197 | 0.365 | 0.462 | 0.153 |
| | 因素主次 | BAC | | | |
| | 最优方案 | $B_1A_2C_3$ | | | |

分析三个指标的趋势图，如图6所示，当字号增大，用户体验和舒适度同时增大，增大趋势趋缓，两个指标增长态势趋于平行。但对于阅读速度而言，字号增大显示出阅读速度下降的趋势，即平均每秒阅读字数降低。字间距增加时，可用性和阅读速度同步下降，且趋势没有变化，但对于舒适度而言，呈现出先增长后下降的趋势，且增长幅度很小。随着行间距的增加，可用性和舒适度总体上是增长的，但增长幅度趋缓，阅读速度整体上呈下降趋势。总体而言，字号从17像素增至20像素，对可用性和舒适度的提升差异不大，在综合考虑阅读速度的情况下，选择 17 像素更合理。字间距方面，可用性和阅读速度的峰值是 0.5 磅，舒适性峰值是 0.7 磅，综合考虑字间距最优值是标准间距增加 0.5 磅。行间距综合考虑阅读体验和认知负荷，最优值是 1.2 倍。

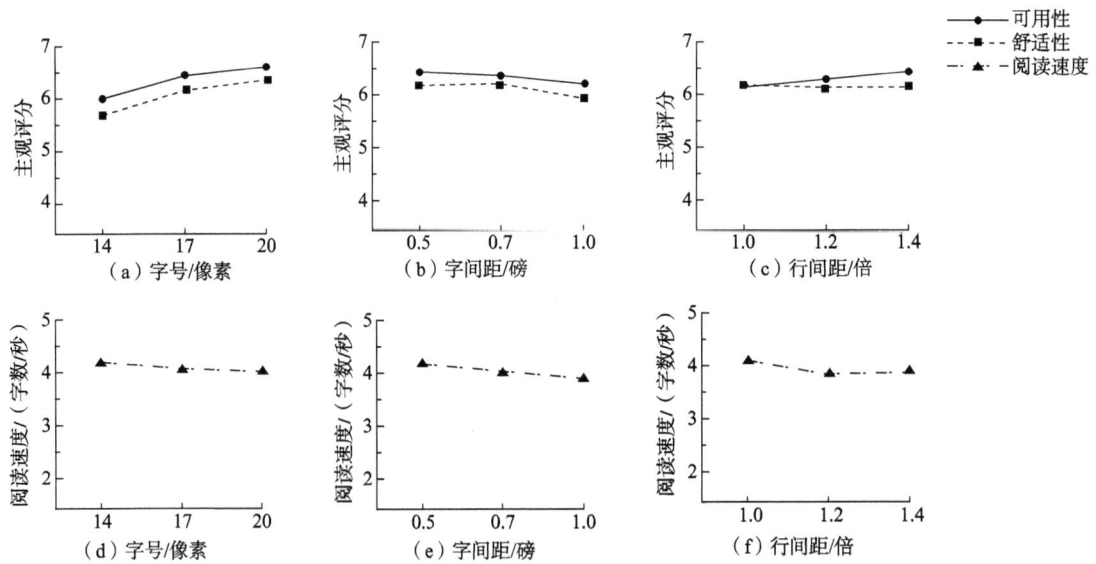

图 6　不同文字设计组合的阅读体验综合趋势图

## 4.3　眼动指标分析

眨眼率和瞳孔面积两个指标实验数据如表 4 所示，分别对眨眼率和瞳孔面积做正交实验方差分析，发现文字字号、字间距、行间距对眨眼率（$F$ 字号=1.008，$p$=0.5，$F$ 字间距=1.147，$p$=0.405，$F$ 行间距=0.841，$p$=0.543）、瞳孔面积（$F$ 字号=5.558，$p$=0.153，$F$ 字间距=2.04，$p$=0.329，$F$ 行间距=2.824，$p$=0.216）、瞳孔面积变化（$F$ 字号=0.238，$p$=0.808，$F$ 字间距=1.724，$p$=0.367，$F$ 行间距=1.726，$p$=0.364）的主效应均不显著，即文字设计对眼动指标的影响作用不显著。

表 4　眼动指标实验数据

| 实验方案 | 1 | 2 | 3 | 4 | 5 | 6 | 7 | 8 | 9 |
|---|---|---|---|---|---|---|---|---|---|
| 眨眼率 | 1.89% | 1.91% | 1.92% | 2.19% | 1.54% | 1.72% | 2.01% | 1.98% | 2.11% |
| 瞳孔面积/像素 | 817.7 | 603.9 | 742.6 | 709.3 | 719.1 | 768.9 | 740.2 | 973.5 | 992.9 |
| 瞳孔面积变化/像素 | 455.8 | 421.7 | 603.9 | 524.1 | 460.7 | 522.2 | 499.1 | 911.7 | 359.2 |

进一步对主客观数据进行分析，发现瞳孔面积与认知负荷主观评价相关性显著（$r$=-0.712，$p$=0.031），瞳孔面积越大，认知负荷主观评价越低，眼动指标作为客观数据支持上述主观数据分析结论。另外，眨眼率与可用性主观评价相关性显著（$r$=-0.705，$p$=0.034），与舒适度相关性显著（$r$=-0.674，$p$=0.046），眨眼率越高，可用性和舒适度越差，这一结论也客观上支持主观数据的分析结果。

## 4.4　阅读体验、主观认知负荷关系分析

阅读体验由可用性、舒适度、阅读速度构成，主观认知负荷由 Pass 量表测得，对 4 个因素做 Pearson 双侧检验相关分析，结果如表 5 所示，可用性与舒适度显著正相关（$r$=0.931，$p$=0.01），可用性与认知负荷显著负相关（$r$=-0.894，$p$=0.01），舒适度与认知负荷显著相关（$r$=-0.767，$p$<0.05）。即降低视觉负荷，可用性和舒适度得到了提升。从统计结果来看，阅读速度与可用性和舒适度存在负相关关系，但程度很低，相关性不显著；与认知负荷存在正相关关系，但程度较低，同样不显著。

表 5 主客观指标实验数据相关性分析

| 主客观指标 | 可用性 | 舒适度 | 认知负荷 | 阅读时间 | 左瞳孔面积 | 右瞳孔面积 | 眨眼率 |
|---|---|---|---|---|---|---|---|
| 可用性 | 1 | | | | | | |
| 舒适度 | 0.931** | 1 | | | | | |
| 认知负荷 | −0.894** | −0.767* | 1 | | | | |
| 阅读时间 | −0.264 | −0.324 | −0.001 | 1 | | | |
| 左眼瞳孔面积 | 0.566 | 0.420 | −0.712* | 0.082 | 1 | | |
| 右眼瞳孔面积 | 0.574 | 0.496 | −0.716* | 0.136 | 0.918** | 1 | |
| 眨眼率 | −0.705* | −0.674* | 0.648 | 0.489 | −0.633 | −0.611 | 1 |

**表示在 0.01 水平（双侧）上显著相关；*表示在 0.05 水平（双侧）上显著相关

# 5 讨论

## 5.1 文字设计与阅读体验

据 Mayer 等[22]提出的多媒体学习的认知理论模型，数字阅读文本通过眼睛进入感觉记忆，读者从感觉记忆中选择相关的语言和图像进行加工，加工过程在工作记忆中完成，通过与长时记忆的知识进行整合，从而达到阅读理解。本文中，针对阅读内容做了平衡，因此，在工作记忆加工阶段与长时记忆知识整合阶段，不存在显著差异。本文特别针对文字设计，这一阶段属于视觉信息输入阶段，由于老年人视力出现衰退，在视觉输入阶段需要付出额外的视觉努力。根据双重编码理论[23]，大脑对视觉文字信息的处理与图片相同，都通过特征识别的方式进行，因此当字号较小、视力衰退同时出现时，读者不仅看清文字的难度增加，识别文字的难度也同样在增加。对表 3 所示的实验结果进一步做方差分析发现，字号对可用性（$F=34.31$，$p=0.028$）和舒适度（$F=16.06$，$p=0.05$）的影响主效应显著。字间距和行间距在文字识别中有干扰作用的负效应，即当字间距很小时，辨识难度增加，且由于视觉中央凹同时处理的文字较拥挤，会出现将之前识别过的文字认作现在看的文字的现象。行间距较小时也会产生相同的效应，导致看错行。本文中的文字设计对字号、字间距和行间距在舒适度调查的基础上，进一步优化，实验结果发现字号、字间距、行间距对老年阅读者而言，并不是越大越好，从趋势分析中发现，文字的三个变量在变大的过程中，个别变量会使阅读体验先升后降，原因在于虽然文字识别容易了，但视觉中央凹处理信息减少，加工下一个信息时，眼跳距离增加，从而导致阅读体验下降。

Wang 等[4]在 2010 年对老年人手机汉字的字间距、行间距的研究发现，加大文字间距会提升手机文字的可读性，这一结果与本文的部分结论一致。但由于受变量水平选择范围限制，Wang 等的研究并未发现过分增加字间距也会导致舒适度和可用性下降。本文发现，增加字间距的确可以提升文字阅读体验，但字间距过大也会降低阅读体验，如图 6 的子图（b）所示。周爱保等[12]关于字号的研究发现，字号大小与识别速度正相关，但由于其实验过程采用了单个词组或文字的呈现方式，因此与本文的结论并不相符。本文中，增加字号，阅读速度呈现下降趋势，如图 6 的子图（a）所示。这是由于在有限的手机屏幕尺寸中，文字呈现的数量随着字号增加而减少，降低了阅读的连贯性，某种程度上，延长了阅读理解的时间。

国外对文字研究也非常多，如 Goodman-Deane 等[24]，Alotaibi[25]等的研究证实字号对阅读绩效具有非常显著的影响，Goodman-Deane 等的研究还进一步指出，在印刷文本中，老年人的字号应当选择比最小舒适字号大 20%的字号。这一结论支持了本文的实验结果：字号超出 50%参与者感觉舒适的字号时，阅读的可用性和舒适性仍有明显上升，但继续增加时，上升趋势减缓。由于中英文在构成上的差异，汉字很难用字号尺寸的百分比进行精确计算，因此，本文认为，满足 75%的老年人感受到舒适的字号更适合作为老年人数字阅读的首选字号。

## 5.2　文字设计、认知负荷与阅读体验

在数字阅读和多媒体学习中，认知负荷一直被认为是影响阅读效率和学习绩效的一个重要因素。认知负荷是信息处理时占用的心理资源总量，分为中枢处理资源、响应资源、空间编码资源、语言编码资源、视觉接收资源、听觉接收资源、操作资源 7 个维度[26]。本文中，仅改变了视觉接收资源，其他资源如响应、空间、听觉、操作等在阅读任务中并不涉及，中枢处理和语言编码通过平衡任务难度的方式予以处理。研究中通过控制文字设计，考察了视觉接收资源的变化情况。因此，研究中所考察的认知负荷实质仅是视觉认知负荷，不涉及其他维度的认知负荷。实验结果表明，影响视觉认知负荷的文字变量重要性排序依次是字号、行间距、字间距。与阅读体验不同，字间距与行间距的重要性发生了变化，这可能是用户对认知负荷的评价更偏重整体，而对可用性和舒适度的评价更偏重于文字本身造成的。眼动数据处理发现，眼动测量指标与认知负荷主观测量相关性显著，Hankins 和 Wilson[27]的研究证实，眨眼率与任务难度有关，由于本文平衡掉了文章难度，因此眨眼率、瞳孔面积等眼动指标变化应主要源于文字设计。

已有研究中，如李宁等[15]发现，汉字字号对认知负荷的主效应显著，字号越大认知负荷越低，这一结论与本文结论基本一致，如图 5 的子图（a）所示，随着字号增加，认知负荷下降，但下降趋势减缓。与阅读体验的比较可以发现，在认知负荷降低时，阅读的可用性和舒适度提升，但提升趋势减缓。因此，在一定范围内，文字字号增加会降低认知负荷，提升阅读体验。李晶等[28]的研究提出，均衡认知负荷是提升工作绩效的重要路径，同样，将认知负荷控制在合理范围内，有助于提升阅读体验，如图 5 的子图（b）、图 6 的子图（b）所示，随着字间距增加，认知负荷呈现缓慢下降趋势，阅读体验没有显著提升，反而也缓慢下降。这一现象说明，降低认知负荷并非越低越好。当负荷过低时，阅读体验也会下降。

# 6　结束语

综合考察中老年人的阅读体验与认知负荷，得出以下结论。

在理论层面，在文献研究的基础上，选取了适用于阅读体验的测量维度，认知负荷的测量指标，通过控制实验，发现了认知负荷与阅读体验具有显著的负相关性，阐明了字号、间距的变化对阅读体验、认知负荷的影响趋势。分别从可用性、舒适度、阅读速度等三个方面，探讨了适合老年人阅读的字号、间距的合理取值范围，为无障碍交互提供了理论基础。理论研究发现，首先，认知负荷应适当控制在合理水平，保持认知负荷既不高，也不低，才能提升老年人的数字阅读体验。其次，本文中，字号、间距对认知负荷、用户体验的影响是不同的，应区别对待。字号增加，认知负荷降低，阅读体验提升，但随着字号的不断增加，认知负荷降低趋势与阅读体验提升的趋势都明显减缓。字间距增加尽管降低了认知负荷，但同样降低了阅读体验，因此在实践中，字间距的增幅不宜过大。

在实践层面，通过实验提出了适合中老年人数字阅读的文字设计最优组合：字号 17 像素，字间距增加 0.5 磅，行间距 1.2 倍，即单倍行间距的 1.2 倍。在不同的阅读环境中，根据老年人对可用性、舒适度和阅读时间的需求，选取合理的字号、间距，如说明书设计侧重可用性，推荐选择字号 20 像素，字间距增加 0.5 磅，行间距 1.4 倍，如表 3 所示。本文为不同阅读目的和环境的阅读体验提供了文字设计

的实践操作方案。

研究还存在许多局限，如实验选取的对象样本仅 20 位老年人，不能完全有效代表国内全体老年人，实验中控制了任务难度，仅从文字字号、间距考察其对用户体验和认知负荷的影响，但在现实中，阅读任务的难度会显著影响阅读体验和认知负荷，因此，后续研究还需不断完善，以更加全面地揭示认知负荷与用户体验的关系。

# 参 考 文 献

[1] Portello J K, Rosenfield M, Bababekova Y, et al. Computer-related visual symptoms in office workers[J]. Ophthalmic &Physiological Optics, 2012, 32（12）：375-382.

[2] Gowrisankaran S, Sheedy J E, Hayes J R. Eyelid squint response neurasthenia-inducing conditions[J]. Optometry and Vision Science, 2007, 84（5）：611-619.

[3] Tsubota K, Nakamori K. Dry eyes and video display terminals[J]. New England Journal of Medicine, 1993, 32（8）：584-585.

[4] Wang L, Sato H, Rau P L, et al. Chinese text spacing on mobile phones for senior citizens[J]. Educational Gerontology, 2009, 35（7）：77-90.

[5] Papalia D E. Experience Human Development[M]. New York：MIT Press, 1997.

[6] Rosenfield M, Jahan S, Nunez K, et al. Cognitive demand, digital screens and blink rate[J]. Computers in Human Behavior, 2015, 51（13）：403-406.

[7] Kerber N. "Web usability for seniors：a literature review" [EB/OL]. http://home.ubalt.edu/nicole.kerber/idia612/Kerber_Literature_Review.pdf/, 2013-12-28.

[8] Kules B, Xie B. Older adults searching for health information in Medline Plus—an exploratory study of faceted online search inter-faces[C]. Proceedings of the 74th Annual Meeting of the American Society for Information Science &Technology. Silver Spring：ASIST, 2011.

[9] Bernard M, Liao C H, Mills M.The effects of font type and size on the legibility and reading time of online text by older adults[C]. Proceedings of ACM Conference on Human Factors in Computing Systems 2001. Seatles：ACM, 2001.

[10] Becker S A. A study of web usability for older adults seeking online health resources[J]. ACM Transactions on Computer-Human Interaction（TOCHI）, 2004, 11（4）：387-406.

[11] Nielsen J. "Seniors as Web users" [EB/OL]. http://www.useit.com/alertbox /seniors.html, 2013-12-30.

[12]周爱保, 张学民, 舒华, 等. 字体、字号和词性对汉字认知加工的影响[J]. 应用心理学, 2005, 11（2）：128-132.

[13] Goodman D, Waller J, Latham S, et al. Differences in vision performance in different scenarios and implications for design[J]. Applied Ergonomics, 2016, 55（1）：149-155.

[14] Williamson K. The role of research in professional practice：with reference to the assessment of the information and library needs of older people[J]. Australasianpublic Libraries and Information Services, 1999, 12（4）：145-153.

[15] 李宁, 梁宁建, 林小革. 不同认知负荷汉字输入的眼动研究[J]. 心理科学, 2008, 31（1）：54-57.

[16] Pass F, van Merrienboer J J G. Instructional control of cognitive load in the training of complex cognitive tasks[J]. Educational Psychology Review, 1994, 6（4）：351-371.

[17] Pass F, Renkl A, Sweller J. Cognitive load theory and instructional design：recent developments[J]. Educational Psychologist, 2003, 38（1）：1-4.

[18] Lamberts J, van den Breok P L C, Bener L, et al. Correlation dimension of the human electroencephalogram corresponds with cognitive load[J]. Neuropsychobiology, 2004, 41：149-153.

[19] 龚德英. 多媒体学习中认知负荷的优化控制[D]. 西南大学博士学位论文, 2009.

[20] Hassenzahl M, Tractinsky N. User experience—a research agenda[J]. Behavior & Information Technology, 2006, 25（3）：91-97.

[21] Morville P, Rosenfeld L. Information Architecture for the World Wide Web[M]. 北京：清华大学出版社, 2003.

[22] Mayer R E, Heiser J, Lonn S. Cognitive constraints on multimedia learning：when presenting more material results in less understanding[J]. Journal of Educational Psychology, 2001, （1）：187-198.

[23] Mayer R E, Massa L. Three facets of visual and verbal learners：cognitive ability, cognitive style, and learning preference[J]. Journal of Journal of Educational Psychology, 2003, 95（4）：833-841.

[24] Goodman-Deane J, Waller S, Latham K, et al. Differences in vision performance in different scenarios and implications

for design[J]. Applied Ergonomics，2016，（55）：149-155.

[25] Alotaibi A Z. The effect of font size and type on reading performance with Arabic words in normally sighted and simulated cataract subjects[J]. Clinical and Experimental Optometry，2007，90（3）：203-206.

[26] Tsang P S，Velazquez V L. Diagnosticity and multidimensional subjective workload rating[J]. Ergonomics，1996，39（3）：358-381.

[27] Hankins T C，Wilson G F. A comparison of heart rate，eye activity，EEG and subjective measure of pilot metal workload during flight[J]. Aviation，Space and Environmental Medicine，1998，69（4）：360-367.

[28] 李晶，薛澄岐，王海燕，等. 均衡时间压力的人机界面信息编码[J]. 计算机辅助设计与图形学报，2013，25（7）：1022-1028.

# Research on Older User's Experience in Digital Reading from a Cognitive Load Perspective

HOU Guanhua[1, 2]，NING Weining[3]，DONG Hua[3]

（1.College of Architecture and Urban Planning，Tongji University，Shanghai 200092，China；

2.College of Mechanical Electrical Engineering，Zhejiang Business and Technology Institute Ningbo 315012，China；

3.College of Design and Innovation，Tongji University，Shanghai 200092，China）

**Abstract**　This article aims to improve the digital reading experience of older people. Based on the cognitive load theory and user experience measurement，an orthogonal experiment design was conducted. Subjective measurement and eye movement data were used to assess the digital reading experience of older people. The usability，comfort，reading speed，cognitive load，blink rate，pupil area were used to evaluate the text design of digital reading materials. It was found that the key factors that influence the optimal experience of digital reading for older people were font size，word spacing and line spacing. Under the experimental conditions of the font size 17px，0.5pt extra word spacing and 1.2-line spacing，the optimal experience was obtained with lower cognitive load. In addition，the usability of the reading experience was significantly positively correlated with the subjective perception of comfort，but negatively correlated with cognitive loads.

**Key words**　user experience，cognitive load，digital reading interface，usability

## 作者简介

侯冠华（1982—），男，同济大学建筑与城规学院 2015 级博士研究生，浙江工商职业技术学院讲师，研究方向为用户体验、交互设计、神经工业设计。E-mail：50477041@qq.com。

宁维宁（1990—），男，同济大学设计创意学院 2014 年级硕士研究生，研究方向为包容性设计。E-mail：442883982@qq.com。

董华（1976—），女，同济大学设计创意学院教授、博士生导师，研究方向为包容性设计。E-mail：donghua@tongji.edu.cn。

# 行政区划名称变更对消费者品牌情绪的影响
## ——基于在线用户生成内容的质性研究*

张敏，蒋玉石，宋红娟

（西南交通大学 经济管理学院，成都 610031）

**摘　要**　以"郫县撤县设区引发的公众对郫县豆瓣热议事件"为研究对象，以公众在社会化媒体平台发布的内容作为数据源，共计收集 11 000 多条原始数据，最终有效数据 923 条，并遵循"开放编码—主轴编码—选择编码"的数据处理程序对这些数据进行质性分析。研究结果表明：在涉及品牌的行政区划变更条件下，消费者对"郫县豆瓣"品牌的情绪反应，可以从行为态度、主观规范和知觉行为控制三个方面得到解释。本文对于维护区域地理标志保护品牌的形象和价值提升具有重要的指导意义。

**关键词**　行政区划名称变更，品牌情绪，质性研究，郫县豆瓣

**中图分类号**　F063.2

## 1　引言

行政区划即国家各级行政区域的划分，行政区划变更是指行政区域单位的设立、撤销、更名，行政区行政机关驻地迁移、隶属关系的变更和行政区域界线的变更等[1]。近年来，行政区划作为推进城镇化发展的一种重要手段，我国各省市频繁采用这一方式。例如，20 世纪 90 年代，沪、京、津、渝 4 个直辖市首先施行"撤县并区"举措；2001 年杭州撤销萧山市、余杭市设立萧山区、余杭区；2016 年 9 月 11 日，中共成都市第十二届委员会第七次全体会议审议通过《关于同意申报郫县撤县设区的决议》，设立郫都区；2017 年 4 月 1 日，中共中央国务院决定设立河北雄安新区等。行政区划变更作为一种解决问题的政府行为，对当地的经济发展[2]、城市空间扩展[3]、区域旅游业[4]等有着重要影响，但忽视了消费者的品牌情绪反应。例如，郫县行政区划名称的变更，引发了公众对"郫县豆瓣"这个中华老字号品牌的激烈讨论，造成消费者不同的品牌情绪反应。品牌情绪属于长期消费者效应，Chaudhuri 和 Holbrook 认为品牌情绪是品牌在普通消费者中产生积极情绪反应的潜力，它不仅直接影响消费者对品牌的态度忠诚，也会间接影响与相对价格有关的品牌资产，最终影响品牌的市场表现[5]。本文认为品牌情绪是指消费者针对"行政区划名称变更与地理标志保护品牌名称之间的冲突"而产生的情绪。目前对品牌情绪的研究侧重于将其作为中介变量的结果研究[5, 6]，而忽视了对其作为因变量的影响研究，特别是行政区划名称变更对消费者品牌情绪反应的影响研究。

而近年来，随着 Web 1.0 和 Web 2.0 的引入，尤其是在线社区的创造以及品牌管理的方式变更，极

---

*　基金项目：国家自然科学基金项目"大数据背景下网络定向广告精准传播综合学习模型研究"（71572156）、教育部人文社会科学项目（19YJC630060）、西南交通大学"一带一路"研究专项任务项目（268YDYLZ01）、互联时代拟人化广告对品牌传播的影响研究：基于眼动视角（19YJC860033）。

通信作者：蒋玉石，西南交通大学经济管理学院教授、博士生导师。E-mail：jys_a@sina.com。

大地改变了消费者与品牌之间的互动模式[7]。消费者在互联网时代可以共同的兴趣和价值为基础抱团、发声，互相交流分享信息，极大地缩短了信息传播距离，丰富了信息传播渠道，因此使用公众在社会化媒体平台发布的内容，来分析行政区划变更条件下，消费者对"郫县豆瓣"品牌情绪的反应具有一定的意义。

鉴于此，本文在郫县撤县设区引发公众热议国家地理标志保护产品"郫县豆瓣"的背景下，利用网络用户评论（即用户生成内容）作为数据源，遵循"开放编码—主轴编码—选择编码"的数据处理程序对这些数据进行分析，探索该事件对消费者品牌情绪反应的影响，这对发展消费者的品牌情绪理论有重要参考价值。

## 2　相关研究综述

### 2.1　内外部环境变化对品牌的影响

近年来，品牌理论文献侧重于客户–品牌关系，其基础是以消费者与品牌形成关系的隐喻，与社会环境形成关系的方式相同[8-10]。这个概念是多方面的，反映了个人情感、社会情感依恋、行为关系和支持性认知信念。与这些文献相关，关系营销研究（如信任或承诺）已经开发了几个相关概念[11-15]。Carroll 和 Ahuvia 介绍了品牌依恋的概念，并将客户的情感联系、连接和依恋特征与品牌关系结合在一起，为客户提供了积极的体验[16]。

一个品牌的名称、标志和口号组成了公司最重要的资产之一，消费者通过认识、记住和回忆与品牌建立情感关系。随着时间的推移，随着竞争日益激烈，许多公司决定追求品牌创新，以便以某种方式振兴自己[17, 18]。Kapferer 认为，这种重塑是公司内部发生变化最强力的方式[19]。然而，正如Hakala 等所指出的，现在市场营销人员面临的挑战是在平衡刷新公司/产品形象（如通过某种类型的品牌改造）需求的同时，且不降低品牌的资产[20]。品牌的重塑除了内部改革之外，也会受到外部客观环境的变化而进行"更新"，尤其是区域品牌。例如，行政区划的变更导致区域品牌名称的变化。一些研究表明，人与动物、地点、目的地、特殊物品、品牌之间会形成情感依恋[21-24]。品牌标识对客户承诺及企业绩效也有着重要的影响[25]。Collange 发现，在酒店行业，重塑酒店品牌市场占用率增长了 6.31%[26]。尽管这种标志变化需要巨大的努力和花费，企业已经表现出愿意通过改变品牌标志来追求品牌的视觉复兴。百事可乐的最新标志变化需要五个月的时间来重新设计，花费超过 100 万美元[27]。这些都是企业的主动出击，而行政区划带来的品牌重塑属于被动应急。在这样的情况下，一些企业和消费者难免出现一些复杂情绪，如抵制、兴奋、期待、依恋等，这些情绪变化影响消费者的品牌购买意向。目前学者验证了外部的公共事件对消费者的品牌情感、态度和认知的影响，这些研究为本文的研究奠定了基础。例如，Cotterill 和 Franklin 介绍了政府的公众宣传活动会引起国家品牌价格的下降，而公开竞选活动则会带动个人品牌谷物的上升，这是政府的成本控制导致了广告投入的减少，而个人借机模仿国家品牌谷物，提升了个人品牌谷物的知名度[28]。Qing 等探讨了产品伤害危机溢出效应对企业品牌资产的影响，结果显示，随着危机的发生，以及品牌联想的增加，消费者的品牌信任感和品牌意识会下降。此外，代表性集群事件的溢出效应比单一代表性、单一非代表性和集群非代表性事件对品牌资产造成的破坏更大[29]。由此可见，事件类型和调节变量（消费者的选择可能性和消极的舆论）对品牌资产有显著的影响。Mostafa 在 Twitter 上抓取了 3 516 条推文来评估消费者对诺基亚、T-Mobile、IBM、荷兰皇家航空和DHL等知名品牌的看法。研究结果显示，公共舆论中消费者对几个知名品牌的情绪呈现总体乐观趋势[30]。

## 2.2　用户生成内容与品牌感知的关系

国内外关于用户生成内容（user generated content，UGC）如何影响品牌感知的研究尚处于起步状态[31]，对 UGC 的概念也没有统一的界定[32]。本文借鉴了王平和陈启杰对 UGC 的定义，即 UGC 是由于 Web 2.0 发展，消费者通过社会网络、个人博客、公共网络社区以及专业论坛等途径自由抒写自己的人生故事或感想、分享购物经历或产品使用体验、回答他人问题、对他人的观点或企业的产品与服务进行评价，表明对企业和品牌特定想法形成的内容[33]。

随着科技的进步，社交媒体的发展打破了消费者与品牌之间原有的关系。根据 Christodoulides 等的研究结果，消费者参与 UGC 创造与品牌感知之间具有显著相关性[31]，消费者对于品牌形象、感知质量与品牌意义等品牌权益要素的感知越强烈，越倾向于产生自发行为[34]。而相较于企业的信息宣传，UGC 因其比品牌信息更加真实而具有高度的影响力[35]，UGC 的创造不仅对创造者本人产生影响，同时也会影响甚至改变其他消费者的品牌感知[36]。由此可见，UGC 已经逐步成长为消费者表达自身对于企业产品服务及品牌看法的重要渠道，从内容中可以发现消费者对品牌所持有的态度及情感倾向，这也为本文使用 UGC 来分析行政区划变更条件下消费者对"郫县豆瓣"品牌情绪的反应奠定了理论基础。

通过梳理相关文献，可以发现目前的研究主要侧重在企业内部引发的品牌更新问题，而忽视了外部环境变化对品牌的影响。因此，本文将从消费者的层面来研究行政区划变更给地方品牌带来的重要影响，以及对消费者品牌情绪反应的影响。

# 3　研究设计

## 3.1　研究方法

本文主要采用数据编码和归类的方法对资料进行分析和整理，目的在于从大量定性资料中提炼出核心范畴[37, 38]，进而研究行政区划名称变更对消费者品牌情绪的影响。现有质性研究广泛采用两种编码过程：一是完全开放式编码；二是按照已有理论设定编码变量[39]。由于本文主要探讨行政区划名称变更对消费者品牌情绪的影响，鉴于相关研究并不丰富，相关变量的维度和测量尚未确定，此外，消费者行为心理学的研究维度众多、内容复杂。因此，我们以计划行为理论指导编码，并遵循"开放编码—主轴编码—选择编码"的数据处理程序对原始数据进行质性分析[40]。

## 3.2　数据收集

本文通过搜集 2016 年 1 月 1 日至 12 月 7 日几个主要网络论坛中郫县撤县设区所引发的公众对郫县豆瓣热议事件的相关评论，以此作为原始研究数据。之所以设置截止时间为 2016 年 12 月 7 日，是因为当天四川省郫县豆瓣股份有限公司董事长徐良在接受四川在线记者采访时透露，郫县豆瓣作为国家地理标志保护产品（非物质文化遗产）和豆瓣行业公共品牌，不会因为区划更名而调整产品名称，除企业地址和包装由郫县更改为郫都区外，其余一切照旧[41]。

数据收集时间轴及关键事件如图 1 所示。

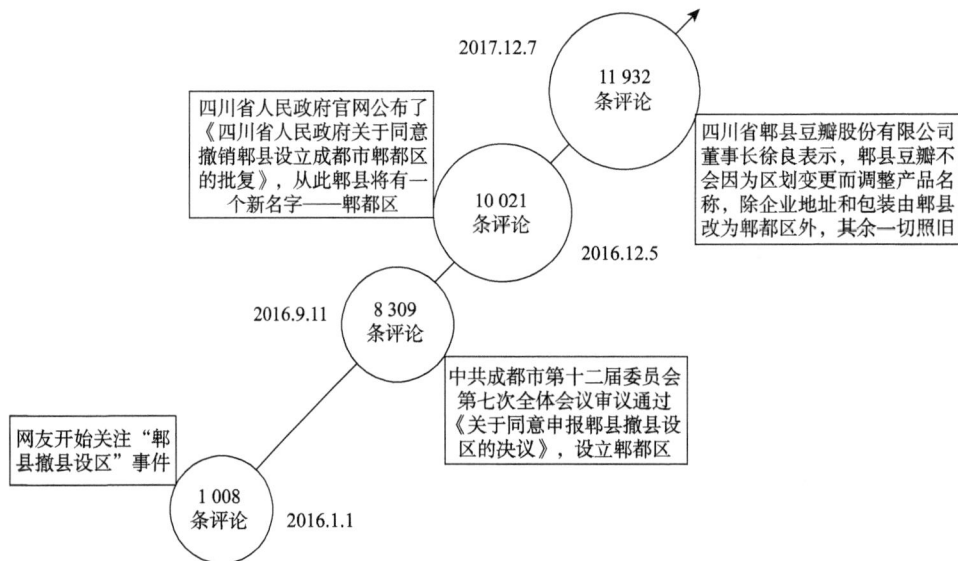

图1　收据收集时间轴及关键事件
关键事件时间节点上的评论数为累计评论数

## 3.3　样本选取

根据郫县撤县设区事件关键词，在相关网站、论坛和贴吧（如麻辣社区、百度贴吧、网易贴吧等）进行资料搜索，整理得出相关的候选样本。在考虑地域特点等因素之后，最终选取了11个网站、论坛或贴吧的帖子作为数据样本，截至2016年12月7日，共搜集帖子923个，并按如下标准加以筛选：①剔除过于简单或无实质性内容的帖子，如沙发、顶、无语等；②剔除不文明用语或带有恶意攻击性的帖子；③剔除帖主发表的简单重复或相似评论的帖子；④剔除与样本事件无关的帖子；⑤剔除截止时间之前的无效帖子。

为检验模型饱和度，研究者使用一手访谈资料作为补充数据，具体见表1。

表1　实地访谈数据样本信息

| 访谈对象 | 时间 | 地点 | 人次 | 时长/小时 | 字数 | 用途 |
|---|---|---|---|---|---|---|
| 消费者 | 2016.8.3~2016.8.31 | 郫县街头 | 88 | 4.8 | 13 419 | 检验 |

在完成样本数据的搜集并按照标准删除不符合条件的样本帖子之后，随机抽取用于建模和饱和度检验的帖子，最后得到的样本数据如表2所示。

表2　郫县撤县设区引发的公众对郫县豆瓣热议事件样本

| 编号 | 样本名称 | 发帖（访谈）总量 | 建模总量 | 用途 |
|---|---|---|---|---|
| 1 | 麻辣社区 | 348 | 114 | 建模 |
| 2 | 百度贴吧 | 214 | 63 | 建模 |
| 3 | 吃喝玩乐网 | 117 | 43 | 建模 |
| 4 | 知乎 | 46 | 24 | 建模 |
| 5 | 散文网 | 37 | 17 | 建模 |
| 6 | 搜狐公众平台 | 20 | 20 | 建模 |
| 7 | 网易贴吧 | 121 | 58 | 建模 |
| 8 | 实地访谈 | 88 | 88 | 检验 |

续表

| 编号 | 样本名称 | 发帖（访谈）总量 | 建模总量 | 用途 |
|---|---|---|---|---|
| 9 | 经典网 | 7 | 7 | 检验 |
| 10 | 东方网 | 6 | 6 | 检验 |
| 11 | 博宝网 | 5 | 5 | 检验 |
| 12 | 每日经济新网 | 2 | 2 | 检验 |

# 4 数据分析过程

## 4.1 开放编码

开放编码是界定相关概念，并从中提取范畴的过程。本文参照黄敏学等采用的开放性编码原则：样本名称编号-样本帖子编号-评论句子编号，保持帖子中语句的顺序不变，目的是保证帖子的完整性，更好地分析帖子里的每一句话[42]。例如，2-1-1 表示百度贴吧中第一个帖子中的第一句话，8-1-1 表示实地访谈中第一个访谈对象的第一句话。通过开放编码，最终得到 15 个范畴和 96 个概念，见表 3。

表 3　开放编码形成范畴

| 编号 | 范畴 | 范畴的性质 | 概念 |
|---|---|---|---|
| 1 | 感知与期望 | 感知有用 | 调味必备（5-15-5）、无可替代（1-57-1）、家家必备（1-58-1） |
| | | 感知风险 | 利大于弊（1-5-3）、失去消费者（1-19-3）、数典忘祖（1-15-2） |
| | | 感知价值 | 川菜之魂（1-3-2）、品牌价值（1-4-3）、文化传承（5-8-2） |
| | | 地域感知 | 保留"郫"字（1-3-1）、豆瓣区（1-20-2） |
| | | 期望效用 | 为民服务（1-17-3）、味道不变（1-79-1）、满足味觉（6-3-3） |
| | | 期望一致 | 难以服众（1-62-1）、不想改名（1-66-3）、保留原名（4-4-6） |
| 2 | 品牌知识及品质认知 | 品牌名称 | 郫县豆瓣（6-1-2）、鹃城牌（7-23-13）、丹丹牌（7-23-15） |
| | | 品牌形象 | 大品牌（2-13-2）、老字号（1-25-2）、无价宝（1-6-2）、品牌形象好（7-43-1） |
| | | 企业声誉 | 声名在外（4-4-4）、无人不知（3-18-4）、世界著名（2-21-5） |
| | | 行业地位 | 百年老牌（2-8-2）、成熟品牌（1-67-1）、行业龙头（7-16-4） |
| | | 产品属性 | 靠其调味（5-15-5）、用豆瓣调味（3-46-1）、调味品（7-45-4）、调料（7-49-2） |
| | | 口碑评价 | 值得信赖（2-27-5）、大爱（2-14-6）、金字招牌（1-62-1）、质量杠杠滴（7-28-3）、 |
| 3 | 品牌联系及情感偏好 | 品牌联想 | 地方代名词（1-18-4）、祖传宝贝（1-23-2）、豆瓣区（2-34-1）、家乡味道（3-30-5）、感情（3-31-5）、城市名片（7-39-2） |
| 4 | 卷入度及忠诚度 | 卷入度 | 不假思索拿起就走（7-34-1）、随手就拿（7-20-5） |
| | | 忠诚度 | 一直使用（1-8-1）、吃了几十年（1-28-3）、从小吃到大（3-31-4） |
| 5 | 顾客属性 | 学习行为 | 同事推荐（1-8-2）、亲戚推荐（7-35-2）、朋友推荐（7-46-2） |
| | | 使用经验 | 每天都吃（1-9-1）、不可或缺（1-9-2）、每周买一次（7-6-1）、离不开（7-6-2） |
| 6 | 消费者认同 | 认同程度 | 我来代言（1-42-2）、大众认可（7-38-6）、调味品中的老大（7-41-4） |
| 7 | 地理标志商标保护 | 法律保护 | 国家地理标志保护产品（1-10-3、1-70-2）、地名保护（7-54-2） |
| 8 | 非物质文化遗产保护 | 法律保护 | 国家非物质文化保护遗产（1-10-4、1-70-6）、非物质文化遗产（7-58-2） |
| 9 | 中华老字号知识产权保护 | 法律保护 | 老字号品牌（1-59-3）、几千年老字号（1-104-7）、老字号（2-27-4） |
| 10 | 部门规章保护 | 规章保护 | 相关法律法规保护（1-33-2）、规章条款限制（2-34-1） |

续表

| 编号 | 范畴 | 范畴的性质 | 概念 |
|---|---|---|---|
| 11 | 相似案例唤起 | 唤起程度 | 其他撤县设区的地方（1-16-1）、王老吉改名（3-33-1）、百事可乐更名（4-24-1） |
| 12 | 自我效能 | 自我能力感 | 不用改名（1-52-2）、坚决不更名（1-63-2）、难以抗衡（7-3-5） |
| 13 | 品牌转换成本 | 转换成本 | 换其他牌子（2-4-2）、长时间和一定成本（6-20-5） |
| 14 | 替代产品 | 相似产品 | 无可替代（1-57-1）、老干妈（7-32-2）、牛肉豆瓣（7-32-4） |
| 15 | 消费者品牌情绪 | 愤怒 | 难以服众（1-62-2）、不同意（1-76-1）、来气（4-3-1）、冒火（5-16-3） |
| | | 抵制 | 失去我们（1-19-3）、卖不脱（1-77-1）、坚决抵制（1-87-2）、拒绝购买（4-15-4） |
| | | 沮丧 | 好忧伤（1-48-2）、不满意（1-51-1）、深表痛心（3-3-1）、伤感（5-17-3） |
| | | 无奈 | 不知其域名为何（1-35-7）、无可奈何（5-9-3） |
| | | 抗争 | 不支持改名（1-28-4）、还我郫县豆瓣（1-46-2）、造反（2-17-4） |

## 4.2　主轴编码

主轴编码，即要求我们对开放编码中提取的范畴进行分析和联结，最终形成与研究问题有关的主范畴。通过主轴分析，结果发现网友的评论中存在一定的因果关系和逻辑推理，将这些范畴加以归类，从已形成的范畴中挖掘出四大主范畴。由于归纳出的主范畴与计划行为理论的变量较为吻合，故本文借鉴了该理论来解释相关变量。其中，行为态度揭露了个体内在的联系，主观规范展现了外在环境的约束，知觉行为控制则反映出个体感知行为特征的程度[43]，而消费者品牌情绪则是由特定事件触发的认知后果。

主轴编码形成的主范畴如表 4 所示。

表 4　主轴编码形成的主范畴

| 编号 | 主范畴 | 影响范畴的关系 | 范畴 |
|---|---|---|---|
| 1 | 行为态度 | 内生态度 | 感知与期望；品牌知识及品质认知；品牌联系和情感偏好；卷入度及忠诚度 |
| | | 外生态度 | 顾客属性（学习行为、使用经验） |
| 2 | 主观规范 | 个人规范 | 消费者认同 |
| | | 指令性规范 | 地理标志商标保护；非物质文化遗产保护；中华老字号知识产权保护；部门规章保护 |
| | | 示范性规范 | 相似案例唤起 |
| 3 | 知觉行为控制 | 内部因素 | 自我效能 |
| | | 外部因素 | 品牌转换成本；替代产品 |
| 4 | 消费者品牌情绪 | 愤怒 | 难以服众；不同意 |
| | | 抵制 | 失去消费者；卖不出去；坚决抵制 |
| | | 沮丧 | 好忧伤；不满意；深表痛心 |
| | | 无奈 | 不知其域名为何；无可奈何 |
| | | 抗争 | 不支持改名；还我郫县豆瓣；造反 |

## 4.3　选择编码

选择编码即从主轴编码形成的主范畴中挖掘核心范畴，将其同其他范畴进行比较和联结，并采用开发故事线的方式来陈述研究对象。通过开放编码和主轴编码，并结合初始数据进行不断对比，最终提炼出了本文的核心范畴，即"消费者的品牌情绪"，见图 2。

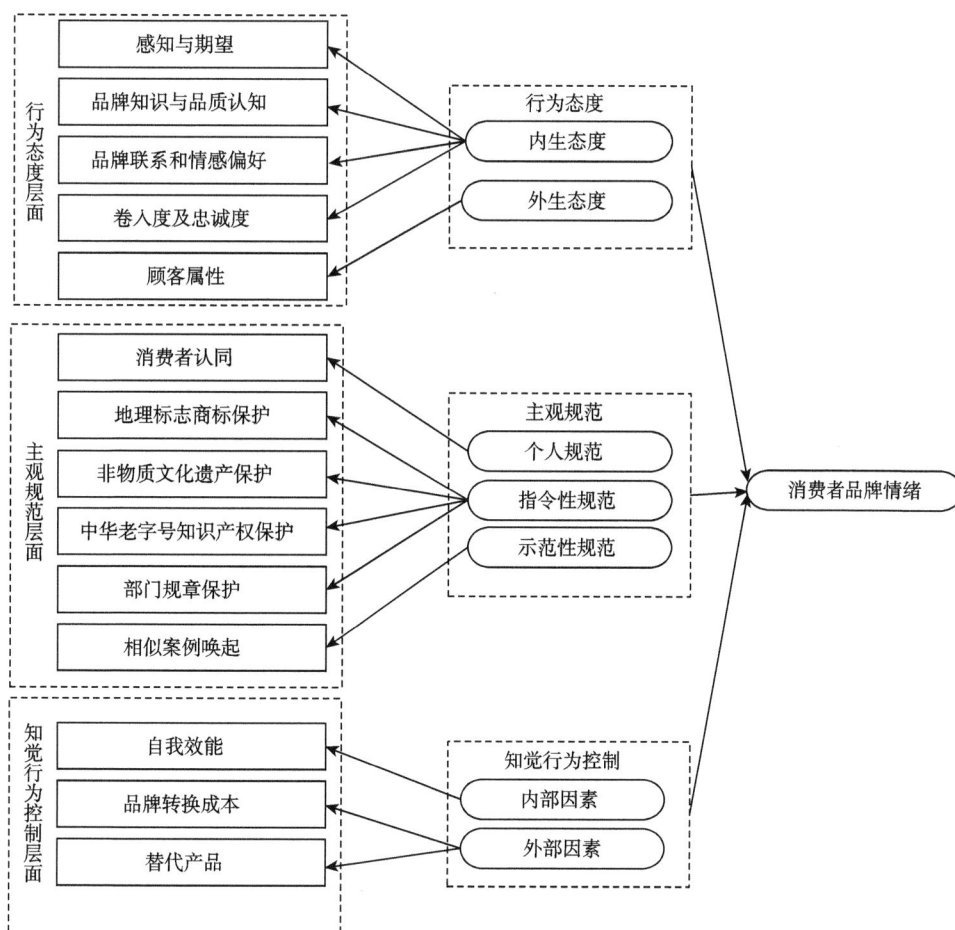

图 2    消费者品牌情绪的影响模型

在郫县撤县设区这一事件发生之后，消费者首先对与该事件有关的"郫县豆瓣"品牌产品进行了热议，这归因于消费者感知到了这一事件可能会给郫县豆瓣带来更名的风险，由于公众对该品牌的产品、形象及品质都有较好口碑，该品牌承载了公众的情感偏好，而且几乎是每个家庭的生活必备品，所以这一系列因素引发了公众的激烈讨论；在主观规范层面，大多数消费者是认同该品牌产品的，而且该品牌还获得了国家地理标志产品保护、非物质文化遗产保护和中华老字号知识产权保护，所以不会轻易更名，梳理其他类似撤县设区事件，也未曾提到通过更改地名的方式来保护品牌的案例；郫县豆瓣属于调味品，虽然有众多替代产品且转换成本也不大，但该产品寄托了当地人的情怀和感情依托，所以公众在知觉行为控制方面也会受到内部因素和外部因素的同时影响。在行为态度、主观规范和知觉行为控制这三个主要因素的影响和刺激之下，消费者形成了愤怒、抵制、沮丧、无奈、抗争等品牌情绪。

## 4.4  饱和度检验

将余下的 5 组数据样本参照上述方法进行编码和分析，对消费者品牌情绪的影响模型进行了检验（表5），没有发现新的范畴和关系。所以，我们认为该理论模型是饱和的。

表 5   理论饱和度检验表

| 编号 | 主范畴 | 影响范畴的关系 | 概念 |
|---|---|---|---|
| 1 | 行为态度 | 内生态度 | 百年品牌（8-3-9）、历史传承（8-5-10）、城市名片（8-15-2） |

续表

| 编号 | 主范畴 | 影响范畴的关系 | 概念 |
|---|---|---|---|
| 1 | 行为态度 | 外生态度 | 亲戚推荐（8-35-2）、做菜必须放（8-30-17）、每天使用（8-37-2） |
| 2 | 主观规范 | 个人规范 | 我爱郫县豆瓣（9-6-1）、深入人心（8-14-3） |
| | | 指令性规范 | 中华老字号（8-12-14）、非物质文化遗产（8-22-2）、规章条款限制（8-39-5）、地名保护（8-56-5） |
| | | 示范性规范 | "天作美"（8-23-15）、百事可乐（8-28-12） |
| 3 | 知觉行为控制 | 内部因素 | 势单力薄（8-13-13）、无能为力（10-4-2） |
| | | 外部因素 | 张飞牛肉（8-10-3）、新繁泡菜（8-51-3）、饭扫光（8-51-4） |
| 4 | 消费者品牌情绪 | 愤怒 | 冒火（8-52-2）、不买账（8-80-15）、不高兴（10-1-2） |
| | | 抵制 | 销售下滑（8-8-7）、销量受挫（8-33-6） |
| | | 沮丧 | 失去传承（8-40-10）、伤感（8-53-2）、难以接受（8-79-6） |
| | | 无奈 | 微不足道（8-34-6）、自娱自乐（8-43-1）、改了可惜（8-58-10） |
| | | 抗争 | 难以抗衡（8-40-7）、不能改名（8-60-12） |

# 5　品牌情绪影响模型阐释

## 5.1　行为态度

Phan 等在研究个体创业时指出，行为态度可以分为内生态度和外生态度[44]；Kenhove 等认为行为态度是指行为主体对于实现某一特定行为的喜爱程度以及对该行为的综合评价[45]。本文结合样本数据的分析结果，借鉴 Phan 等的观点，将消费者的行为态度分为内生态度和外生态度。

从内生角度来看，消费者品牌情绪的形成受到诸多因素影响，如消费者感知和期望、消费者的品牌知识（消费者对品牌所具有的内涵的理解）、品质认知、消费者卷入度、品牌忠诚度、品牌联系和情感偏好等。通过对原始数据内容的分析可以看出，消费者对与郫县撤县设区事件有关的"郫县豆瓣"品牌产生热议，这归因于消费者感知到了这一事件可能会给郫县豆瓣带来更名的风险：

"改成区可以，但是要把祖传的郫县豆瓣也改成其他名字就是'数典忘祖'（感知风险）。（1-15-2）"

由于消费者对该品牌的产品、形象及品质都有较好口碑和品牌忠诚：

"不要改，毕竟郫县豆瓣是众所周知的大品牌（品牌形象），具有代表意义。（2-13-1）""作为一个地道的四川人，菜里可以不放盐，但不能没有郫县豆瓣酱，毕竟从小吃到大的，感情在那里了（情感偏好），好吗（品牌忠诚度）？（3-31-4）""说来说去，好像大家最关心的还是郫县豆瓣，大品牌，老字号，值得信赖（口碑评价）！（2-27-5）"

而且该品牌不仅承载了公众的品牌联系和情感偏好，几乎更是每个家庭的生活必备品，具有实用价值：

"难以想象家家必备的郫县豆瓣酱要改名字了（感知有用性）！Oh my god！（1-58-1）""保留'郫'字，就是保留了川菜之魂——郫县豆瓣，支持（感知价值）！（1-3-2）"

所以，消费者对郫县豆瓣的感知越强、期望越大、品牌忠诚度越高、品牌联系和情感偏好越大，其品牌情绪反应就越激烈。

从外生角度来看，消费者的态度受到消费者的使用经验和学习行为等的影响。由于郫县豆瓣的使用大多是以家庭或餐厅食府为主，人群集中于主妇或厨师：

"我看我们厦门的小餐馆都用大桶的郫县豆瓣，以后都用郫都豆瓣（卷入度）。（2-12-1）"

其在国内不仅有大量市场，在美国、法国、俄罗斯、日本等也有广泛的销量：

"有华人的地方就有郫县豆瓣，让全世界的人都喜欢上'郫县豆瓣'（区域）！（1-61-2）"

因此，不同地区、不同年龄、不同性别的消费者的品牌情绪是大不相同的：

"在郫县，不管男女老幼（消费者性别）、年长年少（消费者年龄），无人不知无人不晓'郫县豆瓣'。（3-18-2）（3-18-3）"

并且受到他人口碑传播的影响较大，可能会受其他消费者的情绪感染：

"以前一直用鹃城郫县豆瓣，听同事说丹丹的郫县豆瓣也好吃（效仿心理）。（1-8-2）"

## 5.2 主观规范

主观规范通常形成于社群（群体）成员之间，是指对个人的行为决策具有影响力的个人或团体对于个人是否采取某项特定行为所发挥的影响作用的大小。主观规范受到消费者的规范信念和依从动机的影响，由于中国文化是一种集体主义文化，中国消费者感受到的群体压力比较大，因此，中国消费者具有比较高的遵从主观规范的倾向[46]。借鉴 Cialdini 等的研究，我们将主观规范划分为三部分：个人规范、指令性规范和示范性规范[47]。

个人规范即个人认同或道德规范。消费者的认同来源于社会认同理论，社会认同是指个人认识到自己所属的社会群体，同时也认识到群体成员给他带来的情感和价值意义[48]。该理论认为，社会认同是由社会分类、社会比较及积极区分原则组成的[49]。消费者认同在促使当事人参与到事件中的同时，还可能吸引更多消费者的眼球，形成言论压力：

"我是土生土长的郫县人，我为郫县豆瓣代言（消费者品牌认同）！（1-42-2）""保留"郫"字，就是保留了川菜之魂——郫县豆瓣，支持！（消费者品牌认同）（1-3-4）"

指令性规范是指在特定情境下什么是人们必须做的，以及什么是被人们赞同或不被赞同的行为，它包含对于什么行为是可接受的或不可接受的认知。本文中，地理标志商标、非物质文化遗产保护、中华老字号知识产权和部门规章的保护都属于指令性规范，反映了郫县豆瓣及其制作工艺是在特定自然和人文地理条件下生产的关联性，该品牌所代表的产品具有独特的经济价值及良好的品质特征，应当受到保护[50]：

"作为一个法律工作者，我严肃地告诉大家：郫县豆瓣是国家地理标志保护产品（地理标志商标保护），制作工艺也列入国家非物质文化保护遗产（非物质文化遗产保护），是受到法律保护的，不会说改就改。（1-10-3）（1-10-4）""几千年的老字号有口皆碑（中华老字号知识产权保护）。最好的方案：郫县区。（1-104-7）""我觉得郫县豆瓣作为名扬海外的产品，应该有相应的法律法规保护吧（部门规章保护），不会改名的吧，不然好奇怪！（1-33-2）"

示范性规范是指相似案例唤起引起的对消费者的示范性效应。相似案例唤起包括之前发生的由于行政区划名称变更而引发的消费者对特定地域性品牌的讨论案例，这些案例会触发消费者的品牌情绪：

"撤县设区的地方多了去，其他地方有没有把当地的标志性产品也改名字的嘛，简直是胡扯（相似案例唤起）！（1-16-1）"

## 5.3 知觉行为控制

知觉行为控制是指行为主体感知到的实现某一特定行为所掌握的资源（时间、金钱、知识等）或预期的阻碍。张毅和游达明认为行为实施的概率与可操控因素的多少和可操控能力的大小呈相关关系[51]。Ajzen 认为有两个因素会对知觉行为控制产生影响：一是实现指定行为的自信，突出的是自我效能信念；二是行为控制，突出的是自我效能感知[52]。本文在结合以往学者研究和分析网络帖子的基础上，将消费者品牌情绪的知觉行为控制分为内部因素和外部因素。

内部因素即消费者的自我效能感，其本身的自信程度决定了对自己持肯定（积极）或否定（消极）态度[53]。自我效能感高的消费者，对于自身十分自信，因此更容易感知到事件的本质，从而产生积极的情绪反应；而自我效能感低的消费者则会因为自身能力的局限性，更容易借助外界力量来转嫁消极情绪：

"我非常不赞成郫县豆瓣因为这次撤县设区叫郫都区了就改名叫"郫都豆瓣"，况且那么多人对这个名字还很不满意，都说还不如叫豆瓣区、望丛区、鹃城区，当然我也希望大家能跟我一起抵制这类谣言，仅凭我个人力量是很难和社会舆论进行抗衡的（自我效能感），因为这是老祖宗流传下来的东西，我们不能乱整，不然以后子子孙孙都会失去这一文化的传承。（7-40-7）"

外部因素主要包括消费者对时间、成本等要素的控制能力，包括品牌转换成本和替代产品。郭国庆等认为口碑传播对消费者品牌转换的意愿和主观规范均有显著的正向影响[54]，公众对郫县豆瓣是否更名的议论可能会触发部分消费者对该品牌的质疑，从而产生转换产品品牌的想法：

"哎，以后换成其他牌子的豆瓣好了（品牌转换），忧伤。（2-4-2）"

消费者会综合考虑继续购买和转换成本之间的大小，进而做出最终决策：

"郫县豆瓣酱已经是一个专属的名词或者说品牌，不再是依赖于地名的了。如果更换成其他名字会导致已有市场的部分丧失，并且要让消费者接受新的名字和品牌，是需要很长时间和一定成本的（品牌转换）。（7-17-5）"

加之郫县豆瓣的替代品很多，这也会影响消费者在事件发生后以何态度来应对，有些消费者可能会选择替代品，但有些忠实的消费者可能会继续购买原品牌：

"好像没有什么可以替代郫县豆瓣在我心中的地位（替代产品）。（1-57-1）"

## 5.4　消费者品牌情绪

本文认为品牌情绪是指消费者针对"行政区划名称变更与地理标志保护品牌名称之间的冲突"而产生的情绪。随着社会心理学界对"热认知"的不断关注[55]，情绪对消费者决策和判断的影响得到较多重视[56]。情绪是消费者针对客观事物是否符合自身需要所产生的一种主观体验，可以通过消费者的动作、语气、表情等外在方式表示出来[57]：

"想想都来气，豆瓣酱咋整！（愤怒）（4-3-1）""叫了一辈子的郫县要改口了，吃了几十年的郫县豆瓣要改名了，莫名地有点点伤感。（沮丧）（5-17-3）"

有研究表明情绪比理性评价反应更快速、更具自动性，并且对决策有重要影响[58]：

"我不要郫区豆瓣，坚决抵制！（抵制）（1-87-2）"

强烈的情绪甚至可以让人排除对风险的理性思考[59]：

"无论如何，我个人一定要对改名之举反抗到底！（抗争）（2-11-2）"

因此，消费者不同的品牌情绪会诱导其最终选择对应的行为对刺激事件进行回应[60]：

"住了几十年的地方要换名字，不习惯；吃了几十年的郫县豆瓣要换名字，不支持！（抗争）（1-28-4）"

同时，消费者对品牌的负面情绪可能会直接影响其对产品的认知和判断，最终影响其购买意愿[61]：

"这个名字很难听，郫县豆瓣也会随之改名字吗？可惜了，拒绝购买不正宗的政治牺牲品郫县豆瓣！（抵制）（4-15-4）"

# 6　结论与探讨

## 6.1　研究结论

　　消费者品牌情绪受内部和外部环境的影响，以往更多侧重于就企业自身品牌的名称、标志和口号等内部环境因素对消费者品牌情绪的影响展开相关研究[17-19]，得出品牌标识对客户承诺以及企业绩效有着重要的影响[27]，企业愿意通过改变品牌标志来追求品牌的视觉复兴；同时消费者品牌情绪也会受到外部客观环境变化的影响，尤其是区域品牌，但现有的关于外部环境变化对消费者品牌情绪影响的研究还不丰富。因此本文以"郫县撤县设区引发的公众对郫县豆瓣热议事件"为研究对象，通过对相关 UGC 进行整理分析，得出了行政区划名称变更时，消费者对地理标志保护品牌情绪反应的影响模型。即在涉及品牌的行政区划变更条件下，消费者对"郫县豆瓣"品牌的情绪反应，可以从行为态度、主观规范和知觉行为控制三个方面得到解释。其中行为态度包括内生态度（感知与期望、品牌知识与品质认知、品牌联系和情感偏好、卷入度及忠诚度）和外生态度（顾客属性）；主观规范包括个人规范（消费者认同）、指令性规范（地理标志商标保护、非物质文化遗产保护、中华老字号知识产权保护、部门规章保护）和示范性规范（相似案例唤起）；知觉行为控制包括内部因素（自我效能）和外部因素（品牌转换成本、替代产品）。

　　本文采用质性研究方法探究行政区划变更对消费者品牌情绪的影响，丰富了有关消费者行为的研究。此外，从消费者的层面来分析撤县设区给郫县豆瓣这一地理标志保护品牌带来的影响，弥补了目前关于行政区划变更和地理标志保护领域研究的不足之处，完善了"突发事件"对品牌价值和声誉影响的相关研究。

## 6.2　管理意义

　　对企业、行业协会及政府而言，本文也有一定的管理指导意义。

　　（1）在热点事件所引发的热议对企业品牌产生威胁时，企业需要分析和评估会对消费者感知产生影响的要素，积极采取策略减少消费者对事件的感知，明晰企业在其中应当负有的解释义务，及时消除消费者的疑虑，不能仅凭已有的企业声誉和品牌地位来应对。

　　（2）在消费者产生负面情绪之后，企业和行业协会应当采取有效的补救和疏导行动，及时向消费者传递可靠信息，缓解负面情绪所带来的负面口碑和行为。

　　（3）政府响应作为消费者最信任的响应方式，政府部门应当第一时间对整体情况做出回应，时刻关注消费者的舆论导向和可能发生的不良行为，维稳消费者的情绪，最大限度控制事件的消极影响。

## 6.3　研究局限和未来研究方向

　　在研究数据方面，本文的一部分样本数据来自于有关网站、论坛和贴吧的帖子，研究者和发帖人之间缺乏互动，通过编码形式分析出的变量间的关系可能有一定的偏颇，而且由于事件的地域特殊性和影响力，本文所搜集到的样本数量十分有限；在研究方法方面，质性研究在实际操作过程中还有待进一步规范，增强研究的效度。

　　鉴于上述研究局限，后续研究可以考虑以下几个方面：一是进一步补充和完善事件相关信息的来源，如结合微博等以增大样本量，并提升研究结论的可靠性，同时验证不同信息渠道所得出的结论是否一致；二是辅以质性分析软件分析处理数据，以严谨的计算机技术分析替代主观判断分析，进一步明确消费者品牌情绪的影响路径及影响程度；三是提升本文中所提炼出范畴的概念性和可操作性，如辅以调查问卷等方式，对模型中不同变量间的关系强度选用相应指标进行定量分析；四是鉴于近年来行政区划在各个层级调整日益频繁，如 2017 年 4 月 1 日，《中共中央国务院关于设立河北雄安新区的通知》的印发，是在国家层面出现的一次较大的行政区划调整，该举措究竟会对经济、社会带来怎样的影响也是一个有待研究的理论和实证问题。

# 参 考 文 献

[1] 何战苏. 全国性地图出版物中常见错误分析[J]. 国土资源导刊，2014，（10）：112-115.

[2] 陈钊. 地级行政区划调整对区域经济发展的影响——以四川省为例[J]. 经济地理，2006，（3）：418-421.

[3] 李开宇. 行政区划调整对城市空间扩展的影响研究：以广州市番禺区为例[J]. 经济地理，2010，（1）：22-26.

[4] 郝革宗. 行政区划变更对旅游业的影响——以桂林市、桂林地区合并为例[J]. 广西师范学院学报（自然科学版），2003，A1：52-55.

[5] Chaudhuri A，Holbrook M B. The chain of effects from brand trust and brand affect to brand performance：the role of brand loyalty[J]. Journal of Marketing，2001，65（2）：81-93.

[6] Chaudhuri A，Holbrook M B. Product-class effects on brand commitment and brand outcomes：the role ofbrand trust and brand affect[J]. Journal of Brand Management，2002，10（1）：33-58.

[7] Burmann C. A call for "user-generated branding"[J]. Journal of Brand Management，2010，18（1）：1-4.

[8] Fournier S. Consumers and their brands：developing relationship theory in consumer research[J]. Journal of Consumer Research，1998，24（4）：343-373.

[9] Parvatiyar A，Sheth J N. Customer relationship management：emerging practice，process，and discipline[J]. Journal of Economic and Social Research，2001，3（2）：1-34.

[10] McAlexander J H，Schouten J W，Koenig H F. Building brand community[J]. Journal of Marketing，2002，66（1）：38-54.

[11] Morgan R M，Hunt S D. The commitment-trust theory of relationship marketing[J]. Journal of Marketing，1994，58（3）：20-38.

[12] Garbarino E，Johnson M S. The different roles of satisfaction，trust，and commitment in customer relationships[J]. Journal of Marketing，1999，63（2）：70-87.

[13] Johnson M D，Gustafsson A，Andreassen T W，et al. The evolution and future of national customer satisfaction index models[J]. Journal of Economic Psychology，2001，22（2）：217-245.

[14] Hansen H，Sandvik K，Selnes F. Direct and indirect effects of commitment to a service employee on the intention to stay[J]. Journal of Service Research，2003，5（4）：356-368.

[15] Fullerton G. The impact of brand loyalty commitment on loyalty to retail service brands[J]. Canadian Journal of Administrative Sciences，2005，22（2）：97-110.

[16] Carroll B A，Ahuvia A C. Some antecedents and outcomes of brand love[J]. Marketing Letters，2006，17（2）：79-89.

[17] Müller B，Kocher B，Crettaz A. The effects of visual rejuvenation through brand logos[J]. Journal of Business Research，2013，66（1）：82-88.

[18] Tsai Y L，Dev C S，Chintagunta P. What's in a brand name? Assessing the impact of rebranding in the hospitality industry[J]. Journal of Marketing Research，2015，52（6）：865-878.

[19] Kapferer J N. Ce Qui Va Changer Les Marques-Discount，Mondialisation et Marchés Matures[M]. Paris：Post-Print，2002.

[20] Hakala U，Lätti S，Sandberg B. Operationalizing brand heritage and cultural heritage[J]. Journal of Product & Brand Management，2011，20（3）：447-456.

[21] Richins M L. Special possessions and the expression of material values[J]. Journal of Consumer Research，1994，21（3）：522-533.

[22] Schouten J W，Mcalexander J H. Subcultures of consumption：an ethnography of the new bikers[J]. Journal of Consumer Research，1995，22（1）：43-61.

[23] Price L L，Arnould E J，Curasi C F. Older consumers' disposition of special possessions[J]. Journal of Consumer Research，2010，27（2）：179-201.

[24] Yuksel A，Yuksel F，Bilim Y. Destination attachment：effects on customer satisfaction and cognitive，affective and conative loyalty[J]. Tourism Management，2010，31（2）：274-284.

[25] Park C W，Eisengerich A B，Pol G，et al. The role of brand logos in firm performance[J]. Journal of Business Research，

2013，66（2）：180-187.

[26] Collange V. Consumer reaction to service rebranding[J]. Journal of Retailing and Consumer Services，2015，22：178-186.

[27] Natalie Z. What went in to the updated Pepsi logo[J]. Advertising Age，2008，79（40）：6.

[28] Cotterill R W，Franklin A W. An estimation of consumer benefits from the public campaign to lower the cereal prices[J]. Agribusiness，2010，15（2）：273-287.

[29] Qing P，Zhu J B，Zahoor H，et al. Product ham crisis and brand equity：moderating role of public opinion and consumer's choice[J]. Journal of Applied Environmental and Biological Sciences，2014，4（8s）：114-121.

[30] Mostafa M M. More than words：social networks' text mining for consumer brand sentiments[J]. Expert Systems with Applications，2013，40（10）：241-251.

[31] Christodoulides G，Jevons C，Bonhomme J. Memo to marketers：quantitative evidence for change how user-generated content really affects brands[J]. Journal of Advertising Research，2012，52（1）：53-64.

[32] 赵宇翔，范哲，朱庆华. 用户生成内容（UGC）概念解析及研究进展[J]. 中国图书馆学报，2012，（5）：68-81.

[33] 王平，陈启杰. 消费者社群地位与生成内容有效性的关系研究[J]. 财贸研究，2011，22（3）：111-120.

[34] 李文娟. 关系情绪视角下品牌感知对顾客角色行为的影响研究[D]. 浙江大学硕士学位论文，2010.

[35] Bashir M A，Ayub N，Jalees T. The impact of the firm generated contents and the user generated contents through social media on brand equity elements[J]. Pakistan Business Review，2017，49（3）：744-760.

[36] Pierre B，Leyland P，Colin C. Ad lib：when customers create the Ad[J]. California Management Review，2008，50（4）：6-30.

[37] Lee T W. Using Qualitative Methods in Organizational Research[M]. New York：Sage Publications，1999.

[38] 忻榕，徐淑英. 国有企业的企业文化：对其维度和影响的归纳性分析[M]. 北京：北京大学出版社，2004.

[39] Miles M B，Huberman A M. Qualitative Data Analysis：An Expanded Sourcebook[M]. New York：Sage Publications，1994.

[40] Strauss A L，Corbin J M. Grounded Theory in Practice[M]. Thousand Oaks：Sage Publications，1997.

[41] 张明海，周伟. 郫县更名为郫都区[N]. 四川日报，2016-12-08.

[42] 黄敏学，李小玲，朱华伟. 企业被"逼捐"现象的剖析：是大众"无理"还是企业"无良"?[J]. 管理世界，2008，10：115-126.

[43] 赵斌，栾红，李新建，等. 科技人员创新行为产生机理研究——基于计划行为理论[J]. 科学学研究，2013，31（2）：286-297.

[44] Phan P H，Wong P K，Wang C K. Antecedents to entrepreneurship among university students in Singapore：beliefs，attitudes and background[J]. Journal of Enterprising Culture，2012，10（2）：151-174.

[45] Kenhove P V，Wulf K D，Steenhaut S. The relationship between consumers' unethical behavior and customer loyalty in a retail environment[J]. Journal of Business Ethics，2003，44（4）：261-278.

[46] 甄杰，严建援，谢宗晓. 在线个性化产品定制意向研究——基于独特性需求和 TPB 视角[J]. 软科学，2017，4：95-99.

[47] Cialdini R B. Descriptive social norms as underappreciated sources of social control[J]. Psychometrika，2007，72（2）：263-268.

[48] Iyer A，Zhang A R，Jetten J，et al. The promise of a better group future：cognitive alternatives increase students' self-efficacy and academic performance[J]. British Journal of Social Psychology，2017，47（2）：228-240.

[49] Verkuyten M，Yogeeswaran K. The social psychology of intergroup toleration：a roadmap for theory and research[J]. Personality and Social Psychology Review，2017，21（1）：72-96.

[50] 常敬泉. 地理标志法律保护探析[J]. 法治与社会，2015，6：58-59.

[51] 张毅，游达明. 科技型企业员工创新意愿影响因素的实证研究：基于 TPB 视角[J]. 南开管理评论，2014，4：110-119.

[52] Ajzen I. Residual effects of past on later behavior：habituation and reasoned action perspectives[J]. Personality & Social Psychology Review，2002，6（2）：107-122.

[53] 李英，杨科. 汽车产品伤害危机中车主维权行为的影响因素——基于论坛帖子的扎根研究[J]. 管理学报，2016，8：1223-1232.

[54] 郭国庆，张中科，陈凯，等. 口碑传播对消费者品牌转换意愿的影响：主观规范的中介效应研究[J]. 管理评论，2010，12：62-69.

[55] Forgas J P. Affective influences on self-disclosure：mood effects on the intimacy and reciprocity of disclosing personal information[J]. Journal of Personality & Social Psychology，2011，100（3）：449-461.

[56] Herr P M，Page C M，Pfeiffer B E，et al. Affective influences on evaluative processing[J]. Journal of Consumer Research，2012，38（5）：253-267.

[57] 所罗门 M R，卢泰宏，杨晓燕. 消费者行为学[M]. 北京：中国人民大学出版社，2010.

[58] Zajonc R B. Feeling and thinking：preferences need no inferences[J]. American Psychologist，1980，35（2）：l51-175.

[59] Ledoux J E. The emotional brain：the mysterious underpinnings of emotional life[J]. Quarterly Review of Biology，1996，43（4）：91-95.

[60] Wolman B B. Handbook of General Psychology[M]. New Jersey：Prentice-Hall，1973.

[61] 杜建刚，范秀成. 服务补救中情绪对补救后顾客满意和行为的影响——基于情绪感染视角的研究[J]. 管理世界，2007，8：85-94.

# Qualitative Research on the Impact of Change in Administrative Division Name on Brand Affect：Based on the User generated Content

ZHANG Min，JIANG Yushi，SONG Hongjuan

（School of Economics and Management，SWJTU，Chengdu 610031，China）

**Abstract**　The present paper explores the public discussion about Pixian Douban spared by the change of the administrative division name of Pixian county. We collected online data from social media platforms. Though initially more than 11 000 comments were collected，the number of usable comments were 923，with which we conducted a qualitative analysis based on the three level coding procedure：open coding，spindle coding and selective coding. Results show that under the condition of change in administrative division name，consumers' brand affect toward Pixian Douban can be explained from three aspects：attitude toward behavior，subjective norm and perceived behavioral control. Our work offers support for maintaining the image of the geographical indication protection brand and increasing its value.

**Key words**　change in administrative division name，brand affect，qualitative research，Pixian Douban

**作者简介**

张敏（1991—），女，西南交通大学经济管理学院 2016 级博士研究生，研究方向为用户生成内容。E-mail：493225919@qq.com。

蒋玉石（1979—），男，西南交通大学经济管理学院教授、博士生导师，研究方向为网络广告。E-mail：jys_a@sina.com。

宋红娟（1980—），女，西南交通大学经济管理学院副教授，研究方向为旅游广告。E-mail：shj126@163.com。

# 众包竞赛中加价延期机制是否有效？ *

任延静[1]，林丽慧[2]

（1. 清华大学 经济管理学院，埃维诺公司大中华区，北京 100020；

2. 清华大学 经济管理学院，北京 100084）

**摘　要**　本文主要研究网络众包平台创新竞赛中的"加价延期"机制。通过对任务中国网站数据的实证分析，我们发现：如果任务发布者信用高、初始比赛天数短、比赛竞争激烈、受关注度高、任务难度低、已提交方案开放性高，则在"加价延期"期间会获得较多的方案数量；然而，该机制对于吸引更高水平的回答者参赛效果并不显著。本文在学术方面丰富了众包平台竞赛机制的理论研究，在实践方面对平台运营方和任务发布者制定策略有指导意义。

**关键词**　开放式创新，众包，创新竞赛，互联网平台

**中图分类号**　C931.6

## 1　引言

　　众包的概念由 Jeff Howe 在 2006 年正式提出[1]，即随着互联网的发展，企业或者个人可以借助网络获得外部资源，使得自己的问题以较低的成本得到解决。这一创新商业模式的最大优势在于网络资源的丰富及多样：地域不同、背景各异的网络用户，只要连接互联网，就可以参与到这种众包活动中，贡献自己的知识和技能。该互联网商业模式借助于各种各样的网络平台，其表现形式也各异。从平台知识的公共性上对众包方式进行分类，分别为共享型众包和交易型众包[2]。所谓共享型众包，即参与的网络用户无偿贡献自己的知识和技能帮助平台的其他用户解决问题，其关键在于分享和网络社交，平台上的知识被看作"公共物品"，不会有直接经济效益作为分享的附加增值[2]。交易型众包则需要由三方面构成一个有机整体，分别是众包网络平台、寻求帮助的网络用户（任务发布者）和提供解决方案的网络用户（回答者）。后两者借助众包网络平台展开交易活动，任务发布者获得解决方案，回答者获得相应的回报。交易型众包的回报形式也由网络平台不同而表现为不同的形式，如将虚拟货币作为交易等价物的网络平台，如百度知道使用"财富值"；更多的是用现实货币进行交易，如国外的InnoCentive、Freelancer.com，中国的猪八戒网、一品威客网、任务中国等。本文的研究针对交易型众包平台，特别是威客网。

　　在中国网络众包平台的发展过程中，业界提出了"威客"的概念，威客的英文是 Witkey，是 the key of wisdom 的缩写，"威客模式"指的是人利用自己的知识、智慧、经验、技能通过互联网提供机制，同时使自己获得实际收益的互联网新模式[2-8]。威客网为知识交易提供场所，通过连接需求双方建立双边市场，且其交易等价物为实际货币。威客网上的一方是任务发布者，可以为企业或者个人，是方案的需求者；另一方是威客，为发布的任务提交方案。商业模式是悬赏招标，即任务发布者将需要依靠外部资源

---

*　基金项目：国家自然科学基金面上项目（71372052）、国家自然科学基金重大项目子课题（71490721）。

通信作者：林丽慧，清华大学经济管理学院副教授。Email: linlh@sem.tsinghua.edu.cn。

解决的问题发布在某个威客网平台，设定悬赏金及招标时间，招募拥有相应知识和技能的威客投标。招标结束后，发布者进行方案评估选出中标方案，中标者获得悬赏金，发布者获得解决方案使用权[2]。由艾瑞咨询发布的《2010 年中国威客行业白皮书》数据表明，截至报告发布时间，互联网有超过 100 家悬赏型威客网站，注册会员超过 2 000 万人，整体交易金额超过 3 亿元[6, 8]。他们的调查还发现，差异化机制和收费标准的制定是威客模式加大客户价值的着重点[8]。而据任务易网的不完全统计，截至 2014 年 2 月，中国的威客注册数量达到惊人的 5 000 万以上，威客网站达到 400 多家。

随着威客网的规模发展，双边用户不断增多，网络平台也不断创新，改善任务竞赛机制，并为双边用户提供更多的机制，如会员升级机制、使任务获得更多关注的任务置顶机制等。本文主要研究其中一项使用较为普遍的机制：加价延期。大多数威客网站都允许任务发布者使用这一机制，如任务中国的加价延期规则[9]为：

（1）所有已发布的全款悬赏任务，只要任务状态未结束，都可以进行延期操作；

（2）为了提升延期后的任务效果，延期操作均需要追加任务款，追加额度为当前任务总额的 10% 且不低于 50 元，就可以将任务延期一次，一次延期最多 10 天，每个任务有三次加价延期的机会。

显然，任务发布者利用加价延期机制，他必须付出更多的时间和金钱成本，同时期望得到更多更好的解决方案。这样一种加价延期的方式能否有效地帮助任务发布者获得期望的满意方案，这是本次研究所要回答的关键问题。研究这一问题，在实践层面上，首先有助于了解加价延期机制对回答者的参与行为的影响；其次，有助于任务发布者对采用这一机制的效果有更准确的预期；最后，有助于威客平台了解这一机制的作用，有助于更合理有效地制定规则，提高效率，实现利润最大化。

## 2　文献综述与研究问题提出

### 2.1　众包任务回答者视角的研究

众包平台的参与主体是回答者和任务发布者。对于众包的大部分研究主要关注回答者，研究有哪些因素会影响回答者参与竞赛的动机和行为，以及回答者的特点对竞赛结果的影响。Shao 等[10]采用威客网猪八戒网的数据进行实证分析，研究发现提交方案的回答者数量及其技能水平与任务的悬赏额成正比，而时间则对他们没有影响。Sun 等[11-13]以问卷调研的方式对威客网任务中国平台上的回答者进行研究，结果发现外部激励如悬赏额只有当任务难度较小的情况下，才对回答者参与的积极性发挥作用。除此之外，他们的结果还表明，回答者关注的并不只是最终所获回报，而是对投入产出比更加重视。Zheng 等[14]也以问卷调研的方式对任务中国的回答者进行研究，他们综合分析外部激励（如悬赏金、认可度等）和内部激励（如个人兴趣、解题乐趣、自我挑战等）对回答者参与竞赛的作用，结果表明回答者的参与动机受金钱激励较小，而获得认可及内部激励发挥的作用更大。Yang 等[15]同样以任务中国为研究平台，他们选用平台的实际业务数据进行分析，结果表明有经验的回答者在选择任务时，有一定的策略和技巧，他们更乐于选择悬赏额较低和参与的回答者数量较少的竞赛。Liu 等[16]也在任务中国平台以实地试验的方式对回答者进行研究，结果发现当出现一个水平较高的方案后，后续回答者参与积极性会降低，且提交的方案整体水平会下降。Yang 等[17]以任务中国平台的数据进行分析，发现悬赏额越高，注册参加比赛的回答者数量越多，但方案提交率越低；同时发现完成任务所需时间越短则方案提交率越高。Walter 和 Back[18]通过收集和分析 Atizo（国外创新竞赛平台）上的数据，发现悬赏额与投标数量正相关，但对质量水平没有显著影响；而投标数量和其质量水平与比赛时间之间没有显著的相关性。Chen 等[19]在 Google Answer 平台进行试验，发现高额悬赏并不能提高答案的质量水平,前者对后者不存在显著影响。Lakhani 等[20]在 Innocentive 平台进行研究,他们发现,当回答者相互间知识背景差异较大时,这一任务获得创新解决方案的概率越大,且相比于行业内的人,其他行业的回答者更有可能成为最终赢家。

综合这些研究的结果,我们看到,比赛本身的参数设置,包括报酬、时间等因素对竞赛结果有重要影响;当悬赏额较高及比赛时间较长时,并不一定能吸引较多及高水平的回答者参与比赛并提交方案;那些悬赏额低的任务也有可能会吸引到高水平、经验丰富的回答者参与。此外,回答者本身的背景差异对结果也有影响。

## 2.2　众包任务发布者视角的研究

众包任务发布者通常有两种目的:一种是为获得结果整体的最优,如图像处理任务,发布者的目的是使所有回答者完成任务的总和(即图像处理总量)最大;另一种则是为得到最好的结果,而不关心整体结果的水平如何,如为一个技术难题提供解决方案。在威客网平台上,任务发布者的目的通常属于后者,即通过竞赛获得一个(在多人中标的竞赛中为多个)最满意的答案。Terwiesch 和 Xu[21]对创新竞赛的机制设置的研究发现,如果任务发布者目的是获得整体的结果最优,则比较适合只进行一轮比赛;而如果他的目的是获得一个最好的结果,则比较适合进行"淘汰赛"的两轮比赛,即第一轮将所有参赛人分为两组分别比赛,且两组相互独立,彼此不知道另一组成员的实力,并让两组中的胜利者进行决赛。

Morgan 和 Wang[22]从任务发布者的视角进行分析,发现采用网络平台吸引广大网络用户参与的比赛,比较适合那些机密性不高且需要获得创新解决方法的任务,而常规问题在这样的平台上并不一定能获得满意答案。

Boudreau 等[23]从任务发布者的角度,研究是否应该限制参加竞赛的人数。他们以 TopCoder 平台研究竞赛人数及奖励对竞赛结果的影响,发现虽然竞赛人数增多会降低每个人获胜的概率,从而会降低参赛者的投入,但由于参赛者数量较多,更有可能存在能力较高的参赛者,从而产生一个最好的结果。

## 2.3　众包平台视角的研究

对于众包平台本身的研究相对较少。Saxton 等[24]对 100 余家众包平台进行了分析,对众包平台的模式进行了分类,并提出了平台经营的关键问题和发展方向,指出众包平台的发展方向主要是提供各种管控。Wen 和 Lin[25]研究了众包平台的最优收费结构,结论是平台要实现利润最大化,收取佣金的比例应随奖金提高而下降,并应均衡发展市场的双方。

## 2.4　本文的研究问题

首先,从以前的研究不难发现,不是所有的任务都适合采用众包竞赛的方式得以解决,从而可以推知,并不是所有的任务都适合采用"加价延期"这一机制。这种机制更适用于那些需要获得创新解决方案的任务类型,如"设计类"[2]。

其次,从竞赛机制设计方面看,任务发布者采用这种"加价延期"的方式,一方面是为了吸引更多的回答者加入竞赛,以期在众多提交方案中获得一个或者多个较为满意的解决方案;另一方面它也类似于进行两组比赛,不同的是,"加价延期"时间点之后的回答者,除高级会员的作品外,可以看到之前提交的所有方案。这在一定程度上可以激励后来的回答者付出更多努力以超越以前的方案,提高自己获胜的概率。此外,在竞赛机制设计上,对手间的信息对称性,即对手对彼此表现的相互了解程度，也会对竞赛的参与及发挥产生重要的影响，而目前在这方面的研究相对较少。

因此，本文主要试图解决的问题是："加价延期"这一机制是否会吸引更多及技能水平更高的回答者参与比赛，从而更有可能获得满意的解决方案。

# 3　模型与研究假设

为了分析在"加价延期"阶段，哪些因素能够影响提交的方案数量及回答者水平，我们将该机制拆分为"加价金额"和"延期天数"两部分，分别考察在这两个调节变量的作用下，其他因素对方案数量及回答者水平的影响。

由文献综述部分[10-14, 17-19]已知，任务难度、任务悬赏额、任务持续时间会对回答者是否参与任务产生影响。而在"加价延期"的作用下，它们同样会对后续潜在回答者的参与行为产生影响，从而影响后续提交方案的数量和参与的回答者的水平。

比赛的竞争性即比赛的竞争激励程度，它也会对方案数量产生影响。根据文献综述中所提的 Yang 等[15]的研究，回答者，尤其是有经验的回答者往往不喜欢参与竞争太激烈的任务，因为参赛人数太多会导致他们获胜的概率相对较低，这里我们考察在"加价延期"这一信息的激励下，是否会有更多及水平更高的回答者提交方案。

此外，"加价延期"对方案数量及回答者水平的影响也会因为任务本身的吸引力不同而产生不同的作用，是否越受欢迎和关注的任务，通过"加价延期"会吸引更多及水平更高的回答者提交答案呢？这一问题在以往的创新竞赛研究中没有被考虑到。

另外，已提交方案的公开性也会对回答者的决策产生影响，这里方案的公开性是指提交的方案是否公开给其他人查看，包括已提交方案的回答者和其他潜在的回答者，这一指标反映了竞争者间的信息对称性。由于高级会员的保密权利，在任务进入选标阶段之前，他们的方案均处于保密状态，其他回答者无法查看，从而会对后续回答者决策是否参与任务产生一定的影响。而根据 Liu 等[16]的研究，在有高水平的方案存在的情况下，后来回答者参与的积极性会降低，从而会对最终赢家的水平产生影响。此外，"加价延期"包含的信息是：任务发布者对已提交方案均不是特别满意。如果已提交方案全部对外公开，则其他后续的回答者可以参考他们的方案评估自己是否可以超越，从而有助于淘汰那些低水平的回答者，吸引更多高水平的回答者参与。这一因素在以往的创新竞赛研究中也鲜有涉及。

另外，有学者研究发现信用对网络交易也会产生一定的影响。Resnick 等[26]通过在 eBay 进行试验发现，相比于新的卖家（信用度较低），买家向高信用的卖家出价会更高。从而，可推知，任务发布者的信用等性质也对用户选择参与任务与否有一定的影响。

综合以上分析，以"加价延期"期间方案数量（Submissions，缩写为 Sub）为因变量做出模型结构图，如图 1 所示。此外，本文还致力于探索采用了"加价延期"机制后，是否会有更高水平的回答者参与这一问题，因此我们用"加价延期"期间回答者的最高水平和初始比赛阶段回答者的最高水平差值作为因变量，此模型的自变量和调节变量与图 1 一致，因变量为加价延期期间回答者水平增量（difference of answer's level，DAL）。

根据文献及模型我们提出以下相关假设：

由于任务悬赏额与提交方案的数量正相关[10, 18]，且高额的悬赏有助于吸引高水平的回答者[10]。这也是任务发布者采用该机制的主要原因，希望可以得到更多及高水平的方案。因此，我们可以推知，加价金额越高，越能吸引更多及高水平的回答者参与到任务中，从而得出假设：

$H_{1a}$：加价金额对加价延期阶段方案数量有正向影响。

$H_{1b}$：加价金额对加价延期阶段回答者水平有正向影响。

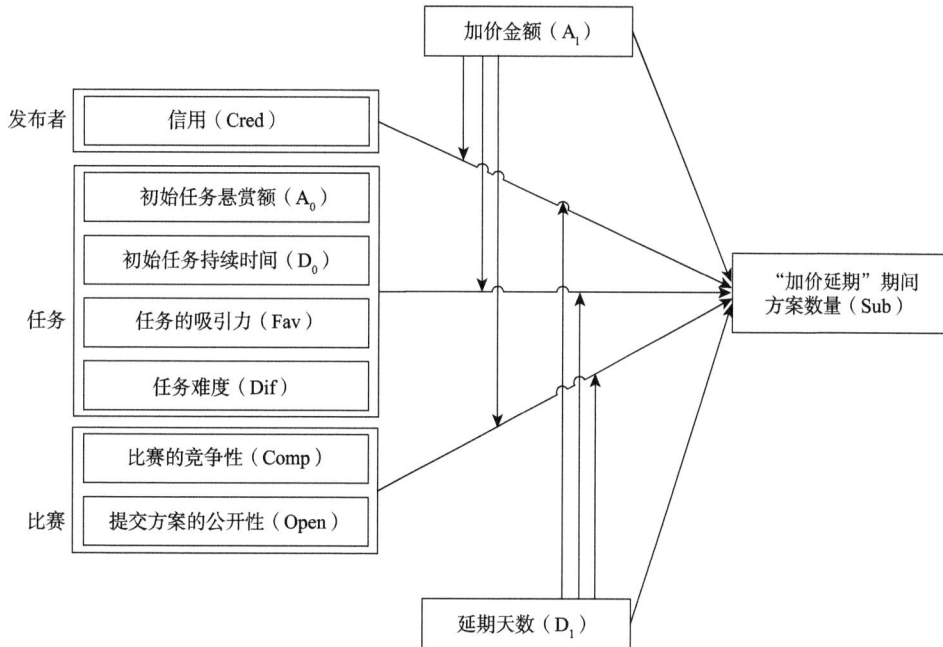

图 1　模型结构图——"加价延期"期间方案数量

任务持续时间与方案的提交数量正相关[18]，而大量的参赛者有助于产生一个高水平的答案[23]。因此我们推知，延期天数越多，回答者则有充足的时间了解任务及已提交的方案，并有更多的时间准备自己的方案，从而更容易吸引更多及高水平的回答者参加。因此，得出假设：

$H_{2a}$：延期天数对加价延期阶段方案数量有正向影响。

$H_{2b}$：延期天数对加价延期阶段回答者水平有正向影响。

根据 Sun 等[12]的研究，当任务难度较低时，金钱奖励才会有助于吸引更多的参赛者参加。因此我们推知，当任务难度较低时，使用"加价延期"机制，有助于吸引更多的用户提交方案，而且，加价延期意味着任务发布者对已提交方案不满意，这会让那些水平低于已提交方案的回答者放弃比赛，吸引更多高水平的回答者参加。因此，得出假设：

$H_{3a}$：难度较低的任务更适合该机制，加价延期期间会吸引更多回答者参加。

$H_{3b}$：难度较低的任务更适合该机制，加价延期期间会吸引更高水平的回答者参加。

一般情况，任务的难度同悬赏额是相关的。难度大的任务悬赏额高，难度低的任务悬赏额也低。高悬赏额任务，由于难度较大，即使再提高悬赏额，增加的回答者也有限。而悬赏额低的任务还有较大的提升空间，而且，加价延期意味着任务发布者对已提交方案不满意，这有助于吸引更多高水平的回答者参加。另外，当悬赏额较低时，对回答者的激励作用不大，而当增加悬赏额后，会激励更多的回答者参与任务。因此初始悬赏额低的任务更适合该机制，故得出假设：

$H_{4a}$：初始悬赏额较低的任务更适合该机制，加价延期期间会吸引更多回答者参加。

$H_{4b}$：初始悬赏额较低的任务更适合该机制，加价延期期间会吸引更高水平的回答者参加。

如果任务初始持续时间很长，足够感兴趣参加的回答者提交方案，即使再延长持续时间，增加的回答者也有限。而如果初始持续时间较短，增加持续时间，有利于更多的潜在回答者协调自己的时间参与比赛，而且，加价延期意味着任务发布者对已提交方案不满意，这有助于吸引更多高水平的回答者参加。因此，得出假设：

$H_{5a}$：初始比赛持续时间较短的任务更适合该机制，加价延期期间会吸引更多回答者参加。

$H_{5b}$：初始比赛持续时间较短的任务更适合该机制，加价延期期间会吸引更高水平的回答者参加。

任务吸引力越大，则在"加价延期"的作用下，会激励那些只是关注该任务而未提交方案的回答者付诸行动，进行方案的设计及提交，而且，加价延期意味着任务发布者对已提交方案不满意，这有助于吸引更多高水平的回答者参加。因此，得出假设：

$H_{6a}$：吸引力度大的任务更适合该机制，加价延期期间会吸引更多回答者参加。

$H_{6b}$：吸引力度大的任务更适合该机制，加价延期期间会吸引更高水平的回答者参加。

根据 Yang 等 [15]的研究，有经验的用户倾向于选择竞争不激励的任务。参加提交方案数较少的任务，获胜的概率会更大，而且，加价延期意味着任务发布者对已提交方案不满意，这有助于吸引更多高水平的回答者参加。因此，得出假设：

$H_{7a}$：比赛竞争性低的任务更适合该机制，加价延期期间会吸引更多回答者参加。

$H7_{b}$：比赛竞争性低的任务更适合该机制，加价延期期间会吸引更高水平的回答者参加。

当有较多的高级用户提交方案时，未进入公示期前，他们的方案无法被其他回答者查看，从而该任务的比赛公开性较低，回答者之间无法更好地评估对手，从而做出自己的努力程度决策。而公开性较高的任务，回答者之间相互了解的程度更好，从而有利于吸引更多高水平的回答者参加。因此，得出假设：

$H_{8a}$：已提交方案公开性较高的任务更适合该机制，加价延期期间会吸引更多回答者参加。

$H_{8b}$：已提交方案公开性较高的任务更适合该机制，加价延期期间会吸引更高水平的回答者参加。

在网络交易的环境里，回答者更倾向于跟高信用值的任务发布者交易以降低风险。因此，得出假设：

$H_{9a}$：雇主信用对加价阶段方案数量有正向影响。

$H_{9b}$：雇主信用对加价阶段回答者水平有正向影响。

# 4　数据来源与变量

由于以前的很多研究选择任务中国为研究对象，我们同样采用任务中国这一平台来进行研究。选用同一平台，有助于同以前的研究环境保持一致，并在一定程度上检验他们的结论。任务中国在 2006年正式上线运行，威客网排行榜数据显示，从建立起到2015年3月底，其注册会员总数约为352万人，累计发布任务总数超过 5 万个，总排名列于第三，其中位于第一名的是猪八戒网，其后是一品威客网。任务发布者在任务中国网站的业务流程[2]如图 2 所示，其中在流程中的第一步任务发布阶段，任务发布者需要设置任务名称、悬赏额、比赛时间、任务说明等。任务中国平台采取悬赏额托管政策，以保证最终中标者可获得报酬。平台方抽取悬赏额的一定比例作为机制费用，剩余比例作为中标者的报酬。其中普通会员获得悬赏额的 80%，高级会员获得悬赏额的 81%。高级会员除了会得到较高比例的悬赏外，还具有方案保密的权利，即在比赛开放阶段，其方案仅任务发布者可看，从而保证竞争对手无法获知自己的方案详情进行超越。回答者可以仅"关注"自己感兴趣的任务，也可以选择注册成为会员并报名希望参与竞赛的任务；并不是所有报名的回答者都能在竞赛结束前提交方案，只有提交方案后，才可以真正参与最后的选标竞赛。任务中国平台对回答者不同的行为进行统计，分别表示为"关注""参加""提交"，从而对该任务的人气值、竞争性等指标进行展示，对回答者的参与行为产生影响。

本文采用的数据为任务中国平台的实际业务数据，并选用"Logo 设计"这一类别下的任务。没有选用其他类别的数据是因为相比于其他类别的任务，Logo 设计类采用"加价延期"机制的任务数量较多，数据对比见表 1。这也说明相对于常规性任务，如翻译等，创新性的任务更适合采用该机制，因此选用该部分数据进行研究才具有意义。

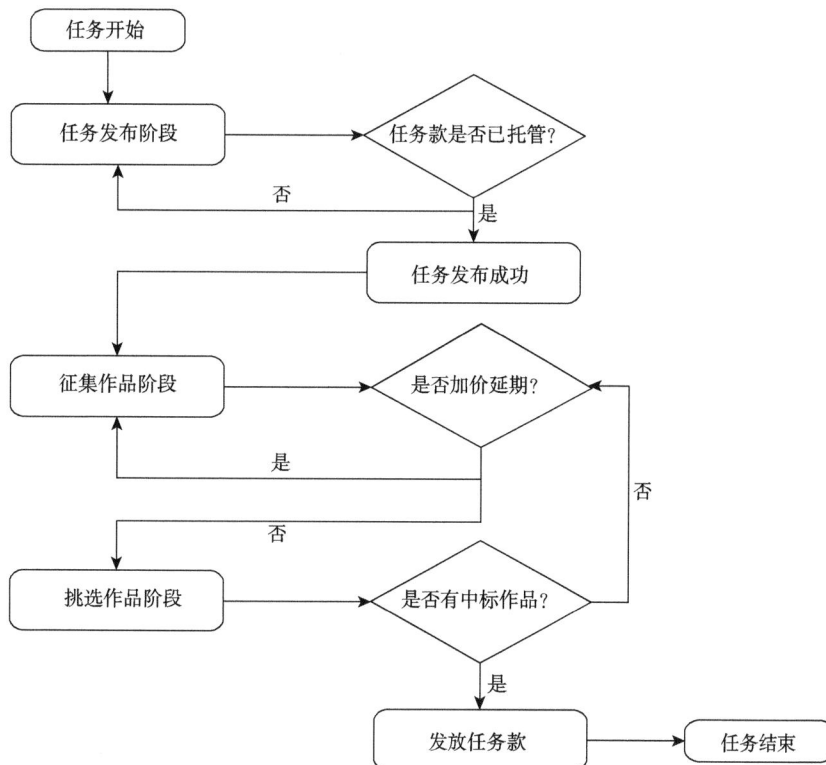

图 2　业务流程图

**表 1　"加价延期"采用对比表**

| 任务类别 | 累计任务总数 | 累计"加价延期"任务总数 |
|---|---|---|
| Logo 设计类 | 19 868 | 多于 500 个 |
| 网站类 | 2 249 | 297 |
| 程序类 | 1 098 | 66 |
| 写作类 | 6 852 | 441 |
| 多媒体类 | 208 | 24 |
| 其他类 | 2 800 | 110 |

　　在任务中国平台，每个任务页面除了显示所发布任务的相关信息如招标时间、悬赏金额、任务描述等，还显示了雇主信息，即任务发布者的信息。任务发布者信息包括雇主信用、累计发布、认证情况（包括邮箱认证、实名认证）、注册时间、打款及时性评分、合作愉快性评分。在数据处理时，我们将注册时间与任务发布时间进行差值运算，作为该雇主在平台上的存在时间。其中，注册时间邮箱和实名的认证情况为虚拟变量，打款及时性评分和合作愉快性评分的取值为 0 颗星或 5 颗星。通过对这些属性进行相关性分析（表 2），发现雇主信用同其他属性间存在较强的相关性，其中与累计发布次数的相关系数为 0.55；累计发布次数与其他属性间也存在一定的相关性，且雇主在平台上的存在时间与前 4 项属性间存在一定的相关性，但同后两项属性间相关性较弱，均为 0.16。另外，可以发现后两项属性存在严重的多重共线性关系，两者的相关系数为 1。本次研究中，我们可以将任务发布者相关的属性

作为控制变量加入回归模型中，但重点考虑雇主信用对两个因变量的影响。

表2　雇主属性相关性分析

| 变量名称 | 1 | 2 | 3 | 4 | 5 | 6 | 7 |
|---|---|---|---|---|---|---|---|
| 1.Cred | 1 | | | | | | |
| 2.Rels | 0.55 | 1 | | | | | |
| 3.Email | 0.12 | 0.2 | 1 | | | | |
| 4.Name | 0.15 | 0.3 | 0.37 | 1 | | | |
| 5.Time | 0.23 | 0.42 | 0.39 | 0.41 | 1 | | |
| 6.Money | 0.24 | 0.3 | 0.05 | 0.08 | 0.16 | 1 | |
| 7.Coop | 0.24 | 0.3 | 0.05 | 0.08 | 0.16 | 1 | 1 |

因此，由该网站采集的原始数据包括三部分，分别为：与任务相关的数据、与任务发布者相关的数据、与回答者相关的数据。明细数据项如下所列。

表征任务性质的相关数据项为：任务编号、任务名称、开始及截止时间、悬赏额、中标模式（单人/多人）、关注数量、参加数量、提交数量、是否加价延期、加价数量、延期截止日期、任务最终结束时的提交方案数量。

表征任务发布者性质的相关数据项为：雇主信用、累积发布次数、邮箱及实名认证、注册时间、打款及时性、合作愉快性。

表征回答者性质的相关数据项为：方案提交时间、作品编号、威客姓名、信用、参加任务次数、中标次数、方案是否保密、是否为本次任务赢家。

将原始数据转化为模型中变量如表3所示。

表3　主要变量列表

| 变量名称 | 缩写 | 含义解释 |
|---|---|---|
| Submissions | Sub | 加价延期阶段提交的方案数量 |
| Difference of Answer's Level | DAL | 加价延期阶段回答者最高水平与初始阶段回答者最高水平差值 |
| Award1 | $A_1$ | 加价金额 |
| Duration1 | $D_1$ | 延期天数 |
| Credit | Cred | 任务发布者信用 |
| Award0 | $A_0$ | 初始任务悬赏额 |
| Duration0 | $D_0$ | 初始任务持续时间 |
| Favorite | Fav | 采用截至"加价延期"前一天的总关注数，表征该任务的吸引力 |
| Participant | Ptp | 采用截至"加价延期"前一天的总参与数 |
| Competition | Comp | 采用截至"加价延期"前一天的总提交数，表征该任务的竞争性 |
| Difficulty | Dif | 任务难度=1−提交方案人数/报名参加人数 |
| Open | Open | 提交方案的公开性=1−保密方案数量/总提交方案数量 |
| Level 0 | $L_0$ | 采用"加价延期"机制前回答者的最高水平 |
| Level 1 | $L_1$ | 采用"加价延期"机制后回答者的最高水平 |

提交方案数量（Sub）：加价延期阶段回答者提交的方案数量。

回答者水平增量（DAL）：回答者的水平采用（中标次数/参加任务次数）来表示。回答者的水平越高，则其中标的概率就越大，中标次数越多，则该比值越大。加价延期阶段回答者水平增量由加价延期阶段提交了方案的回答者的最高水平（即 $L_1$）与初始任务悬赏招标阶段提交了方案的回答者的最高水平（即 $L_0$）的差额来表示，即 $DAL=L_1-L_0$。

加价金额（$A_1$）：采用加价延期机制后，增加的任务悬赏额。

延期天数（$D_1$）：采用加价延期机制后，延长的任务比赛天数。

任务发布者信用（Cred）：任务发布者在发布任务时累计的信用值。

初始任务悬赏额（$A_0$）：在任务中国平台，最终的赢家并不能赢取全部的悬赏额，只能获得 80%（普通会员）或者 81%（高级会员）的份额，剩余款额由平台方收取作为服务费。其他学者的研究均采用悬赏额的全款进行分析，与之保持一致，我们同样采用全款悬赏额。

初始任务持续时间（$D_0$）：任务发布日期与初次设定的截止投标时间之间的差额天数。

任务的吸引力度（Fav）：采用关注数来表示。初始任务截止时间点关注该任务的回答者越多，则该任务的吸引力度越大。

任务的竞争性（Comp）：采用方案提交数量来表示。提交的方案数量越多，则表示该任务竞争越激烈。

任务难度（Dif）：用（1-提交方案人数/报名参加人数）来表示，该值越大，则任务难度越大。当任务难度较小时，回答者多数会在比赛截止前提交作品，而当任务难度较高时，最终的提交率会比较小，因为一些回答者可能会因为时间原因或者本身的技能水平等而放弃参赛。该衡量方法参考了 Shao 等[11]的研究。

提交方案的公开性（Open）：用（1-保密方案数量/总提交方案数量）来表示。如果已提交方案中，保密方案数量越多，则提交方案的公开性越低，因为其他回答者无法查看他们的方案。进入公示期的任务，比赛的公开性为 1。

采用"加价延期"机制前回答者的最高水平（$L_0$）："加价延期"前已提交方案的所有回答者中水平的最大值。

采用"加价延期"机制后回答者的最高水平（$L_1$）："加价延期"后已提交方案的所有回答者中水平的最大值。

## 5 实证分析

本次研究收集了从 2013 年 4 月至 2013 年 10 月期间，任务中国网站"Logo 设计类"下 484 条任务的有关数据，其中 53 条任务超时未选出中标方案，13 条任务保密无法查看其数据，418 条任务可使用，其中 66 条任务采用了"加价延期"机制，剩余 352 条数据未采用该机制。由于该部分研究的目的在于分析"加价延期"对最终提交方案数量及赢家水平的影响，故使用 66 条采用了该机制的任务数据进行回归分析。

所采用数据的描述性分析和相关性分析，分别见表 4 和表 5。

表 4　描述性分析

| 变量 | 最小值 | 中位数 | 均值 | 最大值 | 标准差 |
|---|---|---|---|---|---|
| $A_1$ | 50 | 100 | 219.5 | 1 500 | 271 |
| $D_1$ | 3 | 11 | 14.21 | 96 | 15 |
| Cred | 1 | 10.5 | 19.14 | 332 | 42 |
| $A_0$ | 100 | 500 | 521.3 | 1 500 | 331 |
| $D_0$ | 2 | 10 | 12 | 40 | 8 |
| Fav | 215 | 993 | 1 324.6 | 3 798 | 875 |

续表

| 变量 | 最小值 | 中位数 | 均值 | 最大值 | 标准差 |
|---|---|---|---|---|---|
| Comp | 2 | 20 | 25.67 | 103 | 19 |
| Dif | 0.09 | 0.22 | 0.28 | 0.7 | 0.15 |
| Open | 0.29 | 0.71 | 0.7 | 1 | 0.14 |
| Sub | 0 | 17 | 24.08 | 89 | 23 |
| DAL | 0.002 | 0.073 | 0.099 | 1 | 0.16 |

表 5　相关性分析

| 变量 | $A_1$ | $D_1$ | Cred | $A_0$ | $D_0$ | Fav | Comp | Dif | Open | Sub | DAL |
|---|---|---|---|---|---|---|---|---|---|---|---|
| $A_1$ | 1 | | | | | | | | | | |
| $D_1$ | 0.21 | 1 | | | | | | | | | |
| Cred | 0.21 | 0.69 | 1 | | | | | | | | |
| $A_0$ | 0.46 | 0.15 | 0.09 | 1 | | | | | | | |
| $D_0$ | 0.1 | 0.16 | −0.02 | 0.36 | 1 | | | | | | |
| Fav | 0.31 | 0.19 | 0.05 | 0.64 | 0.71 | 1 | | | | | |
| Comp | 0.31 | 0.31 | 0.09 | 0.58 | 0.32 | 0.69 | 1 | | | | |
| Dif | 0.04 | 0.04 | −0.05 | −0.11 | 0.06 | −0.002 | −0.4 | 1 | | | |
| Open | −0.1 | −0.01 | −0.12 | −0.29 | −0.06 | 0.004 | 0.01 | 0.01 | 1 | | |
| Sub | 0.39 | 0.43 | 0.23 | 0.25 | 0.06 | 0.33 | 0.38 | −0.1 | 0.15 | 1 | |
| DAL | −0.1 | 0.16 | 0.05 | −0.02 | 0.03 | 0.07 | 0.12 | 0.02 | 0.33 | 0.21 | 1 |

在进行线形回归分析前，我们有兴趣比较加价后的回答者水平是否明显高于初始阶段的回答者水平。对所采集样本进行 $t$ 检验，结果发现，所收集的 66 条数据中，初始比赛阶段提交方案的回答者的最高水平的均值为 0.13，而加价延期阶段的相应值为 0.15，$p$ 值为 0.39。因此加价后的回答者水平在一定程度上高于初始阶段的回答者水平，但差异并不显著。

进行回归时，我们首先将收集到的所有变量包括任务属性、任务发布者属性及回答者属性加入模型中，结果表明任务发布者的属性中，除雇主信用外，其他变量均不显著。因此我们的回归分析只考虑任务发布者的信用值，而不考虑其他属性。

我们分别将"加价延期"期间所得提交方案数量（Sub）和"加价延期"阶段回答者水平增量（DAL）作为因变量进行多元线形回归，以发现对它们有显著影响的因素。回归结果如表 6、表 7 所示。

表 6　"加价延期"期间提交的方案数量回归结果

| | | | | | | | | | | | | |
|---|---|---|---|---|---|---|---|---|---|---|---|---|
| 因变量：Sub | | | | | | | | | | | | |
| 模型 | 全回归（1） | | | 逐步回归（2） | | | AIC 回归（3） | | | BIC 回归（4） | | |
| 系数 | Est. | $t$ 值 | Pr（>\|t\|） | Est. | $t$ 值 | Pr（>\|t\|） | Est. | $t$ 值 | Pr（>\|t\|） | Est. | $t$ 值 | Pr（>\|t\|） |
| $A_1$ | −0.17 | −1.637 | 0.109 | −0.05 | −0.989 | 0.327 | −0.134 | −1.48 | 0.146 | −0.03 | −0.62 | 0.54 |
| $D_1$ | 2.85 | 1.124 | 0.267 | 0.84 | 1.639 | 0.108 | 0.764 | 1.482 | 0.145 | 0.19 | 0.67 | 0.5 |
| Cred | 0.33 | 1.731 | 0.09 † | 0.39 | 2.471 | 0.017 * | 0.402 | 2.482 | 0.017 * | 0.39 | 2.42 | 0.019 * |
| $A_0$ | −0.02 | −1.961 | 0.056 † | | | | −0.019 | −1.8 | 0.078 † | | | |
| $D_0$ | −1.39 | −1.712 | 0.094 † | −0.96 | −3.078 | 0.003 ** | −1.05 | −3.32 | 0.002 ** | −0.98 | −3.11 | 0.003 ** |
| Fav | 7.1E−04 | 0.088 | 0.93 | −0.003 | −0.499 | 0.62 | −0.002 | −0.32 | 0.752 | −0.006 | −1.17 | 0.25 |

续表

因变量：Sub

| 模型 | 全回归（1） | | | | 逐步回归（2） | | | | AIC 回归（3） | | | | BIC 回归（4） | | | |
|---|---|---|---|---|---|---|---|---|---|---|---|---|---|---|---|---|
| 系数 | Est. | $t$值 | Pr($>\lvert t \rvert$) | | Est. | $t$值 | Pr($>\lvert t \rvert$) | | Est. | $t$值 | Pr($>\lvert t \rvert$) | | Est. | $t$值 | Pr($>\lvert t \rvert$) | |
| Comp | 0.74 | 2.423 | 0.02 | * | 0.53 | 2.102 | 0.04 | * | 0.725 | 2.668 | 0.01 | * | 0.52 | 2.007 | 0.05 | † |
| Dif | 38.92 | 1.407 | 0.167 | | 25.05 | 1.498 | 0.14 | | 32.08 | 1.88 | 0.066 | † | 25.1 | 1.49 | 0.144 | |
| Open | 13.85 | 0.393 | 0.7 | | 6.064 | 0.392 | 0.697 | | −6.76 | −0.39 | 0.702 | | 11.5 | 0.757 | 0.45 | |
| $A_1 \times$Cred | 2.7E-04 | 0.874 | 0.387 | | | | | | | | | | | | | |
| $D_1 \times$Cred | −0.009 | −3.64 | 0.000 7 | *** | −0.009 | −4.4 | 5.7E-05 | *** | −0.009 | −4.224 | 1.1E-04 | *** | −0.008 | −4.15 | 1.3E-04 | *** |
| $A_1 \times A_0$ | 9.3E-05 | 1.71 | 0.09 | † | | | | | 7.3E-05 | 1.55 | 0.13 | | | | | |
| $D_1 \times D_0$ | 0.017 | 0.312 | 0.76 | | | | | | | | | | | | | |
| $A_1 \times$Fav | 5.36E-05 | 3.193 | 0.003 | ** | 4.6E-05 | 3.067 | 0.003 | ** | 4.6E-05 | 3.13 | 0.003 | ** | 4.3E-05 | 2.87 | 0.006 | ** |
| $D_1 \times$Fav | −6.0E-04 | −1.033 | 0.307 | | −3.1E-04 | −1.511 | 0.137 | | −3.3E-04 | −1.59 | 0.119 | | | | | |
| $A_1 \times$Comp | −0.004 | −4.333 | 8.4E-05 | *** | −0.002 | −4.616 | 2.8E-05 | *** | −0.003 | −4.26 | 9.4E-05 | *** | −0.002 | −4.41 | 5.4E-05 | *** |
| $D_1 \times$Comp | 0.05 | 2.401 | 0.02 | * | 0.043 | 3.582 | 0.000 8 | *** | 0.044 | 3.717 | 0.001 | *** | 0.04 | 3.59 | 0.001 | *** |
| $A_1 \times$Dif | −0.29 | −3.156 | 0.003 | ** | −0.16 | −2.61 | 0.01 | * | −0.196 | −3.116 | 0.003 | ** | −0.16 | −2.63 | 0.011 | * |
| $D_1 \times$Dif | 0.73 | 0.389 | 0.699 | | | | | | | | | | | | | |
| $A_1 \times$Open | 0.37 | 2.61 | 0.012 | * | 0.2 | 2.882 | 0.005 8 | ** | 0.314 | 2.532 | 0.015 | * | 0.18 | 2.58 | 0.013 | * |
| $D_1 \times$Open | −3.19 | −0.993 | 0.326 | | | | | | | | | | | | | |
| Constant | −16.99 | −0.574 | 0.569 | | −15.83 | −1.151 | 0.255 | | −4.364 | −0.29 | 0.78 | | −12.8 | −0.93 | 0.358 | |
| $R^2$ | 82.67% | | | | 80.42% | | | | 81.72% | | | | 79.53% | | | |

***表示 $p<0.001$；**表示 $p<0.01$；*表示 $p<0.05$；†表示 $p<0.1$

### 表7 "加价延期"期间回答者水平回归分析结果

因变量：DAL

| 模型 | 全回归（1） | | | | 逐步回归（2） | | | | AIC 回归（3） | | | | BIC 回归（4） | | | |
|---|---|---|---|---|---|---|---|---|---|---|---|---|---|---|---|---|
| 系数 | Est. | $t$值 | Pr($>\lvert t \rvert$) | | Est. | $t$值 | Pr($>\lvert t \rvert$) | | Est. | $t$值 | Pr($>\lvert t \rvert$) | | Est. | $t$值 | Pr($>\lvert t \rvert$) | |
| $A_1$ | 5.09E-05 | 0.034 | 0.973 | | | | | | | | | | | | | |
| $D_1$ | −0.05 | −1.287 | 0.205 | | 0.002 | 1.405 | 0.165 | | 0.002 | 1.405 | 0.165 | | | | | |
| Cred | −0.004 | −1.257 | 0.216 | | | | | | | | | | | | | |
| $A_0$ | 6.78E-05 | 0.419 | 0.677 | | | | | | | | | | | | | |
| $D_0$ | 0.009 | 0.738 | 0.465 | | | | | | | | | | | | | |
| Fav | −1.1E-04 | −0.959 | 0.343 | | | | | | | | | | | | | |
| Comp | 4.43E-03 | 0.998 | 0.324 | | | | | | | | | | | | | |
| Dif | 0.153 | 0.383 | 0.704 | | | | | | | | | | | | | |
| Open | −0.214 | −0.419 | 0.677 | | 0.378 | 2.793 | 0.007 | ** | 0.378 | 2.793 | 0.007 | ** | 0.376 | 2.757 | 0.008 | ** |
| $A_1 \times$Cred | 2.68E-06 | 0.605 | 0.548 | | | | | | | | | | | | | |
| $D_1 \times$Cred | 4.26E-05 | 1.184 | 0.243 | | | | | | | | | | | | | |
| $A_1 \times A_0$ | 3.55E-08 | 0.045 | 0.964 | | | | | | | | | | | | | |
| $D_1 \times D_0$ | −5.2E-04 | −0.648 | 0.52 | | | | | | | | | | | | | |
| $A_1 \times$Fav | −8.3E-08 | −0.34 | 0.736 | | | | | | | | | | | | | |
| $D_1 \times$Fav | 6.66E-06 | 0.792 | 0.432 | | | | | | | | | | | | | |
| $A_1 \times$Comp | −1.1E-06 | −0.081 | 0.935 | | | | | | | | | | | | | |

续表

| | | 因变量：DAL | | | | | | | | | | | | |
|---|---|---|---|---|---|---|---|---|---|---|---|---|---|---|
| 模型 | 全回归（1） | | | 逐步回归（2） | | | | AIC 回归（3） | | | | BIC 回归（4） | | |
| 系数 | Est. | $t$ 值 | Pr（>\|t\|） | Est. | $t$ 值 | Pr（>\|t\|） | | Est. | $t$ 值 | Pr（>\|t\|） | | Est. | $t$ 值 | Pr（>\|t\|） | |
| $D_1 \times Comp$ | −1.1E-04 | −0.358 | 0.722 | | | | | | | | | | | |
| $A_1 \times Dif$ | 4.3E-04 | 0.323 | 0.748 | | | | | | | | | | | |
| $D_1 \times Dif$ | −0.01 | −0.392 | 0.697 | | | | | | | | | | | |
| $A_1 \times Open$ | −5.5E-05 | −0.027 | 0.979 | | | | | | | | | | | |
| $D_1 \times Open$ | 0.07 | 1.544 | 0.13 | | | | | | | | | | | |
| Constant | 4.39E-02 | 0.102 | 0.919 | −0.27 | −2.755 | 0.008 | ** | −0.27 | −2.755 | 0.008 | ** | −0.24 | −0.244 | 0.014 | * |
| $R^2$ | 25.81% | | | 13.34% | | | | 13.34% | | | | 10.62% | | | |

\*\*\*表示 $p<0.001$；\*\*表示 $p<0.01$；\*表示 $p<0.05$；†表示 $p<0.1$

　　首先我们分析"加价延期"期间所得方案数量（Sub）的回归结果。第一次回归时，我们将所有的影响因素加入回归方程式中，结果如表6列（1）所示，回归结果并不是特别理想，有显著影响的因素只有7个，而剩余14个因素均没有显著影响。因此我们需要对加入回归方程式中的自变量进行选择，以得出一个合理有效的回归方程。优化后的模型结构图如图3所示。

　　使用逐步回归方法以及赤池信息准则（Akaike information criterion，AIC）、贝叶斯信息准则（Bayesian information criterion，BIC）对自变量进行筛选，得到的模型分别显示在表 6 列（2）、列（3）和列（4）中。对三种筛选方法得出的结果进行比较，不难发现 BIC 在自变量的选择上更为严格，因此下面我们将以 BIC 模型为依据，优化初始模型结构图，如图3所示，并对所得结果进行解释分析。从表6的结果可知：

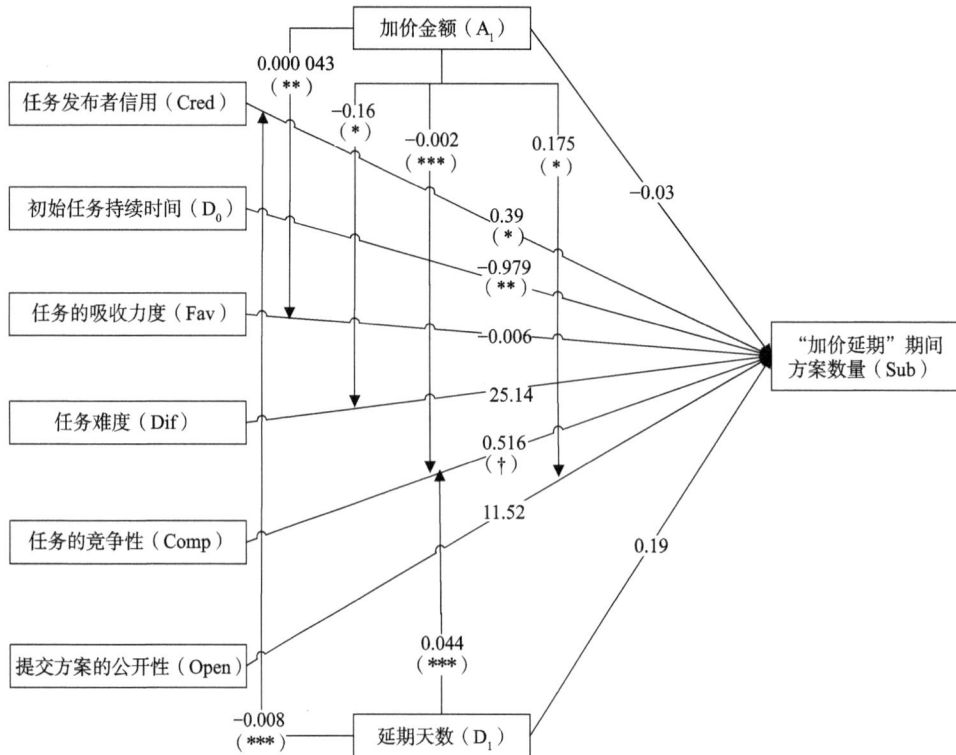

（a）　优化后的模型结构图——"加价延期"期间方案数量

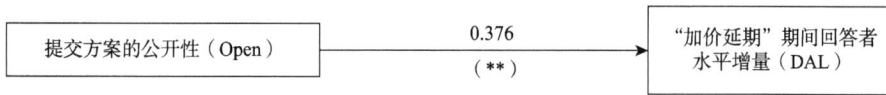

（b） 优化后的模型结构图——"加价延期"期间回答者水平

图 3 优化后的模型结构图

\*\*\*表示 $p<0.001$；\*\*表示 $p<0.01$；\*表示 $p<0.05$；†表示 $p<0.1$

（1）任务发布者信用（Cred）对 Sub 有显著且正向的影响（$p$ 值为 0.019），其系数为 0.39。这同我们的假设一致。信用值越高时，回答者会认为该任务发布者可靠，愿意与其进行交易提交自己的方案，从而"加价延期"期间提交的方案数量越多。由于交叉变量 $D_1 \times$Cred 对 Sub 也有显著影响（$p$ 值为 0.000 13），但其系数为-0.008，为得出 Cred 对 Sub 的综合影响，可对所得表达式两边对 Cred 求导数，得到表达式 $0.39-0.008 \times D_1$，由表 4 描述性分析中 $D_1$ 的均值为 20，代入该式结果大于零。由此，可得结果与原假设一致，Cred 对 Sub 有正向影响。

（2）初始任务持续时间（$D_0$）对 Sub 有负向显著影响（$p$ 值为 0.003），其系数为-0.979，与初始假设一致。当初始比赛时间足够长时，给回答者提供了足够的准备时间来参与比赛，所以后面无论再怎么提高价格或者延长比赛时间，由于回答者的数量是有限的，"加价延期"期间提交的方案数量也不会特别多。

（3）任务的竞争性（Comp）对 Sub 有正向显著影响（$p$ 值为 0.047），其系数为 0.516。这与我们的初始假设相反。这可能是由于我们的初始假设是根据 Yang 等[15]的研究，他们得出结论是：那些有经验的用户会采取规避竞争策略，选择那些竞争不激烈的任务，以提高胜算。而对于这样的网络比赛平台，他们研究发现有经验的回答者其实是少数，很多回答者在几次尝试失败后就会放弃参加比赛，甚至从平台上消失。同时又会有新的用户注册加入比赛。用"羊群效应"可以解释我们回归出的结果，很多没有经验的新手一般都有从众心理，看哪个任务参加的人多就会跟随参加。因此比赛竞争型激烈的任务在"加价延期"期间反而得到更多的方案。对于含有 Comp 的显著交叉变量，为考察 Comp 对 Sub 的综合影响，同样可采用求导的方式，最后所得结果依然大于零。

对于有显著影响的交叉变量，可将所得回归方程两边分别对 $A_1$ 和 $D_1$ 求偏导数来解释它们对"加价延期"的作用，所得偏导数方程如方程（1）和方程（2）所示。

$$\Delta Sub/\Delta A_1 = -0.03+0.000\ 043Fav（**）-0.002Comp（***）-0.16Dif（*）+0.175Open（*） \quad （1）$$

$$\Delta Sub/\Delta D_1 = 0.19-0.008Cred（***）+0.044Comp（***） \quad （2）$$

（4）从表 4 描述性分析中可知各个自变量在样本中的平均值，其中 Cred 的均值为 20，Fav 的均值为 1 325，Comp 的均值为 26，Dif 的均值为 0.28，Open 的均值为 0.7，将相应数值分别代入方程（1）和方程（2），计算结果均为正，说明"加价延期"会使增加的提交方案数量（$\Delta Sub$）提高，从而对 Sub 有正向影响，与原假设一致。

（5）对于其他有显著影响的交叉变量，用同样的方法可得出结论任务难度（Dif）对 Sub 有负向显著影响，任务的吸引力度（Fav）和提交方案的公开性（Open）对 Sub 有正向显著影响，与原假设一致。

（6）由模型可以得出，每加价 1 元，任务的吸引力（Fav）值越大，提交方案的公开性（Open）越高，增加的提交方案数量（$\Delta Sub$）就会越多。一方面，这是因为关注度高的任务，当悬赏额提高时，会激励那些原本只是观望的潜在回答者付诸行动进行方案提交；另一方面已提交方案公开性高，可以让后来的参赛人更好地了解任务及竞争对手，这种比赛信息的对称性及透明性也会提高参赛者的积极性。此外，每加价 1 元，任务的竞争性（Comp）及任务难度（Dif）给结果带来负面影响。这是由于回答者认为激烈的比赛及大量的已提交方案会降低自己的胜算，此外也可能会觉得该任务发布者的要求较高，从而降低参与的积极性；而且难度较大的任务，会使那些水平较低的回答者考虑自身技能和获得报酬的概率，选择放弃参赛。

（7）由模型可以看出，任务发布者信用（Cred）越高，延长比赛天数，反而会使增加的提交方案数量（$\Delta$Sub）降低；任务的竞争性（Comp）越激烈，延长天数有助于提高增加的提交方案数量（$\Delta$Sub）。在表 2 雇主属性相关性分析中，任务发布者信用与发布任务次数有强烈的正相关性（相关系数为 0.55），说明信用高的任务发布者，其在平台上的经验越丰富，而以回答者的视角看，该发布者设定较长的比赛时间，一定在选取方案上较为"挑剔严苛"，从而放弃比赛。当比赛竞争较激烈时，由于延长了比赛天数，一方面较长的比赛开放时间，可以给回答者更多时间上的机会来让其决定是否参赛；另一方面可以为回答者提供充足的准备时间设计作品，从而使得增加的提交方案数量（$\Delta$Sub）提高。

对"加价延期"阶段回答者水平增量（DAL）的回归分析，我们同样进行了全变量回归、逐步回归、AIC 及 BIC 四种回归，结果如表 7 所示。从全变量回归结果显然可见，所有因素对 DAL 无显著影响，即"加价延期"对吸引更高水平（高于初始阶段的回答者水平）的回答者提交答案无特别大的帮助。这一方面是由于我们采用中标次数/参加任务次数来表征回答者的水平，这并不能代表回答者的真实技能水平，因为是否中标，除了回答者的水平，还会受到任务发布者的偏好影响；另一方面，回答者在决定是否参赛时，不会在意竞争对手是否比自己中标率大，不会因中标率大的回答者提交了答案就放弃参加比赛，关键在于自己是否可以做出比已提交方案更优异的方案，从而增加自己中标的概率。

我们选用 BIC 模型对结果进行解释。从结果可知，对因变量 DAL 唯一有显著影响且为正向的因素为提交方案的公开性（Open），$p$ 值为 0.008，其回归系数为 0.376。这同我们的推测一致，即已提交答案的公开性越高，越有利于吸引更高水平的回答者参赛并提交方案。假设 H$_{8b}$ 得到支持。当已提交方案的公开性较高时，在"加价延期"阶段，其他回答者可以查看竞争对手的方案，可以更好地了解比赛规则、竞争对手的实力甚至任务发布者的偏好（任务发布者可以对较为喜欢的方案进行标记，且所有人可以看到此标记），从而抉择是否能做出更高水平的作品参赛。这个过程中，低水平的回答者由于技能等原因会放弃比赛，而高水平的回答者更倾向于参加比赛提交作品。

综合回归结果及分析，可以得出初始假设的验证结果，如表 8 所示。

**表 8　初始假设验证结果**

（a）

| 因变量 | 假设 | 假设内容 | 结果 |
|---|---|---|---|
| "加价延期"期间提交方案数量（Sub） | H$_{1a}$ | 加价金额正向影响因变量（以下省略"影响因变量"） | √ |
| | H$_{2a}$ | 延期天数正向 | √ |
| | H$_{3a}$ | 任务难度负向 | √ |
| | H$_{4a}$ | 初始任务悬赏额负向 | — |
| | H$_{5a}$ | 初始任务持续时间负向 | √ |
| | H$_{6a}$ | 任务的吸引力度正向 | √ |
| | H$_{7a}$ | 任务的竞争性负向 | × |
| | H$_{8a}$ | 提交方案的公开性正向 | √ |
| | H$_{9a}$ | 任务发布者信用正向 | √ |

（b）

| 因变量 | 假设 | 假设内容 | 结果 |
|---|---|---|---|
| "加价延期"期间回答者水平增量（DAL） | H$_{1b}$ | 加价金额正向影响因变量（以下省略"影响因变量"） | — |
| | H$_{2b}$ | 延期天数正向 | — |
| | H$_{3b}$ | 任务难度负向 | — |
| | H$_{4b}$ | 初始悬赏额负向 | — |

续表

| 因变量 | 假设 | 假设内容 | 结果 |
|---|---|---|---|
| "加价延期"期间<br>回答者水平增量<br>（DAL） | $H_{5b}$ | 初始任务持续时间负向 | — |
| | $H_{6b}$ | 任务吸引力正向 | — |
| | $H_{7b}$ | 任务竞争性负向 | — |
| | $H_{8b}$ | 提交方案公开性正向 | √ |
| | $H_{9b}$ | 雇主信用正向 | — |

√ 表示得到支持；— 表示未得到支持；× 表示与原假设相反

## 6 结束语

本文的理论贡献主要有以下几方面。第一，以前针对创新竞赛的研究的侧重点是参与者，对平台机制方面的研究较少；而本文着眼于创新竞赛平台的服务机制，这是众包研究的新视角。第二，本文以平台提供的加价延期机制为切入点，将整个比赛过程分解细化，综合比赛机制及参与者进行研究，分析加价延期机制的有效性及对参与者的影响。这种"加价延期"的竞赛模式是普遍存在的，但目前还没有相关研究。第三，以前对创新竞赛的研究考虑的都是内部激励（享受比赛的乐趣）、外部激励（金钱奖励、社会认知），而本文加入了与比赛相关的潜在回答者群体、比赛竞争性、提交方案公开性等因素，这些因素对任务发布者和回答者进行行为决策时都起到一定的决策依据作用，因此把它们加入模型进行考察是有意义的。通过我们的分析发现，难度小、吸引力大、提交方案公开性高的任务适合采用"加价延期"机制，其间方案提交数量会增加。但对提高回答者水平有显著影响的因素仅为提交方案公开性，方案公开性越高的任务，越会吸引高水平的回答者参与。本文也有助于从另一个角度来理解以往的研究，提供了新的观察视角和理解深度。

本文在众包平台的实际业务运营方面也有较强的指导意义。一方面，对于众包平台方来说，如果为了凸显"加价延期"这个机制的作用，给回答者更强的激励的作用，信息的完备性及突出性方面是需要的。目前他们的平台仅以一个标志显示该任务采用了"加价延期"，但具体何时加价、加价多少则没有相关的信息，而仅以总悬赏额、截止时间的方式显示。但如果一个任务总悬赏额为500元，另一个任务初始悬赏额100元，后又加价400元，这对回答者会产生不同的影响效果。另一方面，对于任务发布者来说，本文的结论可以帮助他们决定如何制定自己任务的比赛策略、是否采用该"加价延期"机制；而且本文的结论也有助于回答者有选择性地参加任务，以提高自己获胜的概率和取得的收益。

未来，研究者可以在深度和广度方面对众包平台的机制进行进一步研究。首先，对众包平台的"加价延期"机制，可以采用其他的研究方法进行更深入全面的研究。例如，可以对任务发布者、回答者进行问卷调查，获取他们对"加价延期"这一机制的态度，以验证我们结论的可靠性。此外，可以采用在众包平台进行实地试验的方式，将同类任务随机分成实验组和对照组，以研究相似的任务采用不同的策略所得结果是否有所不同。另外，在我们收集数据过程中，发现很多任务都超时了还没有选出中标方案。这些任务中，有的采用了"加价延期"机制，有的没有采用该机制。对于这些没有得到解决的任务，无论对平台方还是对任务发布者，或者对回答者来说，都是损失。对于平台方来说，他们需要更多的管理费用来管理这些遗留问题，降低交易量，同时对平台的业务声誉会产生不良影响，造成用户流失；对于任务发布者，由于平台方除特殊情况外，采用"悬赏金不退还"政策，发布者没有得到满意的答案，这时候可以通过"加价延期"或者与回答者沟通让其修改方案等方法获得满意方案。对于回答者来说，提交的答案没有得到认可，付出的时间和精力没有任何回报，会降低他们后续参与的积极性。因此，如何促使问题得到解决，使任务发布者和回答者得以合理匹配，促成交易，这也是后续值得研究的问题之一。

众包平台最根本的是实现了分布在社会各处闲置资源的重新配置，如何改善平台机制、提高配置效率，是一个非常值得研究的方向。本文聚焦"加价延期"这一机制，而未来可以在广度上扩展到对众包平台其他各种微观机制的研究。例如，众包平台上的"高级会员""任务置顶"等服务，对这些服务的作用、相互间的影响及对资源配置过程产生的影响等，都可以进行系统的研究。

# 参 考 文 献

[1] Howe J. The rise of crowdsourcing[J]. Wired Magazine，2006，14（6）：4.

[2] 任延静，林丽慧. 众包平台创新竞赛中加价延期机制采纳决策的研究[C]. 第八届（2013）中国管理学年会–信息管理分会场论文集，2013.

[3] 陈杰. 电子商务环境下个人网赚模式分析[J]. 电子商务，2012，（8）：9-10.

[4] 黄艳兰. 当 Flash "闪客"遇上"威客"[J]. 通讯世界，2014，（23）：236-237.

[5] 王元安，张延芝. 高职面向对象程序设计课程教改思路——基于威客平台的任务驱动教学模式[J]. 长春教育学院学报，2014，（11）：130-131.

[6] 金元浦. 威客模式：前景广阔的创意产业新业态[J]. 中关村，2011，（3）：46-47.

[7] 百度百科. "威客"词条[EB/OL]. ttp://baike.baidu.com/view/48146.htm，2016.

[8] 艾瑞咨询集团. 2010 中国威客行业白皮书[R]. 2010.

[9] 任务中国. 全款悬赏任务如何进行延期？[EB/OL]. http://help.taskcn.com/help/guzhubangzhu/weikerenwuqu/71.html，2018.

[10] Shao B，Shi L，Xu B，et al. Factors affecting participation of solvers in crowdsourcing：an empirical study from China[J]. Electronic Markets，2012，22：73-82.

[11] Sun Y，Fang Y，Lim K H. Understanding sustained participation in transactional virtual communities[J]. Decision Support Systems，2012，53：12-22.

[12] Sun Y，Wang N，Peng Z. Working for one penny：understanding why people would like to participate in online tasks with low payment [J]. Computers in Human Behavior，2011，27：1033-1041.

[13] Sun Y，Fang Y，Lim K H，et al. Understanding satisfaction of knowledge contributors in transactional virtual communities from a cost-benefit tradeoff perspective [C]. Proceeding of Pacific Asia Conference on Information Systems，2010：9-12.

[14] Zheng H，Li D，Hou W. Task Design，motivation，and participation in crowdsourcing contests [J]. International Journal of Electronic commerce，2011，15（4）：57-88.

[15] Yang J，Adamic L A，Ackerman M. Crowdsourcing and knowledge sharing：strategic user behavior on Taskcn [C]. Proceedings of the 9th ACM International Conference on Electronic Commerce，2008：246-255.

[16] Liu，T X，Yang J，Adamic L A，et al. Crowdsourcing with all-pay auctions：a field experiment on Taskcn [J]. Management Science，2013，60（8）：2020-2037.

[17] Yang Y，Chen P Y，Pavlou P. Open innovation：strategic design of online contests [C]. Workshop of Information System and Economics，Phoenix 2009.

[18] Walter T，Back A. Towards measuring crowdsourcing success：an empirical study on effects of external factors in online idea contest [C]. The 6th Mediterranean Conference on Information Systems，2011.

[19] Chen Y，Ho T H，Kim Y M. Knowledge market design：a field experiment at Google Answers [J]. Journal of Public Economic Theory，2010，12（4）：641-664.

[20] Lakhani K R，Jeppesen L B，Lohse P A，et al. The Value of openness in scientific problem solving[R]. Harvard Business School Working Paper，2007.

[21] Terwiesch C，Xu Y. Innovation contests，open innovation，and multiagent problem solving[J]. Management Science，2008，54（9）：1529-1543.

[22] Morgan J，Wang R. Tournaments for ideas[J]. California Management Review，2010，52（2）：77-97.

[23] Boudreau K J，Lacetera N，Lakhani K R. Incentives and problem uncertainty in innovation contests：an empirical analysis[J]. Management Science，2011，57（5）：843-863.

[24] Saxton G D，Oh O，Kishore R. Rules of crowdsourcing：models，issues，and systems of control[J]. Information Systems Management，2013，30（1）：2-20.

[25] Wen Z，Lin L. Optimal fee structures of crowdsourcing platforms[J]. Decision Sciences，2016，47（5）：820-850.

[26] Resnick P，Zeckhauser R，Swanson J，et al. The value of reputation on eBay：a controlled experiment [J]. Experimental Economics，2006，9：79-101.

# The "Extend and Raise" Mechanism in Crowdsourcing Contests: Is It Effective?

REN Yanjing[1]，LIN Lihui[2]

（1. School of Economics and Management，Tsinghua University，Avanade Greater China，Beijing 100020，China；

2. School of Economics and Management，Tsinghua University，Beijing 100084，China）

**Abstract**　This paper studies the "extend and raise" mechanism in crowdsourcing platforms, which allows sponsors of crowdsourcing contests to extend the deadline and raise the prize. Based on the analysis of data collected from Taskcn.com, we find that the "extend and raise" mechanism can lead to a higher number of proposals, which is also associated with higher sponsor's credit rating, shorter initial contest period, more intense competition, more attention, lower difficulty level, and more accessible proposals. However, this mechanism does not have a significant effect on attracting higher level participants. This paper contributes to the literature on crowdsourcing by studying a mechanism that has largely been ignored. Our results also have practical implications for crowdsourcing platforms and contest sponsors.

**Key words**　open innovation, crowdsourcing, innovation contest, online platform

## 作者简介

任延静（1986—），女，清华大学经济管理学院硕士毕业，现任职于埃维诺公司大中华区，研究方向包括电子商务、信息系统实施等。E-mail：yanjing.ren@avanade.com。

林丽慧（1971—），女，清华大学经济管理学院副教授，研究方向包括电子商务、知识管理、众包与众筹平台机制设计、医疗在线社区、信息技术投资、知识产权授权、开源软件开发、实物期权等。E-mail：linlh@sem.tsinghua.edu.cn。

# 企业 E-learning 应用有效性的综合分析*

马玲，黄忻怡，李嘉

（华东理工大学 商学院，上海 200237）

**摘 要** 有效性评估分析研究在企业 E-learning 应用领域中已有一定的积累，但企业 E-learning 应用是否有效，效果是否优于传统的学习模式，尚存在较大的争议。本文检索得到55篇定量研究论文，应用综合分析方法，归纳分析这些论文的企业 E-learning 应用有效性评估研究。将多样性的评估指标归纳为技能、知识、行为、满意度和绩效等5类指标，得出了总体上企业 E-learning 应用有效，但与传统学习模式相比，与预期效果还有较大距离的归纳结论，5类指标中仅技能显著更有效，其他指标的优势不显著。在归纳分析的基础上，本文还就企业 E-learning 应用实践策略、研究局限和未来议题做了讨论。

**关键词** 企业 E-learning 应用，有效性，综合分析法，内容分析法

**中图分类号** C931.6

## 1 引言

员工知识和技能是企业增强竞争力，保持竞争优势的重要资源。为了在快速变化的环境中更新并增长员工的知识，提高他们的技能水平，越来越多的企业开始采纳用以解决工作场所培训问题的一类新型信息系统——E-learning[1]。目前 E-learning 不仅用于学校教学，也被企业广泛用于员工培训，项目团队的交流学习及问题求解，甚至还拓展应用到面向客户学习的售后服务、基于交互学习的客户合作创新等领域。

作为一种学习模式，E-learning 既能够与传统的面对面教学综合使用，也能深度依赖信息技术实现无线移动的、对称或不对称的教学。相对于传统教学模式，具有低成本、机动、灵活、节省空间等诸多优势[2-4]。经过多年研究与实践，E-learning 已成为一系列基于信息和通信技术（information and communication technology，ICT）的学习模式的统称[5]，形成了综合教育学、信息科学、社会学、心理学和行为科学、认知科学和管理科学的交叉性研究领域。面向学校学生的知识学习和面向企业员工的知识与技能提升是 E-learning 最主要的两类应用[6]，前者的研究已有丰富的积累，后者的研究则明显落后于前者，落后于实践[1]。

企业 E-learning 应用是否有效，效果是否优于传统的学习模式，是 E-learning 研究领域最受关注的热点问题之一[2]。企业 E-learning 应用，是指一切用于企业环境的以计算机为媒介的学习辅助系统，主要解决企业员工培训和持续学习的问题。具体的形式可以是学习管理系统、答题系统、在线课堂系统、虚拟教室、知识管理系统、知识社区等，应用领域包括入职培训、在岗培训、对等学习等。虽然医疗健康领域的 E-learning 系统也很多，但是大多用于患者教育而不是员工培训，因此没有被包括在本

---

\* 基金项目：国家自然科学基金项目（71001037、71371005）。

通信作者：李嘉，华东理工大学商学院副教授、博士。E-mail：jiali@ecust.edu.cn。

文中。

已有不少文献从不同的角度对企业 E-learning 应用有效性进行了个案研究，大部分研究得出了不同程度有效的结论，但也有无效甚至负效的结论，如 Web-based training 与传统模式相比没有显著的有效性差异[2, 7, 8]。不同角度或某侧面的个案研究结论带有局限性，没有关于企业 E-learning 应用有效性问题的一致解答。对已有研究做定量的归纳性综合分析，是解答企业 E-learning 应用有效性问题的一个可行途径，但从文献检索结果来看，未见有这样的定量研究。有少量比较相关的定量归纳分析类研究，如 Burke 等对高中低三类参与程度的员工安全和健康培训方法的相对有效性做了归纳分析[9]，Sitzmann 等比较了学生和员工基于 Web 教学的有效性[10]，但没有给出员工基于 Web 教学有效与否的数据和结论，Johnson 和 Rubin 就面向成人的交互型计算机辅助教学的有效性研究做了综述[11]。

过去 10 余年间，对企业中 E-learning 应用的研究尽管处于发展阶段尚不成熟，但随着应用的深入，有效性研究文献有了一定的积累。为了清晰地认识该领域的研究现状，解答尚有疑惑的企业 E-learning 应用有效性的问题，并从企业特点与目的的角度解释其原因，帮助企业再深入地认识 E-learning，向有意采纳或改进 E-learning 的企业提供更有针对性的应用策略，也为促进这一领域的理论发展，给出未来值得研究的主题，本文采用综合分析方法，对企业 E-learning 应用有效性的已有研究做系统的归纳分析。

## 2 研究问题与方法

已有较多相关主题的个案研究对企业 E-learning 应用是否有效、其效果是否优于传统学习模式进行了探讨，但少有系统性的综合研究。个案研究一般通过研究若干展示型指标，如知识和技能水平的提升，给出综合性的有效性结论。本文采用文献综述方法，采集企业 E-learning 应用有效性评估的研究文献，系统性地梳理和归类这些个案研究的有效性指标，并归纳分析有效性，得出相应的结论。

企业 E-learning 应用有效性问题有结果和前因两个相对的方面，前因分析影响有效性的因素及其影响机理，不一定给出是否有效的结论。文献筛选发现兼有企业 E-learning 有效性分析和前因分析的研究文献很少，仅有 1 篇，自变量为平台功能和内容设计[12]，因此本文不分析前因，着重归纳分析企业 E-learning 有效性评估方面的研究。

文献综述主要有定性和定量两类方法，定性综述多见的是叙事方法，定量综述使用数学方法从已有研究中识别研究模式、归纳领域概念、研究结论等。综合分析是同一主题众多个案研究的系统性综述方法，适用于综述一类存有差异甚至冲突的研究结论[13]，定性和定量地进行有效性、可行性和成本效益分析，进而得出一般性结论[14]。

通过相关文献的检阅，可以发现选用的效应值有三类。其一是反映变量之间关系强度的测度值，如相关系数、回归系数、路径系数等[15, 16]，这类效应值表示自变量对因变量的作用大小，并不反映因变量表示的效果如何[17]。其二是某变量在不同作用下的差异值，如实验组和控制组不同结果的标准化均数差，或者干预实验前后测的差值，这类在干预效果问题的研究中使用较普遍[10, 18]。这两类效应值都要求被归纳的各项研究设置相同的变量，使用相同的或可比的变量尺度。第三类效应值是在不能满足前两类要求时结果变量采用的计数值，如 0 或 1 表决计数[13, 19, 20]和定类变量值出现的频次，这类效应值虽然会丢失一些信息而不那么精准，但对总体上的效应分析是可行的[21]。

过去 10 余年间企业中 E-learning 应用有效性专题研究文献有了一定的积累，这些研究中较多得出不同程度有效的结论，有些则得出无效或负效的结论。考虑企业 E-learning 应用有效性已有研究的特点，本文采用综合分析方法，系统地归纳研究企业 E-learning 应用有效性问题。结合研究主题，本文分析的步骤如下。

（1）界定综述研究的问题：企业 E-learning 应用是否有效，效果是否优于传统的学习模式？

（2）采集文献样本。在 Web of Science 和 EBSCO 文献库中检索所有以企业 E-learning 应用有效性为主题的定量研究论文，按列入和排除准则，筛选出吻合主题的论文，形成文献样本集合。

（3）设定综述变量（亦作编码）。设定有效性和研究属性两类变量，有效性为主要变量，归纳出有效性分指标；研究属性为次要变量，包括研究方法、应用的理论、企业所在行业等，只做简要的基本分析。

（4）归纳分析，得出综合性的企业 E-learning 应用有效性结论。

在综合分析的基础上，本文将讨论已有企业 E-learning 应用有效性研究的意义和不足，给出理论研究和实践策略的启示，提出该领域未来值得研究的议题和研究思路。

## 3　数据采集

初步的检索可以发现企业 E-learning 应用的文献分布范围较宽广，参考 He 和 King 的数据库选择[15]，并考虑文献数据采集的可行性，确定在相对比较集中的 Web of Science 文献数据库和 EBSCO 数据库（包括 ERIC）中采集相关期刊论文数据，构成备选的文献数据集合。Web of Science 收录的期刊中的相关论文结构清晰，元数据规范；EBSCO 的文献范围广，尤其是其中 ERIC 收录有较多的 E-learning 文献。以一定的准则从这两个数据库中选出的研究论文具有代表性，以此作为样本，不失归纳分析的完整性和系统性。

### 1. 形成备选的期刊论文集合

依据研究主题，本文仅采集面向企业员工 E-learning 应用的定量研究文献。因为 1999 年及其后的 E-learning 研究文献显著增多，并考虑不同时期 E-learning 技术上的可比性，检索时间定为 1999 至 2015 年的 17 年期间，类别为 Article 且经同行评审的英文期刊论文。检索语句如下：

检索项=（（K1 AND K2）　OR E-learning OR m-learning OR CSCL）　AND K3

其中，

Web of Science 的检索项为主题，EBSCO 的检索项为标题与摘要。

K1=（online OR web OR computer OR internet OR technology OR mobile OR blended OR virtual OR simulation）

K2=（learning OR training OR course OR education OR instruction）

K3=（workplace OR firm OR company OR corporation OR enterprise OR employee OR worker OR manager）AND　（NOT　（Nurse OR Hospital OR Medical））

检索结果在 Web of Science 和 EBSCO 中分别得到 8 891 条与 7 116 条期刊论文篇名数据，两者中有 1 908 条重复。结果中含有很多同词异义的论文，以及大量与主题不相关的论文。

### 2. 剔除不相关的期刊论文

剔除主题不相关的论文，如机器学习、神经网络的学习、在线调查等论文。然后按以下排除准则剔除不属于企业 E-learning 应用有效性评估定量研究的论文。

（1）面向医疗机构、学校、政府机构等组织以及社会领域的论文。

（2）以非企业人员或社会大众，如学生、志愿者等为实验对象的，或实验对象不能识别是否为企业人员的论文。

（3）定性或没有明确定量结论的论文。

（4）相同作者内容大部分重复的论文优选 1 篇。

### 3. 选定相关的期刊论文

对剔除不相关论文后的期刊论文篇名集合通过标题、关键词和摘要的阅读，必要时全文的阅读，筛选出与研究主题吻合的企业 E-learning 应用有效性评估定量研究论文 55 篇。其中 11 篇载于 *International Journal of Industrial Ergonomics*（4篇）、*Computers & Education*（3篇）、*International Review of Research in Open and Distance Learning*（2篇）及 *Learning Organization*（2篇）等 4 种期刊，其余 44 篇论文分别载于另外 40 种期刊。从宽泛的期刊分布考察，企业 E-learning 应用有效性评估研究尚未形成比较集中的学术阵地。再从 55 篇这论文的 2 098 篇引用文献看，也非常分散，其中 92%仅被引 1 次，最多被引 4 次的也仅有 1 篇，可以认为至 2015 年还没有得到较多同类论文引用的企业 E-learning 应用有效性评估研究论文。

迄今已有非常多的企业实施了 E-learning，55 项有效性评估研究只是其中得以展示的代表。这些研究中 E-learning 的模式、目的、应用行业等属性数据见表 1。

**表 1　1999~2015 年 55 篇企业 E-learning 应用有效性评估研究论文的属性数据**

| 作者 | 年份 | E-learning 模式[*1] | E-learning 主要目的 | 行业/企业 | 样本 | 分组[*2] | 数据采集 | 分析方法 |
|---|---|---|---|---|---|---|---|---|
| Dencker 等[22] | 1999 | CBT | 生产过程知识与技能 | 汽车制造 | 20 | Non | 调查问卷 | 描述统计 |
| McDonald[23] | 1999 | MT | 信息系统知识 | 旅店 | 467 | E/C | 测试 | 回归分析 |
| Tang[24] | 2000 | CBT | 任务绩效 | 航空 | 54 | 2X3 | 访谈、记录、测试 | 方差分析、比较分析 |
| Brown[25] | 2001 | CBT | 任务知识 | 制造 | 78 | 2 | 测试 | 回归分析 |
| Forssen 和 Haho[26] | 2001 | SBT | 业务流程开发参与 | 出版 | 972 | Non | 记录、调查问卷 | 描述统计 |
| Lewis 等[27] | 2001 | VDT | 工效学绩效 | 石化 | 170 | Non | 测试、调查问卷 | 描述统计 |
| Coppola 和 Myre[2] | 2002 | WBT | 软件应用知识 | 电子数据系统 | 20 | E/C | 测试、调查问卷 | 描述统计 |
| Fernandez 等[28] | 2003 | WBT | 安全知识 | 汽车制造 | 46 | Non | 调查问卷 | 描述统计 |
| van der Spuy 和 Wocke[29] | 2003 | TBL | 出纳知识 | 金融 | 140 | E/C | 测试、客观排序 | 方差分析 |
| Cleveland-Innes 和 Ally[30] | 2004 | OL | 服务技能 | 服务台企业 | 44 | 2 | 测试 | 描述统计 |
| McDonald[31] | 2004 | MT | 态度和新系统知识 | 旅店 | 128 | E/C | 调查问卷 | 比较分析 |
| Stonebraker 和 Hazeltine[32] | 2004 | Virtual learning | 供应链管理知识 | 大型公司 | 142 | Non | 自我报告 | 回归分析 |
| Hasson 等[33] | 2005 | WBT | 心理管理能力 | IT | 277 | E/C | 调查问卷 | 方差分析、回归分析 |
| Hong 和 Csaszar[34] | 2005 | CBT | 健康知识与行为 | 建筑 | 397 | Non | 调查问卷 | 描述统计 |
| Kawakami 等[35] | 2005 | WBT | 健康行为与知识 | IT | 159 | E/C | 调查问卷 | 方差分析 |
| Lee 和 Kang[36] | 2005 | IBT | 英语能力 | 私营企业 | 132 | E/C | 测试 | 方差分析 |

续表

| 作者 | 年份 | E-learning 模式[*1] | E-learning 主要目的 | 行业/企业 | 样本 | 分组[*2] | 数据采集 | 分析方法 |
|---|---|---|---|---|---|---|---|---|
| Olafsen 和 Cetindamar[37] | 2005 | WBL | 公司价值观知识 | 零售服务 | 451 | Non | 访谈、练习作业 | 描述统计 |
| Fenton 等[38] | 2006 | CBT | 食品卫生知识与态度 | 食品加工 | 94 | E/C | 测试、调查问卷 | 方差分析 |
| Kawakami 等[7] | 2006 | WBT | 健康行为与绩效 | 销售与服务 | 46 | F/C | 调查问卷 | 方差分析 |
| Wallen 和 Mulloy[39] | 2006 | CBT | 安全知识与行为 | 电子制造 | 51 | 3X2 | 测试 | 方差分析 |
| Austin 等[40] | 2007 | ITV instruction | 道路维护能力 | 交通 | 524 | E/C | 提问、测试 | 描述统计 |
| de Bourdeaudhuij 等[41] | 2007 | CBE | 健康问题改善 | 多类企业 | 337 | E/C | 调查问卷 | 方差分析 |
| Chuang 等[42] | 2008 | E-learning | 服务质量 | 航空 | 59 | Non | 调查问卷、记录 | 描述统计 |
| Cloquell-Ballester 等[43] | 2008 | E-learning | 环境意识 | 中小企业 | 2142 | Non | 调查问卷 | 描述统计 |
| Luthans 和 Patera[44] | 2008 | WBT | 心理资本开发 | 制造、服务等 | 364 | E/C | 测试、调查问卷 | 方差分析 |
| Moore 等[45] | 2008 | WBE | 健康行为与改善 | 信息基础架构 | 203 | Non | 调查问卷 | 描述统计 |
| Murthy 等[46] | 2008 | SBT | 工作绩效 | 呼叫中心 | 71 | E/C | 调查问卷、监测 | 方差分析 |
| Petersen 等[47] | 2008 | WBE | 健康问题改善 | IBM | 1602 | E/C | 自我报告 | 描述统计 |
| Abbott 等[48] | 2009 | OT | 心智技能与绩效 | 企业销售部门 | 53 | E/C | 调查问卷 | 方差分析 |
| Anger 等[49] | 2009 | WBT | 安全知识 | 种植业 | 52 | Non | 测试、调查问卷 | 描述统计 |
| Hagen 和 Albrechtsen[50] | 2009 | CBT | 信息安全能力 | 海事服务 | 1,897 | E/C | 测试 | 描述统计 |
| Pang[51] | 2009 | WBT | 工作胜任力 | 多类企业 | 38 | E/C | 测试、调查问卷 | 描述统计 |
| Payne 等[52] | 2009 | SBT | 生物技能 | 养殖业 | 22 | Non | 调查问卷 | 描述统计 |
| Ho 和 Dzeng[12] | 2010 | E-learning | 安全知识与技能 | 建筑 | 55 | E/C | 测试、调查问卷 | 内容分析、回归分析 |
| Kojima 等[53] | 2010 | Email-based training | 健康行为与改善 | 有色金属生产 | 204 | E/C | 调查问卷 | 方差分析 |
| Iris 和 Vikas[54] | 2011 | E-learning | 动态能力 | 技术型企业 | 302 | Non | 调查问卷 | 回归分析 |
| Kearns[55] | 2011 | CBT | 情景意识 | 航空 | 36 | E/C | 模拟器评估 | 单变量分析 |
| Park 等[56] | 2011 | OT | 食品安全技能与行为 | 食品加工 | 37 | Non | 调查问卷 | 回归分析 |
| Torkzadeh 等[57] | 2011 | TEL | 工作绩效 | 多类企业 | 308 | Non | 调查问卷 | 偏最小二乘法 |
| Wang 等[58] | 2011 | E-learning | 工作绩效 | 软件企业 | 24 | 2 | 测试、调查问卷 | 比较分析 |
| Guo 等[59] | 2012 | SBT | 安全绩效改善 | 建筑 | 15 | Non | 访谈、调查问卷 | 描述统计 |
| Lawton 等[60] | 2012 | OL | 产品数据管理知识 | 航空 | 45 | 2 | 提问、测试 | 回归分析 |
| Li 等[61] | 2012 | SBT | 安全技能 | 建筑 | 30 | E/C | 提问 | 描述统计 |
| Milovanovic 等[62] | 2012 | WBL | 业务流程改进 | 软件开发 | 79 | Non | 访谈、调查问卷 | 描述统计 |
| Feicht 等[63] | 2013 | WBT | 心智行为、知识与绩效 | 金融 | 101 | E/C | 调查问卷 | 描述统计 |
| Meinert 等[64] | 2013 | WBL | 工效学绩效 | 办公用品制造 | 24 | Non | 调查问卷 | 方差分析 |
| Geraedts 等[8] | 2014 | WBE | 健康改善与绩效 | 多类企业 | 171 | E/C | 访谈、调查问卷 | 回归分析 |

| 作者 | 年份 | E-learning 模式[*1] | E-learning 主要目的 | 行业/企业 | 样本 | 分组[*2] | 数据采集 | 分析方法 |
|---|---|---|---|---|---|---|---|---|
| Hagner 等[65] | 2014 | OT | 服务知识与技能 | 咨询 | 17 | Non | 访谈、调查问卷 | 描述统计 |
| Rionda 等[66] | 2014 | BL | 节能技能与绩效 | 交通 | 34 | Non | 记录 | 指标分析 |
| Umanodan 等[67] | 2014 | CBT | 心智健康与工作绩效 | 制造 | 226 | E/C | 调查问卷 | 方差分析 |
| Grabowski 和 Jankowski[68] | 2015 | SBT | 安全行为与绩效 | 矿业 | 21 | Non | 调查问卷 | 描述统计 |
| Heyes 等[69] | 2015 | Virtual Coach | 节能绩效 | 交通 | 40 | E/C | 调查问卷 | 回归分析 |
| Lau[70] | 2015 | BL | 服务知识与技能 | 零售 | 76 | Non | 测试 | 效应值 |
| Rodriguez 和 Armellini[71] | 2015 | Online course | 服务知识和绩效 | 零售 | 146 | Non | 提问、测试、记录 | 描述统计 |
| Sullman 等[72] | 2015 | SBT | 节能绩效 | 交通 | 47 | E/C | 调查问卷、记录 | 描述统计 |

*1 CB=Computer-Based，WB=Web-Based，TB=Technology-Based，TE=Technology-Enhanced，SB=Simulation-Based，IB=Intranet-Based，O=Online，M= Multimedia，E=Education，T=Training，L=Learning，B=Blended，VDT=Video Display Terminal

*2 学习者设有与传统模式对比实验组和控制组，E=Experiment，C=Control，栏中数字表示未设传统模式对比组，仅设 E-learning 模式下的细分对比组的分组数

# 4 有效性评估的多样性与预处理别

## 4.1 研究属性的基本分析

有效性评估是企业 E-learning 应用研究中较大的一支，55 项研究中应用 Web-based 及 Online 模式的 24 项，其次是 Computer-based 模式 9 项，Simulation 及 Virtual 模式 9 项，泛指的 E-learning 5 项，其余 8 项，未见 Mobile learning 模式。

从已有的研究论文来看，提升员工职业知识与技能是企业 E-learning 应用最主要的直接目的。由表 1 也可知，较多的 E-learning 期望提升员工安全知识与技能（9 项）和改善员工健康（9 项）。员工职业培训过程相当复杂，效果评估难度也较大，相比而言，健康安全与健康类培训或教育的内容单纯清晰，效果评估相对容易，也能间接提高企业绩效。已有 E-learning 应用研究已经涉及各行各业，包括制造业和服务业、高科技企业和传统企业、大型企业和中小企业，这表明 E-learning 在企业界的应用面是相当宽广的。

所有 55 项研究都为实证研究。极大部分研究都采用实验研究方法。实验的有效样本数量差别很大，多的在 2 000 人以上，少的仅 20 人左右，平均样本数为 242 人。其中 32 项设了对比组，包括 26 项分设 E-learning 模式的实验组与传统模式的控制组，以及 6 项研究分设不同 E-learning 模式的细分组别。全部实验安排后测，34 项实验（近三分之二）有前测。特别地，有 8 项实验在数周或数月后做了再测。

实验数据主要通过调查问卷或提问获得（41 项研究，占 75%）、较多研究采用或兼用试卷、访谈和自我报告采集获得。特别地，有 8 项研究采用了系统记录的或实际的数据。数据分析主要应用描述统计（包括对比分析）、方差分析和回归分析方法，三类分别占 50.9%、27.3% 和 20.0%，个别研究兼用两种分析方法。回归分析的变量和方差分析的相关变量主要是三类，一是员工年龄、性别、工作经验、收入等特性，二是事前事后的测试成绩，三是分组组别的有效性。半数研究结合主题明确应用某种或多种理论提出假设或推论分析，应用最多的是认知理论。

## 4.2　有效性评估的多样性

企业 E-learning 应用有效性评估研究的总量不大，但覆盖宽泛，具有显著的多样性特征。这种多样性主要表现在以下三个方面。

（1）E-learning 模式的多样性。从高度依赖信息技术的移动终端学习、庞大完备的系统、功能齐全的平台，到单机版的计算机辅助学习、模仿传统教学模式的电子课程等，E-learning 的模式多样，规模、档次差异很大。除了泛指的 E-learning 和较明确的系统、平台、课程之外，被评估的还有学习、培训、教育、指导等不同方式。

（2）有效性评估指标的多样性。各行各业的企业应用 E-learning 既有类同的目的，也有特定的目的。增长员工知识、提高员工技能是最为普遍的直接目的；提升工作绩效是较多企业希望实现的间接目的。研究目的既有提升员工安全知识与技能、改善员工健康状态改善，也有降低能耗[66, 69, 72]、增长信息系统和软件应用知识[2, 23]等特定目的。55 项研究中共设有 159 个指标，其中直接用知识（knowledge）、满意度（satisfaction）、绩效（performance）表达的指标分别有 24、12 和 10 个，此外，有技能（skill）和行为（behavior），其余的表达较分散，从指标描述看，都是知识、满意度、绩效、技能和行为的不同表现或细分。

（3）有效性评估指标取值的多样性。企业中 E-learning 应用有效性评估的数据产生于问卷调查、前测和后测试卷、访谈、报告、观察和系统记录等。取值则有不同点数的 Likert 量表数据、各种分制的测试成绩，既有绝对值也有相对值，以及定类、定序、定距、定比等各种尺度的数据。指标取值大部分是主观数据，一些指标的测算则用成本、事故率等客观数据，指标及其取值的粒度差别也很大。

指标评估的多样性会影响 E-learning 有效性结论可比性。企业中 E-learning 应用有效性指标评估结论的归纳研究表明，企业中 E-learning 应用有效但一致性差。

## 4.3　有效性指标评估的归纳处理

多样性显著的企业 E-learning 应用有效性评估研究要归纳出一致性较好的综合结论，有必要给出能够聚合多样性的方法，对样本研究的有效性指标及其取值进行预处理。为此，本文提出以下设定。

依据样本的性质，设定论文集合中每项研究具有同等地位的代表性，无论 E-learning 的规模和形式如何，都将其归结为泛指的 E-learning。相应地，有效性结论也被同等看待，并将有效性粗分为有效、无效、负效三类。这样的粗分会有一定的信息丢失，但对显著多样性的归纳分析是简便和有效的，能够概要地归纳出已有研究的结论。

基于以上设定，本文通过评估指标的归类、指标取值的划一两个方面对指标及其数据做预处理，以克服企业中 E-learning 应用有效性指标评估研究的多样性问题。

1）有效性评定指标的归类

企业中 E-learning 应用有效性评估的55项研究共设有159个指标，对这些指标进行同义词规范化处理，并在保持原义的前提下向主要的指标归类。具体做法是先将指标排序并对同词指标进行计数，然后依词义将低频次指标归入同义的高频次指标。在同义的认定上，将工作中实际应用学习内容的能力归入技能指标，动机、心理则归入行为指标，学习者对学习内容、学习平台的态度等指标归入满意度指标，依据各研究主题将有关 E-learning 是否取得效果的指标归入绩效指标。最后得到知识、技能、行为、满意度、绩效这 5 种指标，分别对应原来 159 个指标中的 30、31、25、17、56 个。归纳出的 5 种指标与 Kirkpatrick D L 和 Kirkpatrick J D 的培训效果评估模型的衡量标准相一致[73]，与企业 E-learning 要达到的目的也是相吻合的。

2）有效性评定取值的划一

按上述设定，以表决计数方法计算效应值，结论为有效且检验结果显著的指标值取 1，结论为反向的为负效的取−1，结论为无效或效果不显著、难以确认的取 0。一项研究中某一种指标之下设有 $k$ 个分指标时，取平均值（指标值求和再除以 $k$）。例如，某项研究的技能指标设了 4 个分指标，其中 3 个有效，一个无效，该项研究的技能指标取值为 0.75（3÷4）。所有研究的各分指标分别求和，认作全部有效性研究的归纳结论。举例来说，55 项研究中 25 项设有"知识"指标，其中有效 15 项计 14.67，无效 8 项，负效 2 项计−1.33，知识指标的归纳结论为（14.67−1.33）÷25=0.534。所有研究中仅 2 项得出负效的结论，即传统模式的效果好于 E-learning 模式。

# 5 归纳结论

经过归纳预处理的 55 项企业 E-learning 应用有效性评估研究，得到 5 种指标的表决计数效应值，见表 2。55 项研究在 5 种指标总计有 112 个效应值，即平均每项研究涉及 2 种指标。逐项分析也表明大部分的企业 E-learning 应用设有 2 个左右的目的，不求面面俱到。

表 2　有效性评估 55 项研究的归纳

| 作者 | 年份 | 分组* | 知识 | 技能 | 行为 | 满意度 | 绩效 |
|---|---|---|---|---|---|---|---|
| Dencker 等[22] | 1999 | Non | 1 | 1 | — | — | — |
| McDonald[23] | 1999 | E/C | 1 | — | — | — | — |
| Tang[24] | 2000 | 2X3 | — | — | — | — | 0.67 |
| Brown[25] | 2001 | 2 | 0.67 | — | — | — | — |
| Forssen 和 Haho[26] | 2001 | Non | — | — | — | 1 | — |
| Lewis 等[27] | 2001 | Non | — | — | — | — | 0.50 |
| Coppola 和 Myre[2] | 2002 | E/C | 0 | — | 0 | — | — |
| Fernandez 等[28] | 2003 | Non | 1 | — | — | 1 | — |
| van der Spuy 和 Wocke[29] | 2003 | E/C | −0.33 | — | — | — | 1 |
| Cleveland-Innes 和 Ally[30] | 2004 | 2 | — | 1 | — | — | — |
| McDonald[31] | 2004 | E/C | −1 | — | −1 | −1 | — |
| Stonebraker 和 Hazeltine[32] | 2004 | Non | 0 | — | — | — | — |
| Hasson 等[33] | 2005 | E/C | — | 1 | — | — | — |
| Hong 和 Csaszar[34] | 2005 | Non | 1 | — | 1 | — | 1 |
| Kawakami 等[35] | 2005 | E/C | 1 | — | 1 | — | 0 |
| Lee 和 Kang[36] | 2005 | E/C | — | 1 | — | — | — |
| Olafsen 和 Cetindamar[37] | 2005 | Non | 1 | — | — | — | — |
| Fenton 等[38] | 2006 | E/C | 0 | — | 0 | — | — |
| Kawakami 等[7] | 2006 | E/C | — | — | 0 | 0 | 0 |
| Wallen 和 Mulloy[39] | 2006 | 3X2 | — | 0.75 | 0 | — | — |
| Austin 等[40] | 2007 | E/C | 0 | 0 | — | — | — |
| de Bourdeaudhuij 等[41] | 2007 | E/C | — | — | — | — | 1 |
| Chuang 等[42] | 2008 | Non | — | 1 | 1 | 1 | 1 |

续表

| 作者 | 年份 | 分组* | 知识 | 技能 | 行为 | 满意度 | 绩效 |
|---|---|---|---|---|---|---|---|
| Cloquell-Ballester 等[43] | 2008 | Non | 1 | — | — | 1 | — |
| Luthans 和 Patera[44] | 2008 | E/C | — | — | 1 | — | — |
| Moore 等[45] | 2008 | Non | — | — | 1 | — | 1 |
| Murthy 等[46] | 2008 | E/C | — | — | — | — | 0.50 |
| Petersen 等[47] | 2008 | E/C | — | — | — | — | 0.75 |
| Abbott 等[48] | 2009 | E/C | — | 0 | — | 1 | 0 |
| Anger 等[49] | 2009 | Non | 1 | — | — | — | — |
| Hagen 和 Albrechtsen[50] | 2009 | E/C | 1 | 1 | 1 | — | — |
| Pang[51] | 2009 | E/C | 0 | 1 | — | — | — |
| Payne 等[52] | 2009 | Non | — | 0.33 | — | — | — |
| Ho 和 Dzeng[12] | 2010 | E/C | 1 | 1 | — | 1 | 0 |
| Kojima 等[53] | 2010 | E/C | — | 1 | — | 0 | 1 |
| Iris 和 Vikas[54] | 2011 | Non | — | 0.75 | 1 | — | — |
| Kearns[55] | 2011 | E/C | — | 1 | — | — | — |
| Park 等[56] | 2011 | Non | — | 1 | 1 | — | — |
| Torkzadeh 等[57] | 2011 | Non | — | — | — | — | 1 |
| Wang 等[58] | 2011 | 2 | 0 | 0 | 1 | 1 | 1 |
| Guo 等[59] | 2012 | Non | — | — | — | — | 1 |
| Lawton 等[60] | 2012 | 2 | 1 | — | 1 | 1 | — |
| Li 等[61] | 2012 | E/C | — | 1 | — | — | — |
| Milovanovic 等[62] | 2012 | Non | — | — | — | 1 | 1 |
| Feicht 等[63] | 2013 | E/C | 1 | — | 1 | 1 | 1 |
| Meinert 等[64] | 2013 | Non | — | — | — | — | 0.67 |
| Geraedts 等[8] | 2014 | E/C | — | — | — | — | 0 |
| Hagner 等[65] | 2014 | Non | 0 | 1 | — | 1 | — |
| Rionda 等[66] | 2014 | Non | — | 1 | — | — | 1 |
| Umanodan 等[67] | 2014 | E/C | 1 | 1 | 0 | 0 | 0 |
| Grabowski 和 Jankowski[68] | 2015 | Non | — | 1 | 1 | — | 1 |
| Heyes 等[69] | 2015 | E/C | — | — | — | 1 | 1 |
| Lau[70] | 2015 | Non | 0 | 0 | — | — | — |
| Rodriguez 和 Armellini[71] | 2015 | Non | 1 | — | 0.33 | 1 | 1 |
| Sullman 等[72] | 2015 | E/C | — | — | — | — | 1 |

　＊ 学习者设有与传统模式对比实验组和控制组，E=Experiment，C=Control，栏中数字表示未设传统模式对比组，仅设 E-learning 模式下的细分对比组的分组数；一表示未涉及

　　通过上述归纳预处理后，本书从全部 55 项、其中设有对比实验组的 32 项、与传统模式为实验组对比的 26 项等三个层面归纳已有的企业 E-learning 应用有效性评估研究，给出总体性的有效性结论，见表 3。

由表 3 可见，如果不考虑是否设置 E-learning 和传统模式对比，55 项研究的归纳结论，5 种指标都属有效。其中，技能、满意度和绩效较佳。对 32 项设有对比组的企业 E-learning 有效性评估研究结论做归纳时，除技能指标外，各类指标值都有较大幅度下降，知识、行为和绩效指标跌去 20% 左右，满意度指标跌去近 30%，且有较大比例的无效或不能证明有效项。对 26 项 E-learning 与传统模式对比组的研究的归纳，结果是技能指标依然最佳，其他指标进一步下跌，满意度指标值再跌去了 23%。尽管研究项数偏少，但从三个层面的归纳结果看，其趋势是可以确认的。

表 3  有效性评估的归纳

| 归纳范围 | 指标值 | 知识 | 技能 | 行为 | 满意度 | 绩效 |
|---|---|---|---|---|---|---|
| 全部 55 项研究 | 全部 | 25 | 24 | 20 | 16 | 27 |
|  | 有效 | 14.67 | 17.83 | 13.33 | 13 | 19.09 |
|  | 无效 | 8 | 5 | 5 | 2 | 6 |
|  | 负效 | 1.33 | 0 | 1 | 1 | 0 |
|  | 归纳结论 | 0.534 | 0.743 | 0.617 | 0.750 | 0.707 |
| 设有对比组的 32 项研究 | 全部 | 15 | 15 | 13 | 9 | 16 |
|  | 有效 | 7.67 | 10.75 | 7 | 6 | 8.92 |
|  | 无效 | 5 | 4 | 5 | 2 | 6 |
|  | 负效 | 1.33 | 0 | 1 | 1 | 0 |
|  | 归纳结论 | 0.423 | 0.717 | 0.462 | 0.556 | 0.558 |
| 有传统模式对比的 26 项研究 | 全部 | 12 | 12 | 10 | 7 | 14 |
|  | 有效 | 6 | 9 | 5 | 4 | 7.25 |
|  | 无效 | 4 | 3 | 4 | 2 | 6 |
|  | 负效 | 1.33 | 0 | 1 | 1 | 0 |
|  | 归纳结论 | 0.389 | 0.750 | 0.400 | 0.429 | 0.518 |

归纳结论表明，55 项研究总体上认为企业 E-learning 是有效的，但是全部研究层面的归纳结论，只能表明 E-learning 有效，无法证明是否比传统模式更有效。企业 E-learning 应用的对比实验研究，尤其是与传统模式对比的实验研究才有说服力，归纳结论得出了企业 E-learning 比传统模式有更好的效果，但却没有预期的或宣称的那么理想。

归纳结论也揭示了企业中 E-learning 应用对技能的培训效果显著优于传统教学模式（0.750），对知识的学习效果则不理想（0.389），这个结论反映了企业应用 E-learning 提升员工技能，进而间接地改善绩效的目的能较好地达成。个别研究认为短期的 WBT（web-based training，基于网络的培训）对行为改善有效[44]，但 0.400 的行为指标值表明，与传统模式相比，短期的 E-learning 培训对行为改善效果并不显著，0.429 的满意度指标值则反映出企业员工总体上对 E-learning 有效性的认同程度偏低。

在没有与传统模式对比组的企业 E-learning 应用有效性评估研究中，有 6 项研究细分了 E-learning 不同模式的分组对比研究，所设组别少则 2 组，多则由若干变量交叉产生 10 余个组别，这些组别主要是基于网络的计算机辅助、在线学习/视频会议、目标导向/自我效能、指令式/奖励式/基于项目式、有无关键绩效指标导向、有无学习评价反馈，以及学习者的不同特性等。这些研究也得出了一些具有参考价值的结论，包括绩效导向和自我效能导向的 E-learning 对所学知识的实践应用有重要影响，控制导向的学习策略对学习效果起负面作用；设有规范的评价反馈 E-learning 对能取得显著的在线课程学习效果[60]；年轻的、低水平的学习者更能受益于培训 E-learning[24, 39]。

除了以上归纳分析结论之外，通过基本的统计，还可以发现，选定的论文在发表时间上与企业 E-learning 应用有效性没有可确认的相关性。

# 6　讨论

归纳结论表明，55 项已有研究在总体上认为企业 E-learning 是有效的，与传统学习模式相比，能取得稍好的效果，这与 Sitzmann 等[10]的研究结论是基本一致的。其中，26 项设有对比实验的研究归纳表明企业 E-learning 比传统模式有更好的效果，但却没有预期的或宣称的那么理想。对研究中提出的百余种指标归纳出技能、知识、行为、满意度和绩效等 5 个有效性评估指标，相对于传统培训模式，企业 E-learning 应用对技能的培训效果最为显著，对知识的学习效果不那么理想，这两个 E-learning 指标的归纳结果，既反映了企业 E-learning 应用的特点，也与企业提升员工技能的目的吻合。此外，企业 E-learning 对员工行为改善在短期内的效果、满意的认同程度都较低，绩效指标不如预期，这说明所学技能与知识的应用要在较长时间后才能见效。

## 6.1　企业 E-learning 应用实践的策略

依据前文的归纳结论，可以确认 E-learning 系统是企业值得选择和应用的员工培训模式，相信未来会有更多的企业实施和应用 E-learning 系统。过去 10 余年的有效性评估研究和以上的归纳分析，可以为企业 E-learning 应用和改进提供很有参考价值的实践策略。

（1）合理确定可行的应用目的。已有研究的归纳分析结论表明，企业 E-learning 应用的技能指标相比于传统模式是更有效的，其他诸如员工行为改进等指标的效果不理想。因此，除非有特殊背景下的特定需求，企业 E-learning 系统设计或选择的重点考虑应当放在员工技能的提高上。此外，绩效改善必然是企业 E-learning 应用的追求，但这不能期望通过短期的 E-learning 来实现，而应该认识到绩效的改善是间接的，需要较长时间才能得以体现，一个可行的做法是围绕绩效改善支持来策划 E-learning 的技术和学习内容。

（2）选择适宜的 E-learning 模式。依据已有研究的归纳分析结论，基于 Web 的系统是主流，这也与信息技术的发展趋势相吻合。特别地，移动通信的日益普及和机动性优势，必将推动企业采用移动模式的 E-learning，即 mobile learning，只是目前还少有 mobile learning 的企业应用有效性研究，这或许是移动设备在显示功能上还不尽如人意，大多数场合下非移动的 E-learning 系统更实用等所致。此外，混合学习模式（blended learning）、绩效导向和自我效能导向的学习策略、学习评价反馈功能，都是更有利于取得企业 E-learning 系统好效果的软模式选择。

（3）设置成效自动记录功能。企业 E-learning 应用有效性的一个关键点是数据测量，这是研究与实践两方面都关注的问题。目前大部分的评估，由于系统不能提供客观的成效数据，因此只能采集主观的自我报告数据。鉴于信息系统自动记录应用过程中成效数据的技术已经趋于成熟，企业在实施或提升 E-learning 系统时应该将自动记录应用成效数据列作必要需求，以便应用后的有效性测量。

## 6.2　已有研究的局限

已有的企业 E-learning 应用有效性评估研究得出了较多颇有意义的结论，但也存在一些不足或局限。

（1）与传统模式对比研究偏少。严格来说，企业 E-learning 应用的有效性是相对于传统学习模式而言的，但是半数以上的已有研究没有设置与传统模式的对比实验，能得出企业 E-learning 应用是否有效的结论，却无法解答相比于传统模式是否更有效的疑问。未来的研究有待更多规范的对比实验，即使是单一的 E-learning 实验，也应该设置不同的细分组别做比较，如员工的不同特性、不同学习策略的分组比较。

（2）样本数据采集偏主观性。极大部分研究的实验数据主要通过问卷等员工主观的或自我报告方法获得，仅 15%的研究采用系统记录的数据，如此，数据与实际之间必然存在偏差，分析结论的可信度会打折扣。用 E-learning 系统自动记录学习效果数据是可行的，未来的研究应该尽可能多采用系统自动记录的效果数据，并使用随机采样的方法抽取样本。

（3）已有研究之间缺乏引用与被引关系。在文献参引关系分析中发现，已有研究相互之间少见引用与被引关系，这些研究基本上都是相对独立的，这表明该领域研究还处于比较分散的起步阶段，同时也说明本文的归纳研究对于企业 E-learning 应用有效性评估研究的推进是有积极意义的。

较多研究指出，案例企业的研究结论难以延展到其他企业或其他行业的企业。但本文认为，基于实验方法的企业 E-learning 应用有效性研究，研究对象的范围越大，如行业或区域，学习者属性的差异也越大，可以考虑采用按学习者属性的分组实验方法。

## 6.3　未来企业 E-learning 应用研究的议题

基于前文所做的归纳分析和已有研究局限的讨论，可以发现许多有待开展研究的议题，具体有以下几点。

（1）有效性测量指标的研究。已有研究中的企业 E-learning 应用有效性评估指标呈现多样性，研究结论不利于为同类研究和企业实践提供参考借鉴。因此，如何依据企业员工培训和学习的特点，研究提出具有一定普遍性的企业 E-learning 应用有效性评估指标体系是迫切需要的。这个体系至少有两个层次，第一层次是对各行业的不同特性员工学习都可采用的类指标及其权重；第二层次是依具体企业特定学习对象设定的、能够归属于某类指标的分指标。

（2）有效性测量数据体系的研究。E-learning 系统自动记录哪些数据才能如实可靠地测量有效性也是一个很值得研究的议题。通过日志、记录、监控等记录企业 E-learning 应用过程中效果指标数据的技术已经不难实现，但哪些数据能全面准确地反映 E-learning 的成效，这些数据如何构成一个有机的整体，需要作为实施 E-learning 系统的一项重要内容事先做出规划。显然，反映 E-learning 应用有效与否的数据应该与评估指标相吻合。

（3）新模式应用的研究。近年来少数企业开展了基于移动技术的 E-learning 新模式应用，其中最为典型的要数 mobile learning，但少见企业 mobile learning 应用有效性的定量研究。相比于传统模式和其他 E-learning 模式，mobile learning 等新模式有哪些优势和弱点，适用于哪些企业什么情景，如何才能取得理想的应用效果，都是很值得探讨的新议题。

（4）成本与机动性优势的研究。节省成本、时间和地点机动性是 E-learning 的主要优势，这些优势的体现和发挥却少有深入的定量研究[10]。相比于传统模式，企业 E-learning 应用的成本和机动性优势如何测算，怎样使其发挥作用也是很值得研究的议题。

（5）有效性因果关系的研究。企业 E-learning 应用有效性问题还有一类前因角度的影响因素研究，由于研究项数偏少，本文未做这方面的归纳，从初步的综合分析可知，E-learning 系统属性、学习者特性、管理支持等因素对 E-learning 有效性有显著的影响。已有的有效性评估研究大都从调节变量的角度考虑了学习者特性因素[25]，但对影响因素考虑不足，关于企业 E-learning 有效性的影响因素及其影响机理研究，有助于企业从识别出的影响因素入手来提高企业 E-learning 的有效性。

# 7　结论

在企业 E-learning 应用研究领域中，有效性评估分析的研究在具体模式、目的、企业所在行业等方面相当广泛。本文检索得到 55 篇定量研究论文，应用综合分析方法，归纳分析这些论文的企业 E-learning 应用有效性评估研究。得出了总体上企业 E-learning 应用有效，但与传统学习模式相比，除技能提升外，效果差别不大的归纳结论。

企业 E-learning 应用有效性评估研究的总量不算多，论文所载期刊集中度低，引用关系弱，有限且相对分散的研究落后于企业实践。已有研究中所设的有效性评估指标呈现多样性，通过归纳处理，本文提炼出了能基本涵盖各种指标的 5 类指标：技能、知识、行为、满意度、绩效。分析结果表明，企业 E-learning 的应用在员工技能方面比传统模式更有效，但在知识、行为、满意度和对企业绩效方面的效果与预期有差距。

从检索到的企业 E-learning 应用有效性评估定量研究论文的特点看，已有研究具有开拓意义，能为企业实践和新的研究提供参考和启示。但在对比实验、数据采集方面存在不足和局限。同时，我们也看到企业 E-learning 应用有效性评估领域尚有不少值得研究的新议题。

本文只关注了企业环境下针对员工培训的 E-learning 应用。企业 E-learning 应用仍然处于发展普及阶段，在各行各业都有广阔的市场。随着新技术的发展及其带来的商业机会，会有越来越多的企业 E-learning 应用相关议题的研究。

# 参 考 文 献

[1] Wan Z，Compeau D，Haggerty N. The effects of self-regulated learning processes on E-learning outcomes in organizational settings [J]. Journal of Management Information Systems，2012，29（1）：307-340.

[2] Coppola N，Myre R. Corporate software training：is web-based training as effective as instructor-led training? [J]. IEEE Transactions on Professional Communication，2002，45（3）：170-186.

[3] Wang Y S，Wang H Y，Shee D Y. Measuring E-learning systems success in an organizational context：scale development and validation [J]. Computers in Human Behavior，2007，23（4）：1792-1808.

[4] Lim H，Lee S G，Nam K. Validating E-learning factors affecting training effectiveness [J]. International Journal of Information Management，2007，27（1）：22-35.

[5] Nichols M. A theory for eLearning [J]. Journal of Educational Technology & Society，2003，6（2）：1-10.

[6] Andrade J，Ares J，Garcia R，et al. Guidelines for the development of E-learning systems by means of proactive questions [J]. Computers & Education，2008，51（4）：1510-1522.

[7] Kawakami N，Takao S，Kobayashi Y，et al. Effects of web-based supervisor training on job stressors and psychological distress among workers：a workplace-based randomized controlled trial [J]. Journal of Occupational Health，2006，48（1）：28-34.

[8] Geraedts A，Kleiboer A，Wiezer N，et al. Short-Term effects of a web-based guided self-help intervention for employees with depressive symptoms：randomized controlled trial [J]. Journal of Medical Internet Research，2014，16（5）：3-17.

[9] Burke M J，Sarpy S A，Smith-Crowe K，et al. Relative effectiveness of worker safety and health training methods [J]. American Journal of Public Health，2006，96（2）：315-324.

[10] Sitzmann T，Kraiger K，Stewart D，et al. The comparative effectiveness of web-based and classroom instruction：a meta-analysis [J]. Personnel Psychology，2006，59（3）：623-664.

[11] Johnson DA，Rubin S. Effectiveness of interactive computer-based instruction：a review of studies published between 1995 and 2007 [J]. Journal of Organizational Behavior Management，2011，31（1）：55-94.

[12] Ho C L，Dzeng R J. Construction safety training via E-learning：learning effectiveness and user satisfaction [J].

Computers & Education, 2010, 55（2）: 858-867.

[13] Gijbels D, Dochy F, van den Bossche P, et al. Effects of problem-based learning: a meta-analysis from the angle of assessment [J]. Review of Educational Research, 2005, 75（1）: 27-61.

[14] Kalra R, Arora P. Conducting and interpreting high-quality systematic reviews and meta-analyses[J]. Journal of Nuclear Cardiology, 2017, 24（2）: 471-481.

[15] He J, King W R. The role of user participation in information systems development: implications from a meta-analysis [J]. Journal of Management Information Systems, 2008, 25（1）: 301-331.

[16] Wu J, Lederer A. A meta-analysis of the role of environment-based voluntariness in information technology acceptance [J]. MIS Quarterly, 2009, 33（2）: 419-432.

[17] Šumak B, Heričko M, Pušnik M. A meta-analysis of E-learning technology acceptance: the role of user types and E-learning technology types [J]. Computers in Human Behavior, 2011, 27（6）: 2067-2077.

[18] Lou Y, Abrami P C, D'Apollonia S. Small group and individual learning with technology: a meta-analysis [J]. Review of Educational Research, 2001, 71（3）: 449-521.

[19] Campbell-Hunt C. What have we learned about generic competitive strategy? a meta-analysis [J]. Strategic Management Journal, 2000, 21（2）: 127-154.

[20] Kohli R, Devaraj S. Measuring information technology payoff: a meta-analysis of structural variables in firm-level empirical research [J]. Information Systems Research, 2003, 14（2）: 127-145.

[21] Wu W H, Wu Y C J, Chen C Y, et al. Review of trends from mobile learning studies: a meta-analysis [J]. Computers & Education, 2012, 59（2）: 817-827.

[22] Dencker B, Balzer H J, Theuerkauf W E, et al. Using a production-integrated video learning system（PVL） in the assembly sector of the car manufacturing industry[J]. International Journal of Industrial Ergonomics, 1999, 23: 525-537.

[23] McDonald D S. Improved training methods through the use of multimedia technology[J]. Journal of Computer Information Systems, 1999, 40（2）: 14-25.

[24] Tang K H. Computer-based group training and prior achievement: effects on performance means and variances [J]. International Journal of Industrial Ergonomics, 2000, 26（4）: 467-476.

[25] Brown K G. Using computers to deliver training: which employees learn and why? [J]. Personnel Psychology, 2001, 54（2）: 271-296.

[26] Forssen M, Haho P. Participative development and training for business processes in industry: review of 88 simulation games [J]. International Journal of Technology Management, 2001, 22（1~3）: 233-262.

[27] Lewis R J, Fogleman M, Deeb J, et al. Effectiveness of a VDT ergonomics training program [J]. International Journal of Industrial Ergonomics, 2001, 27（2）: 119-131.

[28] Fernandez J A, Vazquez L, Daltuva J A, et al. Development and evaluation of an advanced training technology course within a union-based industrial emergency response training program [J]. American Journal of Industrial Medicine, 2003, 43（4）: 429-435.

[29] van der Spuy M, Wocke A. The effectiveness of technology based（interactive） distance learning methods in a large South African financial services organization[J]. South African Journal of Business Management, 2003, 34（2）: 1-11.

[30] Cleveland-Innes M, Ally M. Affective learning outcomes in workplace training: a test of synchronous vs. asynchronous online learning environments [J]. Canadian Journal of University Continuing Education, 2004, 30（1）: 15-35.

[31] McDonald D S. The influence of multimedia training on users' attitudes: lessons learned[J]. Computers & Education, 2004, 42（2）: 195-214.

[32] Stonebraker P W, Hazeltine J E. Virtual learning effectiveness: an examination of the process [J]. Learning Organization, 2004, 11（3）: 209-225.

[33] Hasson D, Anderberg U M, Theorell T, et al. Psychophysiological effects of a web-based stress management system: a prospective, randomized controlled intervention study of IT and media workers [J]. BMC Public Health, 2005, 5（78）: 78-91.

[34] Hong O S, Csaszar P. Audiometric testing and hearing protection training through multimedia technology [J]. International Journal of Audiology, 2005, 44（9）: 522-530.

[35] Kawakami N, Kobayashi Y, Takao S, et al. Effects of web-based supervisor training on supervisor support and psychological distress among workers: a randomized controlled trial [J]. Preventive Medicine, 2005, 41（2）: 471-478.

[36] Lee D H, Kang S. Perceived usefulness and outcomes of intranet-based learning（IBL）: developing asynchronous

knowledge management systems in organizational settings [J]. Journal of Instructional Psychology, 2005, 32（1）: 68-73.

[37] Olafsen R N, Cetindamar D. E-learning in a competitive firm setting [J]. Innovations in Education and Teaching International, 2005, 42（4）: 325-335.

[38] Fenton G D, LaBorde L F, Radhakrishna R B, et al. Comparison of knowledge and attitudes using computer-based and face-to-face personal hygiene training methods in food processing facilities [J]. Journal of Food Science Education, 2006, 5（3）: 45-50.

[39] Wallen E S, Mulloy K B. Computer-based training for safety: comparing methods with older and younger workers [J]. Journal of Safety Research, 2006, 37（5）: 461-467.

[40] Austin K A, Lawson W D, Holder E. Efficacy and performance in professional development higher education-sponsored ITV instruction [J]. Journal of Computing in Higher Education, 2007, 18（2）: 51-81.

[41] de Bourdeaudhuij I, Stevens V, Vandelanotte C, et al. Evaluation of an interactive computer-tailored nutrition intervention in a real-life setting [J]. Annals of Behavioral Medicine, 2007, 33（1）: 39-48.

[42] Chuang C K, Chang M, Wang C Y, et al. Application of E-Learning to pilot training at TransAsia Airways in Taiwan [J]. International Journal on E-Learning, 2008, 7（1）: 23-39.

[43] Cloquell-Ballester V A, Monterde-Diaz R, Cloquell-Ballester V A, et al. Environmental education for small- and medium-sized enterprises: methodology and e-learning experience in the Valencian region[J]. Journal of Environmental Management, 2008, 87: 507-520.

[44] Luthans F, Patera J L. Experimental analysis of a web-based training intervention to develop positive psychological capital [J]. Academy of Management Learning & Education, 2008, 7（2）: 209-221.

[45] Moore T J, Alsabeeh N, Apovian C M, et al. Weight, blood pressure, and dietary benefits after 12 months of a web-based nutrition education program（DASH for Health）: longitudinal observational study [J]. Journal of Medical Internet Research, 2008, 10（4）: 1-12.

[46] Murthy N N, Challagalla G N, Vincent L H, et al. The impact of simulation training on call center agent performance: a field-based investigation [J]. Management Science, 2008, 54（2）: 384-399.

[47] Petersen R, Sill S, Lu C F, et al. Effectiveness of employee internet-based weight management program [J]. Journal of Occupational and Environmental Medicine, 2008, 50（2）: 163-171.

[48] Abbott J A, Britt K, Catherine H, et al. The impact of online resilience training for sales managers on wellbeing and work performance [J]. E-Journal of Applied Psychology, 2009, 5（1）: 89-95.

[49] Anger W K, Patterson L, Fuchs M, et al. Learning and recall of worker protection standard（WPS）training in vineyard workers [J]. Journal of Agromedicine, 2009, 14（3）: 336-344.

[50] Hagen J M, Albrechtsen E. Effects on employees' information security abilities by e-learning [J]. Information Management & Computer Security, 2009, 17（5）: 388-407.

[51] Pang K. Video-driven multimedia, web-based training in the corporate sector: pedagogical equivalence and component effectiveness [J]. International Review of Research in Open and Distance Learning, 2009, 10（3）: 1-14.

[52] Payne A M, Stephenson J E, Morris W B, et al. The use of an e-learning constructivist solution in workplace learning [J]. International Journal of Industrial Ergonomics, 2009, 39（3）: 548-553.

[53] Kojima R, Fujisawa D, Tajima M, et al. Efficacy of cognitive behavioral therapy training using brief E-mail sessions in the workplace: a controlled clinical trial [J]. Industrial Health, 2010, 48（4）: 495-502.

[54] Iris R, Vikas A. E-Learning technologies: a key to dynamic capabilities [J]. Computers in Human Behavior, 2011, 27（5）: 1868-1874.

[55] Kearns S. Online Single-Pilot Resource management: assessing the feasibility of computer-based safety training [J]. International Journal of Aviation Psychology, 2011, 21（2）: 175-190.

[56] Park S H, Kim M, Yu D. The effects of learning authenticity on the learning achievements in the online corporate training programme [J]. British Journal of Educational Technology, 2011, 42（2）: E37-E41.

[57] Torkzadeh G, Chang J C J, Hardin A M. Usage and impact of technology enabled job learning [J]. European Journal of Information Systems, 2011, 20（1）: 69-86.

[58] Wang M H, Vogel D, Ran W J. Creating a performance-oriented e-learning environment: a design science approach [J]. Information & Management, 2011, 48（7）: 260-269.

[59] Guo H L, Li H, Chan G, et al. Using game technologies to improve the safety of construction plant operations [J]. Accident Analysis and Prevention, 2012, 48: 204-213.

[60] Lawton D, Vye N, Bransford J, et al. Online learning based on essential concepts and formative assessment[J]. Journal of Engineering Education, 2012, 101（2）: 244-287.

[61] Li H, Chan G, Skitmore M. Multiuser virtual safety training system for tower crane dismantlement[J]. Journal of Computing in Civil Engineering, 2012, 26（5）: 638-647.

[62] Milovanovic M, Minovic M, Stavljanin V, et al. Wiki as a corporate learning tool: case study for software development company [J]. Behaviour & Information Technology, 2012, 31（80）: 767-777.

[63] Feicht T, Wittmann M, Jose G, et al. Evaluation of a seven-week web-based happiness training to improve psychological well-being, reduce stress, and enhance mindfulness and flourishing: a randomized controlled occupational health study[J]. Evidence-Based Complementary and Alternative Medicine, 2013, （1）: 1-14.

[64] Meinert M, Konig M, Jaschinski W. Web-based office ergonomics intervention on work-related complaints: a field study [J]. Ergonomics, 2013, 56（11）: 1658-1668.

[65] Hagner D, Phillips K J, Dague B. Implementation of an employment consultation model of job support following online training [J]. Journal of Rehabilitation, 2014, 80（4）: 19-27.

[66] Rionda A, Paneda X G, Garcia R, et al. Blended learning system for efficient professional driving [J]. Computers & Education, 2014, 78: 124-139.

[67] Umanodan R, Shimazu A, Minami M, et al. Effects of computer-based stress management training on psychological well-being and work performance in japanese employees: a cluster randomized controlled trial [J]. Industrial Health, 2014, 52（6）: 480-491.

[68] Grabowski A, Jankowski J. Virtual reality-based pilot training for underground coal miners [J]. Safety Science, 2015, 72: 310-314.

[69] Heyes D, Daun T J, Zimmermann A, et al. The virtual driving coach-design and preliminary testing of a predictive eco-driving assistance system for heavy-duty vehicles [J]. European Transport Research Review, 2015, 7（3）: 1-13.

[70] Lau K W. Organizational learning goes virtual? A study of employees' learning achievement in stereoscopic 3D virtual reality [J]. Learning Organization, 2015, 22（5）: 289-303.

[71] Rodriguez B C P, Armellini A. Expanding the interaction equivalency theorem [J]. International Review of Research in Open and Distance Learning, 2015, 16（3）: 298-317.

[72] Sullman M J M, Dorn L, Niemi P. Eco-driving training of professional bus drivers—does it work? [J]. Transportation Research Part C-Emerging Technologies, 2015, 58（D）: 749-759.

[73] Kirkpatrick D L, Kirkpatrick J D. Evaluating Training Programs[M]. 3rd ed. San Francisco: McGraw-Hill Professional, 2006.

# The Effectiveness of E-learning Application in Firms: A Systematic Review

MA Ling, HUANG Xinyi, LI Jia

（School of Business, East China University of Science and Technology, Shanghai 200237, China）

**Abstract**    Many prior studies have investigated the E-learning applications in firms. However, the effectiveness and comparative advantage of E-learning to the traditional learning methods are still controversial. This study gathers 55 quantitative research articles, uses systematic review, and inductively analyses these researches on effectiveness evaluation of E-learning in firms. The evaluations are performed on the following 5 indictors: skill, knowledge, behavior, satisfaction and performance. The results indicate that the E-learning was largely effective in firms. However, compared to the traditional learning methods, the E-learning is more effective only on skill training. Regarding on the other effectiveness indicators, the effects of E-learning are not as good as expected. Based on the inductive analysis, this research also discusses the practical strategies, research limitations and future research questions of E-learning application in firms.

**Key words**    E-learning application in firms, effectiveness, systematic review, content analysis

## 作者简介

马玲（1975—），女，华东理工大学商学院管理科学与工程系副教授、博士，黑龙江大兴安岭人，研究方向为信息系统与知识管理。E-mail：maling@ecust.edu.cn。

　　黄忻怡（1992—），女，华东理工大学商学院管理科学与工程系硕士，上海人，研究方向为信息系统与知识管理。E-mail：gracehuangxy@yahoo.com。

　　李嘉（1980—），通信作者，男，华东理工大学商学院管理科学与工程系副教授、博士，湖南湘乡人，研究方向为电子健康、电子商务、大数据分析。E-mail：jiali@ecust.edu.cn。

# 基于 WOS 信息检索平台的清华大学学术合作网络演变与产出研究[*]

解峰[1]，赖长青[1]，窦天芳[2]，张蓓[2]，武小楠[2]

（1. 清华大学 经济管理学院，北京 100084；

2. 清华大学 图书馆，北京 100084）

**摘 要** 近年来，我国科研机构学术合作网络不断拓展，研究该网络的演变具有学术和实践价值。本文基于 Web of Science 平台，以清华大学为例，使用网络分析和统计方法，研究其 1981~2015 年学术合作网络的演变和对产出的影响。研究发现清华在地区、机构、学者三个层次都出现了明显的学术合作网络规模增长效应，并出现了地区集群化、机构分散化、学者双融化等特征。研究还发现合作促进了论文规模增长和水平提升。本文结论对中国高校发展学术网络具有指导作用。

**关键词** 学术合作，社会网络，中国高校，清华大学

**中图分类号** G311

## 1 引言

随着科技全球化的进程不断加快，学术活动也日益成为一种社会化的活动，呈现出国际化、网络化、团队化等发展趋势。中国从改革开放之后，科学技术发展迅速，科研论文数量增长巨大。2004 年至 2014 年 9 月，中国共发表 SCIE 论文 136.98 万篇，排在世界第 2 位，比 2013 年统计时增加了 19.8%，位次保持不变；论文共被引用 1 037.01 万次，排在世界第 4 位[1]。

清华大学作为中国顶尖高校的代表，2016 年前 10 个月发表 SCIE 一区论文数量 357 篇，列中国第一，SCIE 第一作者单位 ARP（article，review，proceeding）论文数量 3 353 篇，列中国前 3 位。其中，占比超过 50% 的 SCIE 论文是清华大学与其他机构合作完成的。随着这种学术合作的不断扩展，这样的学术合作现象逐渐引起了相关学者的兴趣。缪亚军等的研究发现卓越学术合作中不同身份具有不同的合作效果与能力[2]。同时，学术合作拓展带来的科研发展也引起了管理学、教育学、社会学、计算机等领域研究者的广泛关注[3-7]。其中，有许多学者应用和社会网络相关的理论与方法对这种现象进行了研究，从各自的角度对网络与科研产出、科研合作等相关问题进行了分析[8, 9]。

一些学者偏重于分析学术合作的网络模型或者计量方法，如物理学领域的胡枫等就应用超图结构对科研合作网络演化模型进行了细致分析[10]。还有许多学者注重从理论推演的角度分析社会网络对科研产出的影响机制，从区域、机构、个人等不同层次挖掘科研合作网络的形成机制以及合作网络产生后的影响[11-15]。

---

[*] 基金项目：本文受 ISTIC-Thomson Reuters 科学计量学联合实验室开放基金项目"专家之间的学术网络分析及其在项目回避评审中的应用研究"资助。感谢清华大学经济管理学院李习保副教授和任婕博士生提供的帮助。

通信作者：赖长青，清华大学经济管理学院博士研究生。E-mail：laicq14@mails.tsinghua.edu.cn。

从社会网络理论的起源来看，它来源于社会资本。Jacobs 首先将"近邻关系网络"作为社会资本进行城市社区的研究。在社会网络理论中，网络可以看作由行动者和社会关系构成[16]。Granovetter 首次提出了关系强度的概念，提出了强关系和弱关系的概念，并且指出弱关系能在很多时候给个人提供更多的信息获取，或者其他较大的帮助[17]。Burt 在《结构洞：竞争性的社会结构》（*Structural Holes：The Social Structure of Competition*）中提出了结构洞理论，同时认为拥有更多"结构洞"的个体能在信息和资源获取方面获得优势[18]。

社会网络理论因为具有较为完备的理论基础和较好的可计量性，能够便于更细致地分析网络中各点之间的合作关系。王超等利用文献分析法和关键词共现词统计法梳理了学术网络的研究进展和趋势[19]。闫相斌等分析了我国管理科学领域学术合作网络的结构和表现模式，指出我国管理科研机构合作缺乏深入的特点[20]。李纲和刘先红则使用合作网络中心来识别科研团队的带头人[21]。Acemoglu 等应用 180 万条专利数据研究了创新网络形成和扩展[22]。这些结合社会网络和科学研究的论文都非常重视理论和方法的结合，因而能够不断推动这个领域的发展。

实际上，现有研究在分析学术合作时，大多数是基于特定期刊、科研项目或科研群体，更关注网络的整体结构、中心性等较为宏观的问题[23-26]，从而缺乏对某一科研机构全面细致的分析，这里就有了理论上研究的必要性。另外，随着 20 世纪 80 年代以来中国科研机构的迅速发展，中国顶尖高校的科研表现受到中国乃至全世界的广泛关注，带来的科研合作网络变化的理论和现象也受到学术界和业界的兴趣。其中，胡一竑等以一个比较视角，研究了中国与外国的科研合作网络[27]。

从研究目的和贡献的角度来说，本文具有重要的研究价值。首先，以清华大学、北京大学等为代表的"985 工程"高校集团正在进行着一场科研追赶。在众多学者对学术合作网络这一学术领域的关注下，以一个具体的高校，从地区、机构、学者三个层次，将这一现象进行系统的分析，填补相应的学术鸿沟，具有重要的学术贡献。

其次，清华大学作为中国科研的一面旗帜，可以代表我国顶尖高校的研究水平，可以说它的发展是我国一流高校的一个缩影。研究清华大学的学术合作网络变化能够对我国高校的学术合作进行一个以小见大的深度了解，从而可以为中国政府以及其他高校的科研发展提供政策参考和借鉴，具有重要的实践价值。

本文余下部分的结构安排是：第二部分从地区、机构、学者三个层次分析清华大学学术合作的网络演化特征；第三部分研究现有合作网络下，清华大学科研产出数量和质量；第四部分研究清华学术合作遇到的问题与对策；最后进行总结并指出本文的优缺点与未来研究方向。

# 2　研究设计

Web of Science（WOS）学术信息检索平台是学术界最常用的权威学术信息检索平台，里面包含了世界上较为重要的期刊和会议论文集等学术资料的检索信息。而清华大学学者库是清华大学图书馆研发的校内学术分析平台，包含清华众多院校和教授的学术数据。本文综合应用了 Web of Science 学术信息检索平台和清华大学图书馆提供的清华学者库信息平台的数据，使用了社会网络和数据统计可视化的方法，对地区、机构、学者三个层次的学术合作以及合作对科研产出的影响进行分析，如图 1 所示。

## 2.1　数据来源

Web of Science 平台的数据包含核心和非核心两部分。因为核心集里面收录的论文平均水平相对更高，所以本文的数据均选取自核心集。Web of Science 核心集包含 Science Citation Index Expanded（SCI-EXPANDED）、Social Sciences Citation Index（SSCI）、Arts & Humanities Citation Index（A&HCI）、Conference Proceedings Citation Index-Science（CPCI-S）、Conference Proceedings Citation Index- Social Science & Humanities（CPCI-SSH）等。从中选取清华大学和其他相关科研机构的数据。

论文中主要使用的是核心集中1981~2015年的论文数据，同时也有清华其他年度以及其他科研机构的数据作为辅助分析。在学者层面，由于中文姓名转换为英文姓名时，存在一对多的情况；同时中英文姓名均有可能存在重名问题，因此引入了清华大学图书馆的清华学者库。该学者库需要学者签名确认自己发表的论文，从而避免了这两个问题。

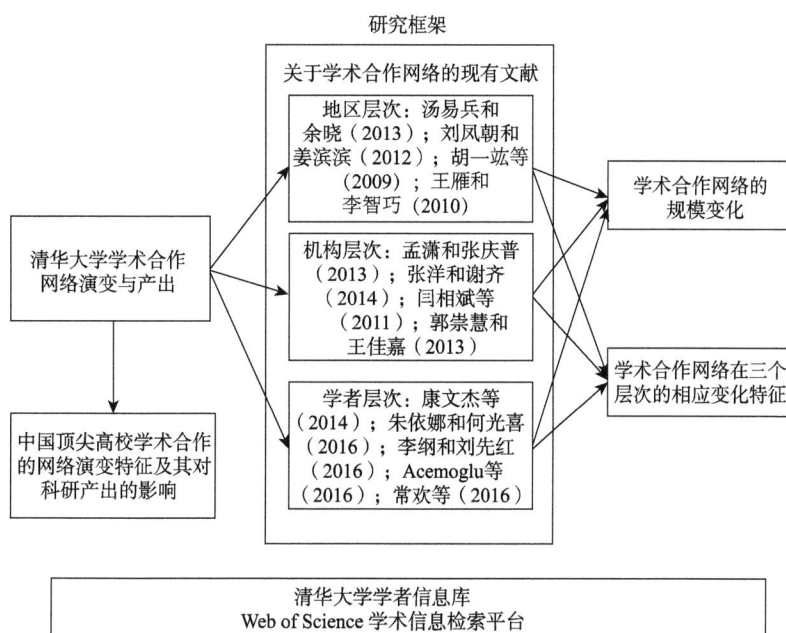

图 1　研究框架

## 2.2　研究方法

从研究的层次来说，目前关于学术合作网络的研究，大部分都是从地区、机构、学者这三个不同的层次来研究的。现有研究对同一个科研机构的不同层次的学术合作网络的研究较为缺乏，本文从这三个层次对清华大学的学术合作网络进行研究。

本文会结合社会网络的一些基本分析方法，以及数据统计、数据可视化方法力求将清华大学的学术合作网络演变的特征及其对科研产出的影响展示出来，并以小见大，以此展现以清华大学等高校为代表的，中国顶尖科研机构的网络演变特征及其对科研产出的影响。

# 3　清华大学学术合作网络演变

## 3.1　合作地区的规模增长与集群化

### 1. 合作地区的规模增长

国际化已经成为中国顶尖高校以及世界其他国家著名大学的一项重要战略。王雁和李智巧从跨国学术合作组织切入，总结了高等工程教育国际化的成功模式[28]。1980 年以前，清华大学国际化程度较低，在国际 SCI、EI、SSCI 等收录的期刊上发表论文较少，有的年份不足 10 篇。1981 年，清华大学在 Web of Science 核心集上共收录 9 篇论文，其中国际合作的国家仅 2 个，分别是美国和英国。该年份的 9 篇论文中，从被引用次数看，最少的 0 次，最多的 86 次（截至 2016 年 12 月）。被引用最多的论文 *Beyond leading order QCD perturbative corrections to the pion form-factor*，就是一篇国际合作的论文。1981 年之后，清华大学的国际化程度逐渐提高，合作的国家（地区）数量越来越多。全 2015 年，清华大学与 83 个其他地区建立了合作学术网络。

### 2. 合作地区的集群化

1985 年，和清华大学合作的国家（地区）已经达到 8 个。当时的主要合作区域在美国和欧洲，这表明，清华大学向欧美发达国家引进科研合作已经有了一定规模。这也反映出，中国的顶尖高校，早在改革开放之初，就已经开始和欧美发达国家进行学术合作。这时候的合作地区数量不是很多，但是最发达的地区，美国，欧洲西部都已经囊括在内。

2000 年前后，中国陆续推出 211 工程和 985 工程，伴随出现了一次大学合并潮。各高校为了提升大学的科研水平，进一步增强国际化程度，部分院校提出"千篇工程"，力争在国内和国际期刊发表更多的高水平论文。截至 2000 年，清华大学和 35 个国家（地区）建立科研合作关系。清华大学在 Web of Science 核心集发表论文 1 967 篇。其中，最多合作的是美国，比例达 8.05%，其次是与日本的合作，比例达 4.40%。此外，欧洲和亚洲一些地区也渐渐成为清华的重要合作区域。

2015 年，不含中国的其他高校，清华大学已经与 83 个国家（或地区）的高校建立学术合作网络。其中，当年度，清华大学共在 Web of Science 核心集发表论文 10 698 篇。最主要的 10 个合作区域为：中国（去除清华内部合作）4 769 篇，美国 2 083 篇，英国 467 篇，德国 398 篇，澳大利亚 339 篇，日本 302 篇，加拿大 276 篇，法国 273 篇，荷兰 254 篇，意大利 247 篇。北美、欧洲、亚太地区已成为清华大学重要合作区域。

分析清华大学合作地区演变规律发现，清华大学主要的合作区域已呈现集群化特征，形成三个主要集群。第一个是北美集群，包含美国和加拿大，其中美国是清华最重要的合作地区。第二个是欧洲集群，包含英、法、德等发达国家。这些国家位列清华合作地区的前 10 位。第三个是亚太集群，包含日本、中国香港等。这三个主要集群占清华境外合作的 80% 以上。

## 3.2　合作科研机构的规模增长与分散化

### 1. 合作科研机构的规模增长

20 世纪 80 年代以来，以清华大学、北京大学为代表的中国高校，不断拓展学校科研合作网络。清华大学与其他科研机构的合作从 1980 年的 4 个，到 1990 年初的数十个，最终增长到 2015 年的 3 805 个，增长达 951 倍。清华大学在这三十多年来的机构合作网络中出现了明显的规模增长。

### 2. 合作科研机构的分散化

在保持合作机构数量增长的同时，清华大学的合作机构逐渐呈现分散化特点，即清华和单一科研机构的合作比例总体呈现下降趋势。机构层次上，逐渐形成了机构多但每个机构占比分散的特征。

如表 1 所示，2015 年与清华大学合作发表 200 篇以上论文的机构共有 12 个，其中最多的是中国科学院，与清华大学合作完成 992 篇论文，占清华大学该年度在 WOS 核心集发文总量的 9.27%。这一比例对比 2000 年前有明显下降，在此之前，中国科学院与清华大学合作比例曾经在 1983 年高达 16.67%。并且在 1982、1984、1996、1997、1998 这几个年度，占比均高于 12%。2015 年，合作排名第二的机构深圳大学城与清华大学合作发表的论文则达到了 629 篇，占清华大学 2015 年发文量的 5.88%。清华大学、北京大学、哈尔滨工业大学等高校组成的深圳大学城已经成为清华大学一个重要的科研合作基地。2015 年，与清华大学合作最多的境外机构是加利福尼亚大学系统，完成论文 372 篇，占比 3.47%。总体上可以发现，2015 年与清华大学合作的科研机构中，合作发表论文数量占清华大学该年度在 WOS 核心集发文总量的比例没有超过 10% 的，并且仅有 2 个机构占比超过 5%。

**表 1　2015 年与清华大学合作发表 200 篇以上的 Web of Science 核心集论文的科研机构**

| 科研机构 | 论文数量/篇 | 百分比 |
| --- | --- | --- |
| Tsinghua University | 10 698 | 100% |
| Chinese Academy of Sciences | 992 | 9.273% |
| University Town of Shenzhen | 629 | 5.88% |
| University of California System | 372 | 3.477% |
| Peking University | 300 | 2.804% |
| United States Department of Energy Doe | 277 | 2.589% |
| Massachusetts Institute of Technology | 237 | 2.215% |
| University of California Berkeley | 219 | 2.047% |
| Centre National De La Recherche Scientifique | 217 | 2.028% |
| Pennsylvania Commonwealth System of Higher Education | 212 | 1.982% |
| Shanghai Jiao Tong University | 210 | 1.963% |
| University of Science Technology of China | 208 | 1.944% |
| Shandong University | 200 | 1.87% |

同时分析 1981~2015 年与清华大学年度合作达到 12% 比例以上的科研机构，占比最多的是 1983 年和 1982 年中国科学院的 16.67% 和 15.79%，其次北京大学和麻省理工学院也曾经入榜。2000 年后，清华大学合作最多的机构基本上稳定在中国科学院、深圳大学城、加利福尼亚大学系统、北京大学等，但是这些科研机构的合作比例均低于 15%。并且除了中国科学院，与其他几个科研机构合作比例基本上均低于 10%。相反，和清华大学合作的机构数量增长到 3 805 个，并且有大量的科研机构和清华的合作低于 1%。随着年份的发展，呈现出机构增多、单个机构占比下降的分散化趋势。

## 3.3　学者合作的规模增长与双融化

### 1. 学者合作的规模增长

根据清华大学在 Web of Science 核心集发表论文的数据分析，清华大学学者每年发表的论文中，有 50% 以上的论文是和校外学者合作发表的。以清华结构生物学领域的 S 学者为例，其合作者已增长至 408 位。2015 年，清华大学学者和校外学者合作发表论文超过 8 000 篇，占总数的比例超过 70%。清华学者的合作学者的来源多样，包含曾经的校友、会议认识的同伴等。如图 2 所示，在这些合作论文中，有 50%以上是和中国（不包括澳门和台湾的数据，香港数据另列）的非清华学者合作完成的，这一比例在 1990 年后基本稳定，说明中国（不包括港澳台数据，香港数据另列）学者仍然是清华学者最重要的合作来源。美国、英国的学者是清华大学学者合作比例中排名前两位的。美国学者在清华学者合作中长年占比 20%左右。欧美学者因为学术的领先性以及母语优势深受清华大学学者欢迎。总体上看，清华大学的学者与海内外的学者合作不断加强，数量规模上呈现明显的增长趋势。

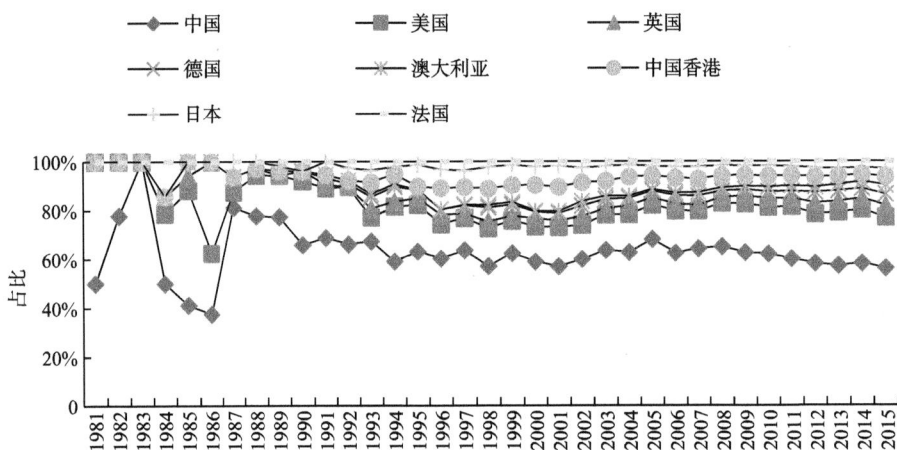

图 2　清华大学学者与 8 个主要合作区域学者论文比例变化

## 2. 学者合作的双融化

我们专门对清华大学的学者进行了分析，发现1981~2015 年清华大学学者合作出现了明显的本土与海外的"双融化"效应。50%以上的本土学者会积极寻求海外合作伙伴，同时绝大部分海归学者会积极寻求本土合作伙伴。

对于清华的本土学者，即该学者的本科、硕士、博士教育均在中国境内完成的学者，其合作者中，海外学者占很大比例。以清华大学结构生物学领域的 L 学者为例，L 学者 2003 年在国内完成了博士教育。其 2003 年至 2015 年底发表的论文中，合作最多的 5 位学者中，前 2 位 A 和 P 均为海外学者。本土学者出现"海外化"。

对于清华的海归学者，其回国前以及回国早期与国外学者保持密切合作。回国多年后，其合作者逐渐转变为本土学者或者海外华人学者。以清华大学结构生物学领域的 S 学者为例。S 学者 2008 年全职回清华，至 2015 年底已有 408 位合作者。其 1997 年至 2015 年底合作最多的 20 个学者中，仅有 5 位是完全的海外学者（不含海外华人），合作最多的两位学者是 Y 和 W 两位中国学者。对比之下，2007年 S 学者发表的 6 篇论文中，就有 5 篇是有海外学者合作的。海归学者回国后，与海外学者合作的比例有所降低，与本土学者合作比例有所升高。海归学者出现"本土化"。如图 3 所示，在前文分析的基础上，我们进一步分析了 S 学者在 Web of Science 平台上 2016 年发表的论文数据，并识别出了与其合作最多的 20 位学者。

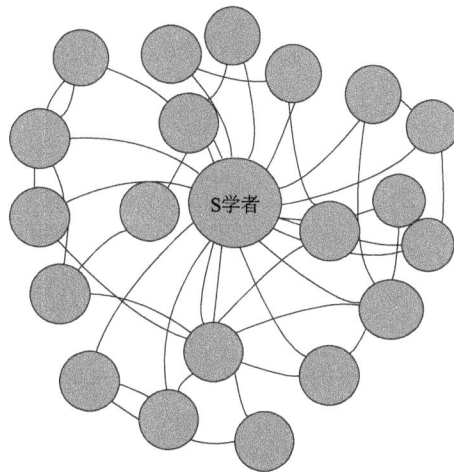

图 3　S 学者及其最主要的 20 位学者形成的学术合作网络

综合发现，清华大学的学者合作出现了"双融化"效应，国内与国外的合作呈现融合的现象。本土学者积极拓展海外资源，海归学者则积极扩展中国境内的学术网络。

# 4　合作网络与科研产出

## 4.1　合作网络与学术论文规模

科研合作网络与知识创造有密切关系[29]。清华大学学术合作网络扩大的同时，学术论文规模也呈现了迅猛上升的趋势，增长的论文中有 50%以上是与其他机构学者合作发表的论文。如图 4 和图 5 所示，清华大学在 Web of Science 核心集的发文量，由 1981 年的 9 篇上升到 2015 年的 10 698 篇，增长超过 1 000 倍，部分年度发表论文增长率超过 50%。每年增长的论文之中，与校外机构合作发表的论文平均占有 50%以上。

## 4.2　合作网络与论文被引情况

论文被引情况是反映一篇论文质量和学术影响力的重要指标。1981~2015 年，清华大学在 Web of Science 核心集发表的论文共有 94 787 篇，其中有 933 篇为高被引论文（highly cited papers），其中有 26 篇为热点论文（hot papers）。被引次数最多的论文截至 2016 年 12 月已超过 3 500 次。从表 2 所示的清华大学 2006~2016 年论文被引情况来看，清华大学论文总量、论文被引总数、篇均被引基本呈现逐年上升的趋势。而由于 2016 年收录的论文刚出来不久，被引数量还会在起步增长阶段，因此该年度论文的被引还不是很高。在高被引论文中，一共有 74 个国家或地区的机构参与合作。中国与美国的合作，产生了 321 篇高被引论文和 12 篇热点论文，分别占总数的 34.41%和 46.15%；与英国的合作，产生了 93 篇高被引论文和 9 篇热点论文，分别占总数的 9.97%和 34.62%。有 15 个合作国家或地区的产生的论文占清华高被引论文的 4%以上。

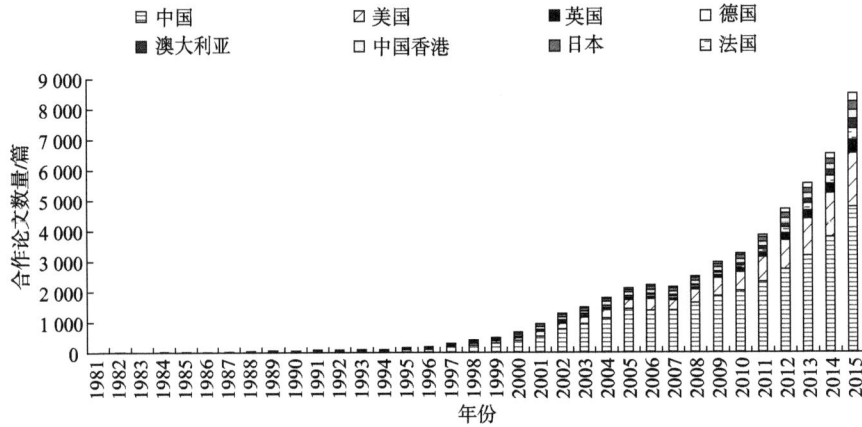

图 4　清华大学学者与 8 个主要合作区域合作论文数量变化

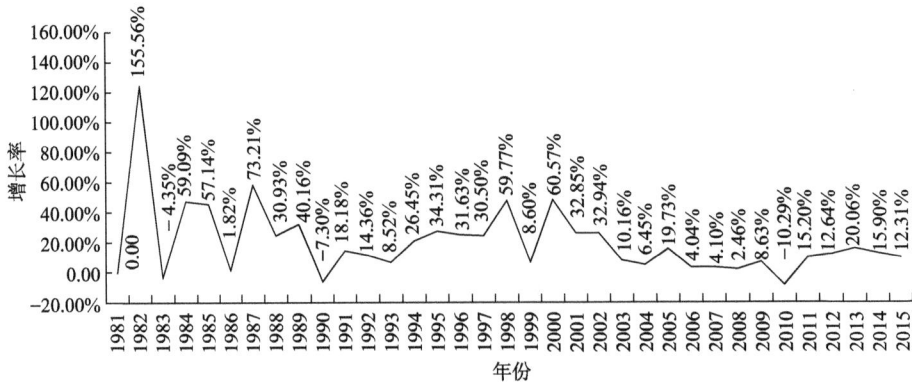

图 5　1981~2015 年清华在 Web of Science 核心集的发文年度增长率变化

　　无论是高被引论文还是热点论文，合作网络均占有很高的贡献。特别是美国和欧洲，与他们的合作产生了合计超过 50%的高被引论文，如表 2、表 3 所示，清华大学近年来高被引论文被引数量增长较快。

表 2　清华大学 2006~2016 年论文被引情况

| 时间 | 2006~2010 年 | 2007~2011 年 | 2008~2012 年 | 2009~2013 年 | 2010~2014 年 | 2011~2015 年 | 2012~2016 年 |
|---|---|---|---|---|---|---|---|
| 论文总量/篇 | 19 251 | 20 357 | 22 221 | 24 866 | 27 749 | 31 547 | 32 026 |
| 论文被引总数/次 | 76 174 | 90 102 | 110 908 | 137 080 | 171 442 | 211 504 | 209 522 |
| 论文篇均被引/次 | 3.96 | 4.43 | 4.99 | 5.51 | 6.18 | 6.7 | 6.54 |
| 高被引论文总量/篇 | 278 | 323 | 393 | 475 | 564 | 655 | 667 |
| 高被引论文被引总数/篇 | 75 438 | 82 093 | 94 581 | 94 331 | 86 263 | 70 530 | 52 687 |
| 高被引论文篇均被引/次 | 271.36 | 254.16 | 240.66 | 198.59 | 152.95 | 107.68 | 78.99 |

表 3　1981~2015 年清华大学高被引论文的合作国家或地区

| 国家 | 中国 | 美国 | 英国 | 德国 | 俄罗斯 | 日本 | 法国 | 意大利 | 西班牙 | 荷兰 |
|---|---|---|---|---|---|---|---|---|---|---|
| 论文 | 933 | 321 | 93 | 78 | 53 | 53 | 52 | 48 | 46 | 45 |
| 比例 | 100% | 34.41% | 9.97% | 8.36% | 5.68% | 5.68% | 5.57% | 5.15% | 4.93% | 4.823% |

注：合作发表 45 篇及以上论文的国家或地区

### 4.3 清华与其他 9 个重要科研机构科研产出对比

科研合作网络和大学声誉息息相关,中国顶尖大学科研网络的拓展都着眼于促进大学科研产出和声誉的提升[30]。清华现有学术网络下,对比其他中国科研机构,是否能够带来一定的优势?我们从发文的规模和质量两个角度进行对比分析。九校联盟(C9)是中国首个顶尖大学间的高校联盟,是国家首批 985 重点建设的 9 所一流大学。其在 2009 年 10 月启动,联盟成员包括北京大学、清华大学、浙江大学、复旦大学、上海交通大学、南京大学、中国科学技术大学、哈尔滨工业大学、西安交通大学 9 所高校。而中国科学院大学是中国科学院直属大学。这 10 个重点科研机构的科研产出可以一定程度上代表主要的中国顶尖机构。本部分使用了 Web of Science 中的 SCIE 库 2016 年前 10 个月的数据,以得到中国顶尖机构最新的科研产出情况。

从发文规模看,对比其他 9 个科研机构,2016 年前 10 月,清华大学发表论文总数 5 712 篇排名第 4 位,落后于上海交通大学、浙江大学、中国科学院大学。清华第一单位论文数排名第 3 位。清华发文总量不占优势,这与清华在 2000 年后没有大幅度扩招,教师和学生规模不占优势有一定关系。

从发文质量看,一是清华具有明显的学科优势,清华工学发文 2 236 篇,在工学占有绝对优势,领先其他高校,位居中国境内第 1 位。二是清华大学发表的论文在 SCI 一区有规模优势,在 SCIE 一区发文数量最多,达到 357 篇,占总论文比例最高,位居中国境内第 1 位。

## 5 学术合作中遇到的问题与对策

(1)从区域层面看,清华大学在学术合作中,参与国际学术交流合作的中心性地位还需要进一步提升。

1981~2015 年数据表明,作为中国高校,清华大学与美国科研机构合作占清华所有论文比例的 11.47%,列清华大学学术伙伴排名第一位。这在一定程度上表明,美国作为世界上科技水平最高的国家,是清华大学等中国科研机构非常热衷的合作对象。这与我国目前处于科研追赶阶段的现状相符。对比来看,哈佛大学在此期间与中国合作的比例仅占其论文总数的 1.8%,排名第 11 位。这说明,中国是哈佛大学等美国科研机构的一个并非绝对重要的合作伙伴,中国科研机构对世界顶尖科研机构的学术影响仍然有待加强。这是清华大学提升国际学术影响力,打造国际学术合作中心,建成世界一流大学值得特别注意的。中国大学应该在合作的同时,加强自身的学术实力,逐步打造核心的科研项目平台,在学术中做好创新,成为具有中心地位的合作伙伴。

(2)从机构层面看,清华大学与其他机构的学术合作发表论文的总体比例仍然偏低,需要更多扩展合作,发挥合作带来的产出优势。

对比国外顶尖大学,清华大学学术合作总体比例仍然偏低。以哈佛大学为例,在 1981~2015 年,哈佛大学累计在 Web of Science 核心集发表论文 539 195 篇,其中大部分是合作完成的。与波士顿医疗健康系统机构(Va Boston Healthcare System)合作比例达到 32.85%,与麻省综合医院(Massachusetts General Hospital)合作比例达到 21%。合作比例超过 3% 的机构达到 6 个。对比之下,清华大学近年很少有合作比例超过 10% 的科研机构,许多科研成果是清华大学校内自主合作完成的。以 2015 年为例,清华合作最多的机构是中国科学院,合作比例仅为 9.273%,不及哈佛大学占比最高合作机构的 1/3。清华总体上合作论文占总发文的占比,与海外一流大学仍有一定差距。清华大学应更多扩展与其他科研机构的合作,利用大项目大平台等优势,吸引合作机构,进而发挥合作带来的产出优势。

(3)从学者层面看,针对我国海归学者出现"本土化"现象,以后的合作中应该更注重引导海归学者维持和开拓新的国际学术网络。

清华海归学者在归国以后，不同程度出现"本地化"效应。这可能造成国外学术资源的流失。部分海归学者、学术合作者逐渐转化为以中国学者为主，已经基本上不与海外学者建立学术合作关系。这是我国科研进步的一个表现，说明科研合作者已经能够在本土寻找合适的合作伙伴替代国外合作伙伴。但是这样会伴随一个新的问题，就是海归逐渐变成"土学者"，失去了国外学术网络这样一个区别于本地学者的重要的学术资源。海归学者回国后，应该积极参与海外学术活动，在学术中继续维持和开拓新的海外学术合作资源，最终进入国际主流的学术舞台。

# 6 总结与讨论

本文以清华大学为例，主要应用清华大学 1981~2015 年在 Web of Science 核心集发表论文的数据和清华学者库的数据，对清华大学学术合作网络演变及其对科研产出的影响进行了研究。

研究立足于地区合作、机构合作、学者合作三个层次，发现以清华大学为代表的中国顶尖高校学术合作在三个层次都出现了明显的规模增长效应，同时发现：清华大学合作地区已形成北美、欧洲和亚太地区三个集群，出现了地区集群化特征；单个机构与清华大学合作发文量占清华大学总发文量的比例逐渐降低，出现了合作机构分散化特征；清华大学的本土学者积极扩展海外合作网络，海归学者回国后积极与本土学者合作，出现了学者的双融化特征。然后，本文还发现合作网络对科研产出的论文规模以及高被引论文都有促进作用。最后，本文提出了解决清华大学面对的对外区域依赖度过高、合作机构比例仍然偏低、海归学者本地化过快等问题的对策。

本文一方面能够为研究科研合作网络打开更为深入的视角，具体到一个科研机构进行研究，特别是从社会网络的视角，揭示了一个科研机构学术合作网络的时间变化规律。郭崇慧和王佳嘉研究了 985 工程的校际合作网络，但是目前针对一个具体机构的科研合作网络变化仍是一个等待打开的黑箱子[31]。特别是需要深入分析一个具体科研机构从年度不足 10 篇论文发展到年度超过 10 000 篇论文的过程，本文正好可以填补这一块空白，具有学术贡献。另一方面，能为中国高校冲击"世界一流大学"和"世界一流学科"提供一定的分析借鉴。政府可以更好地制定相关政策，对接资源支持中国高校的发展。清华和其他中国高校的管理部门也能发现高校发展中的不足，解决具体的问题。

本文研究的不足在于仅以清华大学作为视角进行研究，虽然在很大程度上能够更深入反映一个高校具体的学术合作网络变化，也与其他高校进行了一定的对比，但是后期仍可以扩展到所有 985 院校，提供更为详尽的分析。同时，本文使用了基本的社会网络方法和数据统计方法，对一些更深入的学术合作网络关系仍有接下来的研究待进一步挖掘。

未来我们将在研究过程中更加深入地分析网络的演变结构及规律，同时加入更多科研机构进行分析，应用更为严谨的社会网络分析方法，揭示中国乃至世界范围内学术网络变化的时间与空间规律和趋势。

# 参 考 文 献

[1] 中国科学院. 2015 科学发展报告[M]. 北京：科学出版社，2015.
[2] 缪亚军，钟琪，孙见山. 卓越学术合作中不同身份合作效果与能力研究[J]. 科学学与科学技术管理，2014，（2）：3-10.
[3] 赵蓉英，温芳芳. 科研合作与知识交流[J]. 图书情报工作，2011，（20）：6-10，27.
[4] 潘士远. 合作研究、协调成本与知识增长[J]. 北京大学学报（哲学社会科学版），2005，（4）：88-97，154.
[5] 汤易兵，余晓. 区域学术科研合作影响因素研究[J]. 科技管理研究，2013，（1）：221-224.
[6] 孟潇，张庆普. 跨组织科研合作有效性评价研究[J]. 科学学研究，2013，（9）：1364-1371.

[7] 王海平，董伟，王杰. 协同创新视角下中美研究型大学远缘跨学科学术合作状况研究[J]. 高等工程教育研究，2015，（4）：49-54.

[8] 康文杰，郑倩冰，陈侃. 基于社会网络分析的学术合作关系研究[J]. 计算机技术与发展，2014，（5）：1-5.

[9] 张洋，谢齐. 基于社会网络分析的机构科研合作关系研究[J]. 图书情报知识，2014，（2）：84-94.

[10] 胡枫，赵海兴，何佳倍，等. 基于超图结构的科研合作网络演化模型[J]. 物理学报，2013，（19）：547-554.

[11] 巴志超，李纲，朱世伟. 科研合作网络的知识扩散机理研究[J]. 中国图书馆学报，2016，（5）：68-84.

[12] 刘凤朝，姜滨滨. 中国区域科研合作网络结构对绩效作用效果分析——以燃料电池领域为例[J]. 科学学与科学技术管理，2012，（1）：109-115.

[13] 裴云龙，蔡虹，向希尧. 产学学术合作对企业创新绩效的影响——桥接科学家的中介作用[J]. 科学学研究，2011，（12）：1914-1920.

[14] 朱依娜，何光喜. 学术产出的性别差异：一个社会网络分析的视角[J]. 社会，2016，（4）：76-102.

[15] 盛亚，俞科女. 非对称合作网络中网络位置与创新绩效的关系——以吉利汽车为例的案例研究[J]. 技术经济，2014，（10）：15-22，50.

[16] Jacobs J. The death and life of great American cities[J]. Yale Law Journal，1962，6（23）：173-195.

[17] Granovetter M S. The strength of weak ties[J]. American Journal of Sociology，1973，78（6）：347-367.

[18] Burt R S. Structural holes：The Social Structure of Competition[M]. Cambridge：Harvard University Press，1992.

[19] 王超，吕俊生，吴新年. 学术网络研究进展[J]. 情报杂志，2013，32（10）：93-98.

[20] 闫相斌，宋晓龙，宋晓红. 我国管理科学领域机构学术合作网络分析[J]. 科研管理，2011，32（12）：104-111.

[21] 李纲，刘先红. 基于合作网络中心性指标的科研团队学术带头人识别研究[J]. 科技管理研究，2016，354（8）：127-132.

[22] Acemoglu D，Akcigit U，William R K. Innovation network[J]. Proceedings of the National Academy of Sciences，2016，113：11483-11488.

[23] 胡琳娜，张所地，高平. 中国技术经济及管理学科的科研合作研究——"反射自时空棱镜之光"[J]. 科学学研究，2015，（1）：21-29.

[24] 刘凤朝，刘靓，马荣康. 基于 973 计划项目资助的科研合作网络演变分析[J]. 科学学与科学技术管理，2013，（6）：14-21.

[25] 常欢，吕瑞花，张佳静. 学术谱系内合作网络研究——以刘东生为核心的第四纪学术谱系为例[J]. 情报理论与实践，2016，（4）：14-19.

[26] 张利华，闫明. 基于 SNA 的中国管理科学科研合作网络分析——以《管理评论》（2004-2008）为样本[J]. 管理评论，2010，（4）：39-46.

[27] 胡一竑，朱道立，张建同，等. 中外科研合作网络对比研究[J]. 管理学报，2009，（10）：1323-1329.

[28] 王雁，李智巧. 跨国学术合作组织：高等工程教育国际化合作的成功模式[J]. 中国高教研究，2010，（6）：47-50.

[29] 张鹏程，彭菡. 科研合作网络特征与团队知识创造关系研究[J]. 科研管理，2011，（7）：104-112.

[30] 石军伟，付海艳. 激励机制、科研合作网络与大学声誉之间的关系研究[J]. 教育研究，2012，（1）：81-88.

[31] 郭崇慧，王佳嘉. "985 工程"高校校际科研合作网络研究[J]. 科研管理，2013，（S1）：211-220.

# The Evolution of Academic Cooperation Network and Scientific Research Performance in Tsinghua University Based on WOS Information Retrieval Platform

XIE Feng[1], LAI Changqing[1], DOU Tianfang[2], ZHANG Bei[2], WU Xiaonan[2]

（1. School of Economics and Management，Tsinghua University，Beijing 100084，China；

2. Tsinghua University Library，Tsinghua University，Beijing 100084，China）

**Abstract**  In recent years，the academic cooperation network of scientific research institutions in our country has been expanding. In this paper，taking Tsinghua University as an example，this paper studies the evolution of academic cooperation network and scientific research performance of top Chinese universities in 1981-2015 from three levels of regions，institutions and scholars. We found the top universities academic cooperation represented by Tsinghua University appeared on the three level scale appeared obvious growth effect，and the emergence of regional clusters，institutional decentralization，scholars double melting characteristics. Secondly，the paper studies the influence of the cooperative network of Tsinghua University on the performance of scientific research. It is found that the cooperation has promoted the growth of the scale of the paper and more than half of the highly cited papers and hot papers. Finally, this paper puts forward the problems and countermeasures of academic cooperation in Tsinghua University.

**Key words**　academic cooperation, social network, Chinese universities, Tsinghua University

## 作者简介

解峰（1979— ），男，辽宁人，清华大学经济管理学院博士研究生，人文学院党委副书记，六级职员，研究方向为学术创新。E-mail：xiefeng@tsinghua.edu.cn。

赖长青（1991— ），男，广东人，清华大学经济管理学院博士研究生，研究方向为学术和商业的创新创业。E-mail：laicq14@mails.tsinghua.edu.cn。

窦天芳（1973— ），女，河北人，清华大学图书馆副馆长，研究方向为数字学术与数据融合。E-mail：doutf@lib.tsinghua.edu.cn。

张蓓（1979— ），女，天津人，清华大学图书馆副研究馆员，研究方向为数字学术与数据融合。E-mail：zhangbei@lib.tsinghua.edu.cn。

武小楠（1990— ），女，安徽人，清华大学图书馆助理研究馆员，研究方向为数字学术与数据处理。E-mail：wuxn@lib.tsinghua.edu.cn。

# 微指数、百度指数与上证综指收益率预测*

陆慧玲[1]，魏宇[2]，王考考[1]

（1. 西南交通大学 经济管理学院，成都 610031；

2. 云南财经大学 金融学院，昆明 650000）

**摘 要** 互联网数据记录了投资者的微观情绪信息和搜索关注，同时也为研究股票市场宏观运行规律提供了海量的数据基础和新的研究视角。本文利用新浪微博与百度搜索引擎两个不同类型的平台数据，分别构建了反映股票市场投资者情绪和关注的看涨指数。进一步从信息供求视角出发，结合行为金融学的相关知识，揭示其内在机理，并运用计量模型实证了微博看涨指数、百度看涨指数与上证综指收益率之间的相互影响关系。实证结果表明，微博看涨指数与百度看涨指数具有明显的领先–滞后关系；能够反映投资者情绪的微博看涨指数对下一期的上证综指收益率有显著的正向影响，而反映投资者关注的百度看涨指数却无法提供对上证综指收益率有用的预测信息。

**关键词** 投资者情绪，信息供求，微指数，百度指数，上证综指

**中图分类号** F830.42；F832.51

## 1 引言

投资者情绪由投资者的情感、偏好等形成，它会影响投资者的选择偏好，进而作用于投资决策，对股票市场产生影响。而投资者关注对股市的影响主要体现在对信息的反应上[1]。由于投资者的注意力有限，投资者选择性地把注意力分配到他们认为重要的事物中，外界信息会影响投资行为，从而导致行为偏差的产生，最终影响到股市的表现[2]。因此，无论是投资者情绪还是投资者关注，对股票市场都有着重要的影响，研究它们对股市的影响对个人投资者、机构投资者乃至监管部门都具有重要的参考价值。

随着网络技术的迅速发展，互联网作为投资者信息获取、发布和交流的重要渠道，在金融市场中扮演了越来越重要的角色。学者们利用不同来源的互联网数据，从不同视角提出了多种测度投资者情绪和投资者关注度的方法，并在其与股票市场之间的关系方面展开了很多有意义的探索。

一方面，诸如微博、脸书（Facebook）、推特（Twitter）等这样的社交网站为使用者提供了发表观点和表达情绪的方便途径，因此上述平台主要传递的是使用者的情绪信息。基于此，学者们大多采用社交网站的数据来构建投资者情绪指标。例如，Wysocki[3]通过收集和整理 1988 年 1~8 月共 50 家公司在论坛上的发帖信息，研究了网络论坛发帖信息量与股票市场之间的关系。结果表明，发帖数量的变化可以预测第二天的异常收益率。在此研究基础上，Antweiler 和 Frank[4]对雅虎财经股票信息板的帖子内容进行了文本挖掘，从而构建了看空、持平和看多的投资者情绪指数，研究发现网络讨论可以预测股市的波动性。Zhang 等[5]通过挖掘推特平台上的信息，对投资者的恐惧和希望程度进行测度，并检验上

---

\* 基金项目：国家自然科学基金（71371157、71671145）；教育部人文社会科学基金规划项目（15YJA790031、16YJA790062、17YJA790015、17XJA790002）。

通信作者：陆慧玲，西南交通大学经济管理学院硕士研究生。E-mail：krybon@163.com。

述两个情绪指标与股指间的关系。结果发现，恐惧情绪指标与股票市场指数存在负相关关系，而与市场波动率指数呈正相关关系。杨欣[6]从前景理论、决策理论、网络行为分析等角度出发，分析了投资者情绪、股票市场与微博三者之间的逻辑关系与关联机理，提出三者互动的内在机理为：投资者情绪作为投资者的一种心理过程，通过影响投资者选择偏好作用于其决策过程，最终体现在股票市场的交易价格及数量中，反过来，股市交易情况也会影响投资者情绪；微博则是情绪的网络表现形式，反过来，股票市场交易水平对情绪的影响也会反映在微博平台上。黄润鹏等[7]建立支持向量机模型检验微博情绪信息对股市的预测能力。结果表明，加入微博情绪信息的预测模型能够更好地预测股票市场价格走势的变化。张书煜等[8]以微博数据为样本，利用中文语义分析技术，探讨社交媒体中不同程度的投资者情绪倾向对股市收益之间的预测能力以及两者之间的双向反馈关系。研究结果表明：中文社交媒体中的投资者情绪变化能够有效地反映出股市收盘价和成交量的变化。反之，股市的收盘价和成交量也均会引起社交媒体中投资者不同程度的情绪变化。王夫乐和王相悦[9]基于行为金融学的视角，利用新浪微博所反映的社会情绪，检验了社会情绪对我国股市收益的影响。研究发现：社会情绪与股市收益存在显著的正相关关系。此外，程琬芸和林杰[10]、董大勇和肖作平[11]、Gilbert 和 Karahalios[12]、Karabulut[13]、林振兴[14]、赖凯声等[15]以及周翠玲和邹高峰[16]都是通过挖掘社交平台上的信息文本构建投资者情绪指标，研究其对股市收益的预测性。

由此可见，基于社交网站数据构建的投资者情绪及其对股市收益影响的研究已经拥有了大量的文献基础。但现有的国内外研究大多运用文本数据挖掘技术来构建投资者情绪指标，其结果往往受到挖掘技术、样本范围及时间区间的限制。而新浪微博是我国目前最具影响力的社会化媒体平台，它是一个基于用户关系的信息分享、传播及获取平台，对社会大众情绪的测量最为直接。微指数是微博数据中心产品，反映了关键词在微博的热议度。微指数在数据获取的时效性、准确度及覆盖性等方面都比学者个人基于文本挖掘技术计算的指标具有明显的优越性。因此，从理论上讲，直接采用新浪微博的微指数来构造投资者情绪指标，可以更加简单及准确地量化投资者情绪。目前，国内已有学者运用微指数在旅游、体育及医学领域进行了研究，如张毓和孙根年[17]对旅游螺旋结构及分形特征的研究；姚会[18]基于灰色预测模型对旅游供给侧问题的研究；邱泽云[19]对中超联赛在微博传播的波段结构和分形特征的研究；鲁力等[20]对流感监测的应用研究，但这些研究还没有涉及股票市场的预测问题。

而另一方面，基于信息的需求，人们常常利用百度、谷歌等网络搜索引擎搜索信息。投资者的网络搜索行为反映了对搜索内容的关注和兴趣，Zhi 等[21]提出用搜索指数来代替投资者关注。搜索量指数反映了某一关键词在搜索引擎中被搜索的频率大小，利用某一股票的搜索量指数可以量化该股票的受关注程度[22]。由于其能够较为直观地反映投资者关注，越来越多的中外学者在量化投资者关注方面借鉴了该方法，利用网络搜索引擎数据构造投资者关注度的代理变量，研究其对股票市场的影响。例如，Bank 等[23]以德国上市公司名称为关键词的谷歌搜索量构建投资者关注度，考察它对股票市场表现的影响。结果表明，谷歌搜索量对股票成交量和流动性有正向影响，同时搜索的增加会带来短期超额收益的升高。Latoeiro 等[24]也得到类似的结论，并进一步发现，当股价在当年创新高时，网络搜索量对股票收益率的预测能力将提高。Vozlyublennaia[25]采用谷歌搜索概率作为投资者关注的代理变量，实证检验了投资者关注度与股指收益的相互关系。研究表明，当投资者关注度增加时，短期股指收益会出现显著的变化，反过来股指的变化也会引起长期投资者关注的变化。在以往国内相关研究中，刘颖等[26]发现，网络搜索指数与上证指数年收益正相关且存在协整关系。通过格兰杰因果检验发现，网络搜索指数对上证指数年收益具有显著的预测能力。陈植元等[27]选取 20 支新三板概念股作为样本，对其进行固定效应常系数面板模型回归，实证结果表明百度指数是一种有效的投资者关注度指标，百度指数与股票市场指标之间存在显著的正相关关系。俞庆进和张兵[28]使用百度指数来衡量投资者关注度，实证检验了它与创业板股票市场表现的相关性，结果表明，短期内的投资者关注对创业板股票价格具有显著的正向影响，但很快便会发生反转。张继德等[29]同样利用百度指数构建投资者关注度指标，以上证180指数样本股为研究对象，研究了普通投资者关注对股票流动性及股票收益的影响机制。结果表明，投资者的关注度对市场的流动性有正向影响，对股票收益有正向驱动作用，但这一现象将在一段时间后发生反转。金雪军和周建锋[30]运用全样本因果检验和滚动窗口检验方法对投资者关注度与市场收益的相互影响关系进行了深入探究。他们发现，投资者关注度对市场收益的影响具有结构性变化，并指出市场收益对投资者关注度存在显著正向效应。综上所述，学者们主要利用搜索指数度量投资者关注度指标，并验证了投资者关注度对股市收益的正向影响。另外，股市收益对投资者关注度也存在正向驱动作用。

然而需要指出的是，以上研究都只利用单一平台作为数据来源。Mao 等[31]在一份欧洲央行的统计报告中利用了推特和谷歌搜索引擎两个不同平台的数据构造投资者情绪指标，对英国、美国、加拿大和中国的股市收益进行了预测。研究显示，投资者情绪指标能有效地预测英国、美国和加拿大股市，而对中国股市的预测能力稍微弱一些。这是因为基于国外互联网数据构建的投资者情绪预测中国股市缺乏说服力。本文将对其进行补充和完善，并进一步具体分析其内在机理，开展本土化的实证研究。

基于以上认识，本文研究的主要贡献在于：第一，从信息的供求关系这一视角出发，阐释了微博和百度这两个平台数据之间的差异；第二，利用微博社交网站和百度搜索引擎两个不同类型的平台数据，分别构建了反映股票市场投资者情绪和关注的看涨指数，对比了这两种看涨指数对上证综指收益率的预测效果，并从行为金融学的角度解释了其内在原因；第三，利用微指数构造投资者情绪指标预测股市收益，丰富了投资者情绪影响股票市场的理论模型，对投资者的情绪管理和投资决策具有重要借鉴意义，为我国证券监管部门对股票市场的监管提供科学的决策依据。

本文结构如下：第二部分是理论分析与研究假设；第三部分是样本数据说明及其描述性统计；第四部分是实证模型与结果分析；第五部分是主要结论和建议。

## 2 理论分析与研究假设

结合现有文献对投资者情绪、投资者关注度与股票市场之间关系的研究成果，本文运用行为金融学的有效市场假说、有限理性及认知偏差等相关理论[32]，尝试从信息供求关系这一视角来分别解释微指数和百度指数与股票市场之间的联系，如图1所示。

微指数和百度指数有着本质的区别：微指数刻画的是关键词在微博上的热议程度。人们在微博社交网站上表达自己的情绪、观点等，是一种信息供给行为，反映的是投资者的情绪。而人们在百度搜索引擎上具体搜索某一关键词，试图去了解相关信息，是一种信息需求①行为，反映了投资者的关注度。也就是说，我们认为微指数与百度指数之间应该存在一定的领先-滞后关系，而这种关系正是信息供求之间的必然联系。

微博社交平台和网络搜索引擎是信息的载体，对股票市场交易行为存在一定影响。投资者通过某种渠道接收到公有信息或私有信息。公有信息是指大众传媒传播的信息，如网络、电视等所发布的新闻，包括宏观经济状况、行业信息、上市公司基本情况等。它在市场上公开传播，因此信息覆盖面较广。私有信息是指投资者通过私人渠道所收集到的信息。这些公有和私有信息在经过认知、

---

① 信息需求是指现实的信息需求，即用户以自己方便的形式表达出来的及时获取问题解决所需要的完整可靠的信息需求。

心理过程之后，投资者对信息进行进一步整合分析。结合心理学和金融学的相关原理，投资决策认知过程中的感觉可具体体现为代表性启发、证实偏差等；投资决策心理过程中的偏好、情感等在股市中表现为羊群行为、心理账户、过度自信等。因此，信息内容在一定程度上会影响投资者情绪和投资者关注度。投资者情绪在微博社交平台上反映为微博的浏览、发布及评论。从而，这些信息的供给作用于投资者的交易决策，进而影响到股市表现（如交易量和价格的变化）。投资者关注到股市的变化后，基于信息需求和投资者相互间情绪传染对网络搜索形成的推动作用，投资者进一步通过网络搜索引擎进行网页浏览等以获取信息，这又会反馈到投资者的情绪中。由此，形成了一种如图1所示的循环影响。

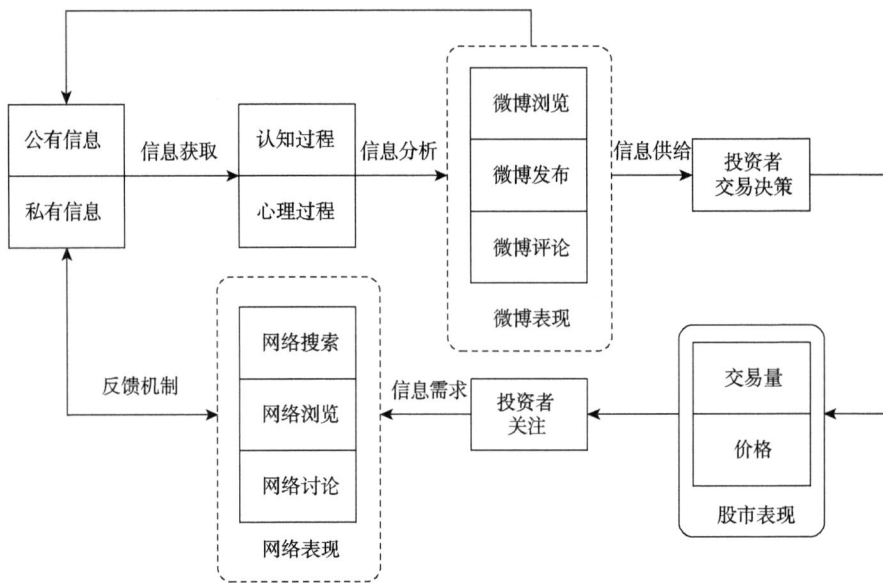

图1    微博社交平台和网络搜索影响股票市场的机理

　　股票市场建立在实体经济之上，它是一种由资金、人类意志等组成的虚拟经济表现形式。因此，投资者对信息的需求和供给自然会影响到股票市场。传统金融理论认为，股票的价格不会偏离其内在价值，投资者都是完全理性的。而行为金融理论认为，投资者并非完全理性，他们的情绪往往会对交易市场产生影响。通过微指数的含义以及上述文献的回顾可以发现，微指数反映了投资者情绪；由理论分析部分可看出，人们在微博社交网站上表达自己的情绪、观点等，是一种信息供给行为，信息的供给作用于投资者的交易决策，进而会影响到股市表现。因此，基于社交网站上数据构建的投资者情绪指标与股票收益存在相关性，甚至还能对股市走势具有预测作用。据此，本文提出如下假设：

$H_1$：微指数反映了投资者情绪，由微指数构造的情绪指数对股市收益具有预测作用。

而百度指数反映了投资者的关注度。基于百度指数构造的关注度指数反映了投资者对于股票市场牛市、熊市的关注。投资者关注到的股票市场牛市和熊市的变化往往是滞后的。也就是说，从时间的逻辑上来看，先有股市的变化，然后才会引起投资者关注，而非相反。基于上述分析，本文提出假设2：

$H_2$：百度指数不能对股市收益提供预测信息，而股市收益对滞后期的关注度指数有正向影响。

# 3 数据样本说明及其描述性统计

## 3.1 主要变量定义和样本选择

### 1. 微博看涨指数

本文构造的微博看涨指数（即投资者情绪指数）数据来源于新浪微博（http://weibo.com/）。从上线时间、影响力、活跃度等各方面来看，新浪微博都具有较好的研究代表性。微指数是新浪微博的数据分析工具，通过关键词的热议度，以及行业或类别的平均影响力，来反映微博舆情或账号的发展走势。本文使用的微指数数据来自微指数的热词趋势（http://data.weibo.com/index），它反映了关键词在微博的热议度。文中选取的关键词分别为"牛市"和"熊市"。当关键词为"牛市"的热议度比较高时，一定程度上反映了潜在投资者倾向于认为股票可能会上涨；相反，若关键词为"熊市"的热议度比较高时，意为潜在投资者倾向于认为股票将要下跌。

在样本区间的选择上，由于微指数只提供了 2013 年 3 月 1 日之后的数据，因此本文选用从 2013 年 3 月 1 日到 2016 年 5 月 1 日的数据（共 1 157 个日数据）。图 2、图 3 分别显示了关键词为"牛市"和"熊市"的微指数时间序列图。从图中可以看出，关键词为"牛市"的微指数在绝大多数时间比关键词为"熊市"的微指数高。此外，经过计算结果显示，每日关键词为"牛市"的微指数占微指数总和[1]的平均比率约为 64%，这都表明网上部分投资者表现出乐观偏差或存在波丽安娜效应[33][2]。从图 2 中，我们还可发现，在 2015 年 2 月初，关键词为"牛市"的微指数达到峰值。这是由于 2015 年 2 月 4 日央行降准，投资者预期股市会有资金流入，从而投资者普遍认为股票价格会上涨，导致了在 2015 年 2 月初，关键词为"牛市"的微指数达到峰值。而在 2016 年 2 月初，图 3 中关键词为"熊市"的微指数达到峰值。这是因为在 2016 年 2 月 5 日的前一段时期，熔断制度继推出后又取消，股市短期内出现连续大幅度下跌，投资者的情绪比较低迷，他们认为股票会下跌。因此，2016 年 2 月初，关键词为"熊市"的热议度比较高。

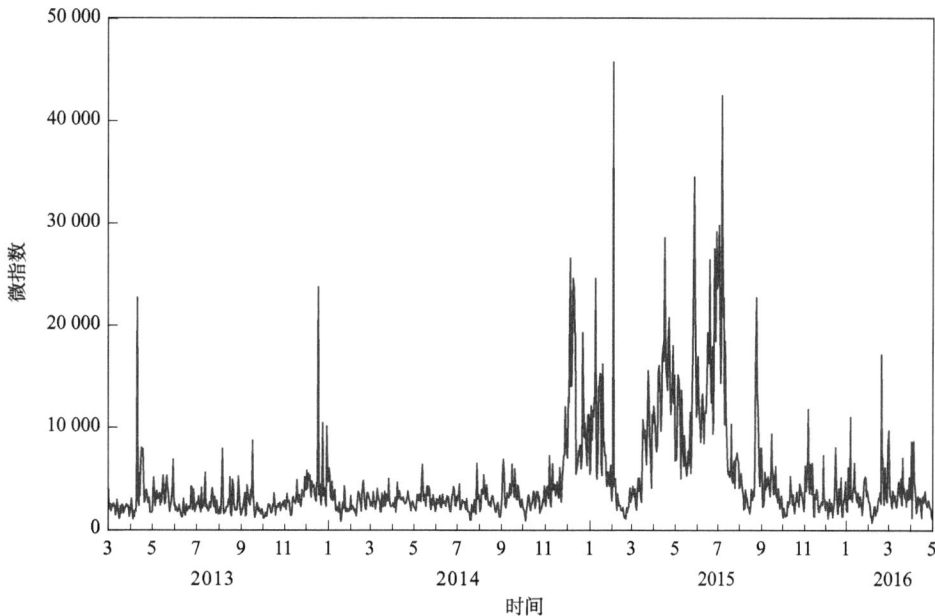

图 2 关键词为"牛市"的微指数时间序列图

---

① 微指数总和是关键词为"牛市"和"熊市"的微指数之和。

② 根据"波丽安娜假说"，人们使用积极、正向词语的频率更高。

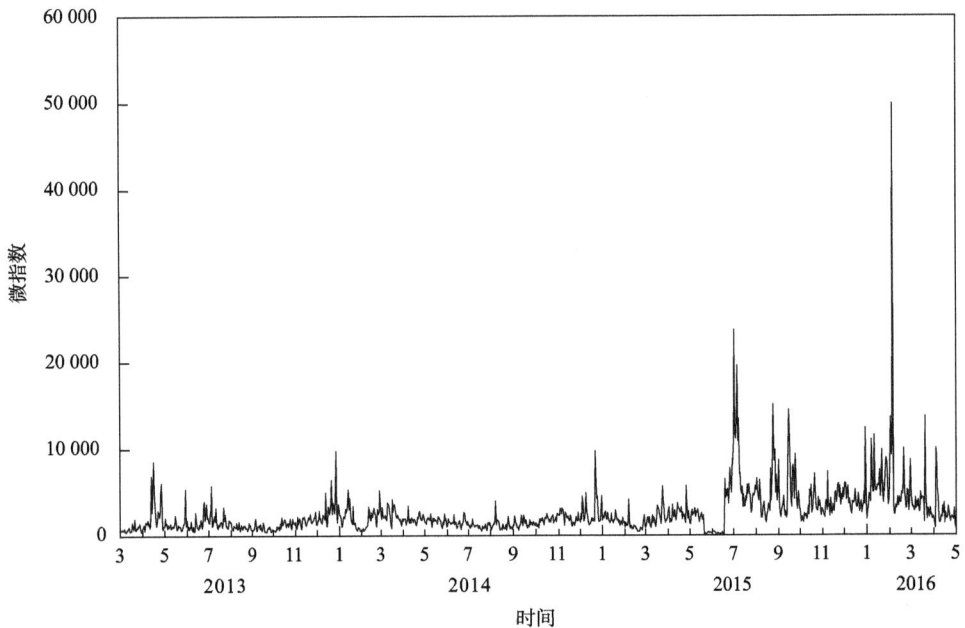

图 3　关键词为"熊市"的微指数时间序列图

借鉴早期文献中推特看涨指数的定义[34]，本文定义第 $t$ 天的微博看涨指数为

$$\mathrm{WB}_t = \ln\left(\frac{1+\left|W\mathrm{bull}_t\right|}{1+\left|W\mathrm{bear}_t\right|}\right) \tag{1}$$

其中，$W\mathrm{bull}_t$ 和 $W\mathrm{bear}_t$ 分别表示第 $t$ 天关键词为"牛市"和"熊市"的微指数。"牛市"代表乐观的投资者情绪，"熊市"代表悲观的投资者情绪，本文通过式（1）计算出投资者乐观情绪相对于投资者悲观情绪的比例变动，这可以有效地防止在双方情绪表达强烈时对情绪的判断出现不准确的现象。也就是说，"牛市"相对于"熊市"一词的热议度更高时，投资者看涨情绪越高涨。

### 2. 百度看涨指数

作为中国主流的中文网络搜索引擎，百度有着最高的市场覆盖率，国内大多数投资者都使用它去搜索相关信息。艾瑞咨询发布的《2012-2013 年中国搜索引擎行业年度监测报告》中有关数据显示，百度的网页搜索请求量市场份额在 2012 年第四季度高达 83.6%。因而相较于其他搜索引擎，采用百度搜索引擎提供的数据构造投资者关注度具有更好的可信度和代表性[35]。

据此，本文选用的网络搜索数据为百度指数（http://index.baidu.com/）。百度指数是百度公司于 2006 年推出用以反映关键词搜索频次的统计数据。与谷歌趋势相比，百度指数最大的不同之处在于它是以日度为单位的，数据频率更高，因此对搜索量的变化反应更加灵敏，可以在较短时间区间得到足够多的观测值。基于上文对微博看涨指数的定义，本文以同样的方法构建了百度看涨指数（即投资者关注度）：

$$\mathrm{BD}_t = \ln\left(\frac{1+\left|B\mathrm{bull}_t\right|}{1+\left|B\mathrm{bear}_t\right|}\right) \tag{2}$$

其中，$B\mathrm{bull}_t$ 和 $B\mathrm{bear}_t$ 分别表示第 $t$ 天时关键词是"牛市"和"熊市"的百度指数。

### 3. 上证综指收益率

上证综指是我国证券市场广为关注和有代表性的综合股价指数，能比较准确地反映我国股票市场的整体走势，其收益率定义如下：

$$R_t = \ln(P_t) - \ln(P_{t-1}) \qquad (3)$$

其中，$P_t$ 和 $P_{t-1}$ 分别表示上证综指在第 $t$ 天和第 $t-1$ 天的收盘价。

## 3.2 变量的描述性统计

本文选取的样本区间为 2013 年 3 月 1 日至 2016 年 5 月 1 日，剔除节假日因素所导致的微指数与上证综指收益率之间无法匹配的数据之后，最后保留对应 680 个日数据。

表 1 显示了主要研究变量的描述性统计结果。从表中结果可以看到：股市收益呈现出"有偏"和"尖峰"的分布特征；Jarque-Bera 统计量的结果表明：三个主要研究变量都表现出较为明显的非正态分布；同时，从 Ljung-Box 统计量结果来看，它们在滞后 10 期的范围内，都显示出自相关性，这说明了研究变量存在较为显著的持续性特征；另外，ADF 检验结果显示，微博看涨指数、百度看涨指数和上证综指收益率的时间序列都显著拒绝了存在单位根的原假设，这表明研究变量序列都是平稳时间序列，因此可以做进一步的计量分析。

**表 1　主要研究变量描述性统计结果**

| 变量符号 | 均值 | 标准差 | 偏度 | 峰度 | J-B | ADF | Q（10） |
|---|---|---|---|---|---|---|---|
| WB | 0.706 4 | 0.961 8 | 1.420 2 | 8.395 | 1 053.251 0[***] | −4.054 8[***] | 3 333.760 4[***] |
| BD | 0.339 9 | 0.336 5 | 0.047 2 | 4.409 | 56.503 2[***] | −4.742 8[***] | 3 171.885 0[***] |
| $R$ | 0.000 3 | 0.018 3 | −1.095 1 | 4.5026 | 710.351 0[***] | −24.579 9[***] | 37.960 3[***] |

\*\*\*表示在 1%水平上显著。J-B 表示检验研究变量是否服从正态分布的 Jarque-Bera 统计量；ADF 表示以最小 AIC 准则确定最优检验滞后阶数得到的 Augmented Dickey-Fuller 单位根检验统计量；Q（10）表示滞后阶数为 10 的 Ljung-Box Q 统计量

在实证分析部分，本文将围绕以上三个主要研究变量之间的关系进行剖析：微博看涨指数和百度看涨指数具体时滞关系是什么，有何联系？微博看涨指数、百度看涨指数能否为上证综指收益率提供预测信息？

## 4 实证模型与结果分析

为了深入探究微博看涨指数、百度看涨指数及上证综指收益率之间的领先–滞后关系，本文选用向量自回归模型对其进一步做实证研究。VAR 模型是 Sims 于 1980 年提出的一种基于数据统计性质建立的模型，模型中的解释变量不区分内生、外生变量，可以有效描述不同变量之间的动态相关关系。本文建立三元向量自回归模型。此外，考虑到流动性因素的影响，引入股票交易量加入模型作为控制变量[36]，为了保证数据的平稳性，我们对股票交易量进行了对数一阶差分处理。具体模型如下：

$$\begin{cases} \mathrm{WB}_t = \alpha_0 + \sum_{i=1}^{k}\alpha_{1i}\mathrm{WB}_{t-i} + \sum_{i=1}^{k}\alpha_{2i}\mathrm{BD}_{t-i} + \sum_{i=1}^{k}\alpha_{3i}R_{t-i} + \delta_i\mathrm{VOL}_t + \varepsilon_t^{\mathrm{WB}} & (4) \\[2mm] \mathrm{BD}_t = \beta_0 + \sum_{i=1}^{k}\beta_{1i}\mathrm{WB}_{t-i} + \sum_{i=1}^{k}\beta_{2i}\mathrm{BD}_{t-i} + \sum_{i=1}^{k}\beta_{3i}R_{t-i} + \eta_i\mathrm{VOL}_t + \varepsilon_t^{\mathrm{BD}} & (5) \\[2mm] R_t = \gamma_0 + \sum_{i=1}^{k}\gamma_{1i}\mathrm{WB}_{t-i} + \sum_{i=1}^{k}\gamma_{2i}\mathrm{BD}_{t-i} + \sum_{i=1}^{k}\gamma_{3i}R_{t-i} + \varphi_i\mathrm{VOL}_t + \varepsilon_t^{R} & (6) \end{cases}$$

其中，$A_0 = (\alpha_0, \beta_0, \gamma_0)^T$ 为常量向量；$B = \begin{pmatrix} \alpha_{1i} & \alpha_{2i} & \alpha_{3i} \\ \beta_{1i} & \beta_{2i} & \beta_{3i} \\ \gamma_{1i} & \gamma_{2i} & \gamma_{3i} \end{pmatrix}$ $(i=1,2,\cdots,k)$ 为滞后内生变量的系数矩阵；

$C = (\delta_i, \eta_i, \varphi_i)^T$ 为滞后外生变量的系数矩阵；$\{\varepsilon_t = (\varepsilon_t^{\mathrm{WB}}, \varepsilon_t^{\mathrm{BD}}, \varepsilon_t^{R})\}$ 为高斯白噪声序列[①]；$k$ 为滞后阶数。

为了便于比较两种不同的指数，消除量纲对不同数据的影响，本文预先对所有数据进行了标准化处理。如下所示：

$$Z = \frac{X - \bar{X}}{\sigma} \tag{7}$$

其中，$\bar{X}$ 为变量 $X$ 的均值；$\sigma$ 为变量 $X$ 的标准差。本文根据 SC 准则[②]，最终确定最优滞后期为 2。而后，我们对二阶 VAR 模型进行回归，估计结果如表 2 所示。

表 2　模型回归估计结果

| 被解释变量 | 微博看涨指数 | | | | | | | |
|---|---|---|---|---|---|---|---|---|
| 解释变量 | WB（−1） | WB（−2） | BD（−1） | BD（−2） | $R$（−1） | $R$（−2） | VOL | C |
| 系数估计 | 0.59 *** | 0.28 *** | −0.01 | 0.06 | 0.03 | −0.01 | 0.07 | 0.00 |
| $T$ 统计量 | 15.74 | 7.50 | −0.24 | 1.50 | 1.35 | −0.54 | 1.00 | −0.11 |
| 被解释变量 | 百度看涨指数 | | | | | | | |
| 解释变量 | WB（−1） | WB（−2） | BD（−1） | BD（−2） | $R$（−1） | $R$（−2） | VOL | C |
| 系数估计 | 0.11 *** | −0.10 *** | 0.60 *** | 0.28 *** | 0.08 *** | −0.04 ** | 0.24 *** | 0.00 |
| $T$ 统计量 | 3.13 | −2.89 | 14.17 | 7.02 | 3.75 | −2.25 | 3.80 | 0.02 |
| 被解释变量 | 上证综指收益率 | | | | | | | |
| 解释变量 | WB（−1） | WB（−2） | BD（−1） | BD（−2） | $R$（−1） | $R$（−2） | VOL | C |
| 系数估计 | 0.14 ** | −0.17 ** | 0.08 | 0.06 | 0.00 | −0.04 | 0.66 *** | 0.00 |
| $T$ 统计量 | 1.94 | −2.40 | 0.96 | 0.73 | −0.01 | −1.00 | 5.11 | 0.03 |

***、**、*分别表示在 1%、5% 和 10% 的置信水平上显著

注：表中 WB（−$i$）、BD（−$i$）及 $R$（−$i$）分别表示滞后 $i$ 期的微博看涨指数、百度看涨指数和上证综指收益率；C 为常数项

投资者行为在微博社交平台和百度搜索引擎平台上都有所反映，但两者反映的时滞不同，二者之间存在一定的领先-滞后关系，采用科学合理的方法识别并利用互联网数据量化的先行指标可以对股票市场趋势做出判断或预测。因此，我们首先检验微博看涨指数和百度看涨指数的领先-滞后关系。

从表 2 的估计结果可知，我们以微博看涨指数作为被解释变量时，百度看涨指数的滞后项系数均不显著，这表示百度看涨指数未能领先于微博看涨指数。以百度看涨指数为被解释变量的模型中，微博看涨指数一阶滞后变量的系数估计值在 1% 的置信水平上显著为正，二阶滞后变量的系数显著为负。这

---

① 高斯白噪声序列是指 $\varepsilon_t$ 为服从均值为 0，协方差为 $\Omega$ 的三维正态独立同分布序列。

② SC 准则指的是施瓦兹准则（Schwarz Criterion），其检验思想是通过比较不同分布滞后模型的拟合优度来确定合适的滞后期长度，具体检验过程是在模型中逐期添加滞后变量，直到 SC 值不再降低时为止，即选择使 SC 值达到最小的滞后期 $k$。

表明，当期在微博平台上表现出的看涨情绪对第二天在百度搜索引擎上表现出的投资者关注度具有显著的正向影响，而对第三天的投资者关注度有负向的影响。这种负向影响是由于人们受到时间、精力等限制，有限注意力所导致的投资者关注转移[37]。

根据上述分析，微博看涨指数是引起百度看涨指数变化的原因，即微博看涨指数领先于百度看涨指数。这与早期的研究结果一致：投资者情绪引起投资者关注[38]。反之，用百度看涨指数则很难预测微博看涨指数。根据以上结果，本文认为与百度看涨指数相比，微博看涨指数能提供更多的预测信息。

以上结果表明，微博看涨指数领先于百度看涨指数。因此，我们首先检验微博看涨指数是否对上证综指收益率有预测作用。以上证综指收益率为被解释变量时，从表2中滞后一期的微博看涨指数系数估计值来看，微博看涨指数变化一个单位，将引起第二天股市收益变动 0.14 个单位。而滞后二期的微博看涨指数与当期的上证综指收益率在 5%的置信水平上显著负相关。这表明，微博看涨指数对上证综指收益率有显著正向作用，即投资者情绪指数越高，上证综指收益率越大。这意味着，微博看涨指数越高，次日股指越可能上涨，微博看涨指数对上证综指收益率具有预测作用。但滞后二期的微博看涨指数对上证综指收益率有负向影响，可能的原因是噪声交易造成投资者的非理性行为影响了股价的波动，从而导致股票价格偏离基本价值[39]。

综上，当期的微博看涨指数对第二天的上证综指收益率有正向的影响，但这一现象会在近期出现反转。由此可看出，由微指数构造的情绪指数对收益率有一定解释作用和预测能力。投资者通过发布微博来分享自己的心情和对时事的看法，在一定程度上反映了自身情绪。投资者情绪是研究股票市场宏观运行规律的一项重要指标，行为金融学认为投资者的情绪会影响投资者决策，从而进一步影响股票市场[40]。实证分析结果验证了微博看涨指数（即投资者情绪指标）对股市收益的预测作用。第二部分提出的假设 1 得证。

本文对百度看涨指数与上证综指收益率进行了统计上的相关分析，我们发现百度看涨指数与收益率之间在 1%显著性水平上存在正相关关系，相关系数为 0.34。但是，这只能表明两者当期存在着显著的正相关关系，并不能说明前者领先于后者。我们同样对回归结果进一步分析，探究它们之间的时滞关系。

对式（6）而言，从表 2 中百度看涨指数的滞后项系数估计值可看出，无论百度看涨指数滞后多少期，结果都不显著。而当我们以百度看涨指数为被解释变量建立模型时，结果显示，当期上证综指收益率对下一期的百度看涨指数具有正向作用，即上证综指收益率的上升能提高投资者对市场的关注度。由此，百度看涨指数不是引起上证综指收益率变化的原因，反之，收益率是引起百度看涨指数变化的原因。也就是说，反映投资者关注的百度看涨指数对于上证综指收益率没有预测作用，而当期收益率会对下一期信息的关注产生正向影响。

综上所述，百度看涨指数不能预测股市收益，而股市收益中所含有的信息会对下一期百度看涨指数有显著的正向影响。结果验证了本文第二部分提出的假设 2。

# 5  主要结论和建议

本文选用微博社交网站和百度搜索引擎两个不同类型平台的数据构建看涨指数，从信息供求视角解释了两者所代表的不同含义，并对比它们对上证综指收益率的预测效果。通过理论分析与实证检验，我们发现：微博看涨指数可作为投资者情绪的代理变量，而百度指数反映的则是投资者的关注度，微博看涨指数领先于百度看涨指数。此外，微博看涨指数对上证综指收益率有预测作用。因此，微指数平台可以作为预测股市收益的一种有效补充。百度看涨指数与上证综指收益率表现出显著的正相关性，但是它对收益率预测作用不大。

本文的研究结果表明，利用微指数构建的投资者情绪指标，可以预测股票市场走势。因此，对于个人投资者和机构投资者而言，可以把微指数作为投资决策的一个参考指标应用于实际的投资模型中，进一步增强投资决策的有效性。此外，研究结果表明，微博看涨指数所反映的投资者情绪对股票收益率存在显著影响，这说明我国的个人投资者很容易受到乐观情绪或者悲观情绪的影响，从而高估或者低估股票的价值，产生价格异象。对于证券监管部门而言，可以通过观察相关情绪类词语微指数的变动或者构建投资者情绪指标，监测市场中的非理性交易行为，理解股票市场的运行特点及规律，从而制定适当的监管策略，合理引导市场的投资行为，稳定市场情绪，降低噪声交易对市场效率的损害，以减少市场中不利波动，促进我国股票市场稳定健康发展，发挥股票市场对社会经济的促进及引导作用。

# 参 考 文 献

[1] Engelberg J，Sasseville C，Williams J. Market madness? The case of mad money[J]. Management Science，2012，58（2）：351-364.

[2] Aboody D，Lehavy R，Trueman B. Limited attention and the earnings announcement returns of past stock market winners[J]. Social Science Electronic Publishing，2010，15（2）：317-344.

[3] Wysocki P D. Cheap talk on the web：the determinants of postings on stock message boards[Z]. Working paper，University of Michigan. Available via DIALOG，1999.

[4] Antweiler W，Frank M Z. Does talk matter? Evidence from a broad cross section of stocks[Z]. University of British Columbia Working Paper，2004.

[5] Zhang X，Fuehres H，Gloor P A. Predicting stock market indicators through twitter "I hope it is not as bad as I fear"[J]. Procedia-Social and Behavioral Sciences，2011，（26）：55-62.

[6] 杨欣. 情绪因素与股票市场关系研究——来自网络微博的经验证据[D]. 中国科学院大学博士学位论文，2015.

[7] 黄润鹏，左文明，毕凌燕. 基于微博情绪信息的股票市场预测[J]. 管理工程学报，2015，（1）：47-52.

[8] 张书煜，王瑶，范婷婷，等. 基于社交媒体的投资者情绪对股市收益影响的大数据分析[J]. 中国市场，2015，（25）：65-68.

[9] 王夫乐，王相悦. 社会情绪是否会影响股市收益——来自新浪微博的证据[J]. 山西财经大学学报，2017，39（2）：35-46.

[10] 程琬芸，林杰. 社交媒体的投资者涨跌情绪与证券市场指数[J]. 管理科学，2013，26（5）：111-119.

[11] 董大勇，肖作平. 交易市场与网络论坛间存在信息传递吗?[J]. 管理评论，2011，23（11）：3-11.

[12] Gilbert E，Karahalios K. Widespread worry and the stock market[C]. International Conference on Weblogs and Social Media，ICWSM，2010：59-65.

[13] Karabulut Y. Can facebook predict stock market activity?[Z]. Social Science Electronic Publishing，2012.

[14] 林振兴. 网络讨论、投资者情绪与 IPO 抑价[J]. 山西财经大学学报，2011，（2）：23-29.

[15] 赖凯声，陈浩，钱卫宁，等. 微博情绪与中国股市：基于协整分析[J]. 系统科学与数学，2014，（5）：565-575.

[16] 周翠玲，邹高峰. 股票论坛与 IPO 交易行为的数学分析[J]. 河南科学，2013，（2）：123-126.

[17] 张毓，孙根年. 微指数视角下的旅游螺旋结构及分形特征研究[J]. 统计与决策，2013，（19）：60-62.

[18] 姚会. 基于灰色预测模型的旅游供给侧分析——以旅游攻略在新浪微博中的微指数为例[J]. 旅游论坛，2016，（4）：79-83.

[19] 邱泽云. 微指数视角下中超联赛在微博传播的波段结构和分形特征研究[C]. 2015 全国体育科学大会，2015.

[20] 鲁力，邹远强，彭友松，等. 百度指数和微指数在中国流感监测中的比较分析[J]. 计算机应用研究，2016，33（2）：392-395.

[21] Zhi D A，Engelberg J，Gao P. In search of attention[J]. Journal of Finance，2011，66（5）：1461-1499.

[22] Ding R，Hou W. Retail investor attention and stock liquidity [J]. Social Science Electronic Publishing，2015，（37）：12-26.

[23] Bank M，Larch M，Peter G. Google search volume and its influence on liquidity and returns of German stocks[J]. Financial Markets and Portfolio Management，2011，25（3）：239-264.

[24] Latoeiro P，Ramos S B，Veiga H. Predictability of stock market activity using Google search queries[Z]. DES Working

Papers. Statistics and Econometrics. WS，2013.

[25] Vozlyublennaia N. Investor attention，index performance，and return predictability[J]. Journal of Banking & Finance，2014，（41）：17-35.

[26] 刘颖，吕本富，彭赓. 网络搜索对股票市场的预测能力：理论分析与实证检验[J]. 经济管理，2011，33（1）：172-180.

[27] 陈植元，米雁翔，厉洋军，等. 基于百度指数的投资者关注度与股票市场表现的实证分析[J]. 统计与决策，2016，（23）：155-157.

[28] 俞庆进，张兵. 投资者有限关注与股票收益——以百度指数作为关注度的一项实证研究[J]. 金融研究，2012，（8）：152-165.

[29] 张继德，廖微，张荣武. 普通投资者关注对股市交易的量价影响——基于百度指数的实证研究[J]. 会计研究，2014，（8）：59-68.

[30] 金雪军，周建锋. 投资者关注度与市场收益间动态关系研究——基于 Bootstrap 的滚动窗口方法[J]. 浙江大学学报（人文社会科学版），2014，（6）：98-111.

[31] Mao H，Counts S，Bollen J. Quantifying the effects of online bullishness on international financial markets[R]. European Central Bank，2015.

[32] 张峥，徐信忠. 行为金融学研究综述[J]. 管理世界，2006，（9）：155-167.

[33] Boucher J，Osgood C E. The pollyanna hypothesis[J]. Journal of Verbal Learning and Verbal Behavior，1969，8（1）：1-8.

[34] Chong O，Sheng O. Investigating predictive power of stock micro blog sentiment in forecasting future stock price directional movement[C]. International Conference on Information Systems，Icis 2011，Shanghai，China，December. DBLP，2011.

[35] 赵龙凯，陆子昱，王致远. 众里寻"股"千百度——股票收益率与百度搜索量关系的实证探究[J]. 金融研究，2013，（4）：183-195.

[36] Tetlock P C. Giving content to investor sentiment：the role of media in the stock market[J]. Journal of Finance，2007，62（3）：1139-1168.

[37] Shapiro K E. The limits of attention：temporal constraints in human information processing[J]. Applied Cognitive Psychology，2010，17（6）：753-754.

[38] Rowe G，Hirsh J B，Anderson A K. Positive affect increases the breadth of attentional selection[J]. Proceedings of the National Academy of Sciences of the United States of America，2007，104（1）：383-388.

[39] de Long B，Shleifer A，Summers L H，et al. Noise trader risk in financial markets[J]. Journal of Political Economy，1990，98（4）：703-738.

[40] 易志高，茅宁，汪丽. 股票市场投资者情绪研究：形成、测量及应用[J]. 经济问题探索，2011，（11）：79-84.

# Micro Index，Baidu Index and The Prediction of Shanghai Stock Exchange Composite Index

LU Huiling[1]，WEI Yu[2]，WANG Kaokao[1]

（1. School of Economics and Management，Southwest Jiaotong University，Chengdu 610031，China；

2. School of Finance，Yunnan University of Finance and Economics，Kunming 650000，China）

**Abstract** Internet data records investors' micro-emotional information and search attention，it also provides a large amount of data base and new research perspective to study the macro operation rules of the stock market. This paper respectively constructs a bullish index on investor sentiment and attention in the stock market by using Sina microblog and Baidu search engine of two different types' platform data. Furthermore，from the perspective of information supply and demand，combining with the knowledge of behavioral finance，this paper reveals the inherent mechanism and uses the econometric model to empirically confirm the interaction between Weibo bullish index，Baidu bullish index and Shanghai composite index return. The empirical results show that Micro index and Baidu index have obvious leading-lag relationship；The Weibo bullish index reflecting the investor sentiment has a significant positive impact on Shanghai composite index return in the next period，but Baidu bullish index reflecting the investor attention can not provide useful predictive information on the Shanghai composite index return.

**Key words**　investor sentiment，supply and demand of information，Micro index，Baidu index，Shanghai composite index

**作者简介**

　　陆慧玲（1993—），女，西南交通大学经济管理学院 2015 年级硕士研究生，研究方向为金融市场与行为金融。E-mail：krybon@163.com。

　　魏宇（1975—），男，云南财经大学金融学院教授、博士生导师，研究方向为金融与能源市场风险管理、金融工程。E-mail：weiyusy@126.com。

　　王考考（1991—），男，西南交通大学经济管理学院 2015 年级硕士研究生，研究方向为计量经济学。E-mail：wkaokao2011@163.com。

# 信息系统领域中美科学合作的变迁<sup>*</sup>

姚欣林<sup>1</sup>，张　诚<sup>2</sup>

（1. 南京理工大学 经济管理学院，江苏 南京 210094；

2. 复旦大学 管理学院，上海 200433）

**摘　要**　以 1980~2010 年信息系统领域 86 份主要期刊的 91 751 篇论文为基础，分析了中美学者在这 30 年间的合作特征演变，并对比了互联网技术发展前后合作特征的差异。结果表明，中国信息领域学者与美国的合作发文数量和所占比例在不断上升，并且中美合著论文的平均引证因子显著高于中国独立发表文章。中美合作类型前后 15 年的变化显示，信息技术的发展一方面降低了中美学者的沟通成本，使合作开展更为频繁，但同时也使我国学者和美国学者的错层合作显著增多。

**关键词**　科学合作，合作特征，中美合作，信息系统研究，学术影响力

**中图分类号**　G353.1

## 1　研究背景

在 20 世纪 50 年代以前，科学研究论文一般由单个作者完成，只有 8% 的文章有两个及以上作者[1]。然而在近几十年，这种情况发生了显著的变化，如在《美国经济评论》（*the American Economic Review*，AER）中，有两名及以上作者的文章占到了 54.9%[2]。这种论文合作的趋势在自然科学领域最为明显，而社会科学的论文合作现象也在稳步增加中[3]。

论文合作是最正式的研究合作形式。有多名研究者参与的研究往往能比一个研究者进行得更加复杂和深入，从而带来高质量的结果[4]。这一点激励着研究者们进行合作，一方面是为了更有效率的探索知识领域，另一方面也为了提高他们自身的业绩。这在一定程度上解释了论文合作越来越多这一趋势。除此之外，随着研究的专门化程度提高，跨领域研究往往需要多名研究者；研究人员的数量增加，使得找到合适的合作者变得更加容易了；先进的通信设备克服了地理位置上的局限；需要共用科研资源的原因也会促进合作。

由于有这种合作研究的趋势，针对研究者间合作关系的研究也逐渐丰富起来。这方面的研究，最早从文章引用开始[5]，近年来越来越重视研究者间的合作关系以及描述相应的学术领域社会关系结构。在 20 世纪 90 年代，已经有一些研究建立了小范围的研究合作网络，并表明研究这种网络结构对于研究者掌握自己所在领域的动态和发展方向会有很大的帮助[6, 7]。2000 年以后，进一步有研究者构建并分析了大规模的研究合作网络，研究领域涉及数学、生物、物理、计算机科学等学科[8, 9]。在管理学领域，Acedo 等通过传统统计方法和社会关系网络分析了管理和组织的研究状况，找出了网络中最具影响力的研究者/群体[1]。而具体在信息系统领域，Cheon 等基于 1980~1989 年的文献，发现信息系统领域的研究还不够成熟，但正逐步建立起自己的研究传统和学科地位[10]。此外，Oh 等对于信息

---

\* 基金项目：受中央高校基本科研业务费专项资金（30919013203）资助。

通信作者：张诚，复旦大学管理学院教授，研究方向为技术扩散、社会网络、电子商务。E-mail: zhangche@fudan.edu.cn。

系统论文合作关系进行了研究[11]，他的研究数据基于 ISR（*Information Systems Research*）、JMIS（*Journal of Management Information Systems*）、MISQ（MIS *Quarterly*）、MS（*Management Science*）四份信息系统顶级期刊，分析了信息系统相关领域的研究合作网络特点。

国际范围的研究合作也受到了学者的广泛关注[12, 13]。国际会议，交流学者、交流学生等国际合作机会更加丰富，这些机会促使国际研究者的信息、设备共享，进一步促成国际的论文合作。信息系统领域作为一个新生领域，在国内起步不久，我们还有不少需要向国外借鉴的地方。

随着互联网技术的不断提高，人与人之间的通信成本将会逐渐下降。这就使得人们更加容易地与他人通信，获取知识和信息。但随着地理和技术阻碍逐渐消失，以及信息量的增大，人们的信息处理能力越来越相对有限。因此，人们会更倾向于寻找有效分配时间和资源的选择，这时个人相关的兴趣、知识和能力可能成为更重要的决策因素[14]。在科研上，互联网技术可以连接地理上分离的研究者，帮助他们更低成本地在全球寻找合作资源，这对于中国学者加强国际化合作会产生直接积极的作用。但是，信息技术的进步也可能使人们筛选并剔除掉不必要的联系，从而寻找并建立对自己更有帮助的合作关系[14]。这于对存在学术水平差异的学者，可能反而增加了合作难度，从而对学者国际化合作造成阻碍。那么信息系统领域的合作如何受到信息时代的影响？

无论是作者数量、引用数还是合作范围，美国研究者都在国际学术界长期处于领导地位，因此我们以中美合作作为研究对象，希望通过这个研究，来对中国信息系统研究合作的社会特性进行总结；在实践上帮助信息系统领域学者看清当前学术界的国际化现状。此外，我们还考虑互联网技术对国际合作特征的影响。

## 2　文献回顾

随着科学研究的不断发展，科学研究的方式也发生了很大变化，研究表明，不同学科的合著论文数量正在迅速增长，合作已经成为研究的主要方式。论文合著是最为正式的一种科学合作方式，学者们也常常通过研究合著论文发表情况来了解学科发展和科学合作态势。例如，Babchuk 等的分析显示，进入 20 世纪之前，物理学、生物化学、生物学和化学主流期刊上发表的论文有 90%是单一作者发表的，但是到 1999 年变为 95%以上的论文是合作发表的[15]。Adams 等分析了 1981~1999 年美国 110 所顶尖研究型大学所发表的 240 万篇文章，结果显示在这 19 年中单篇文章的作者人数增加了 50%，并且研究产出与影响随着合作者人数的增加而增加[16]。

信息系统领域的研究也表现出相同的趋势，Oh 等基于 ISR、JMIS、MISQ、MS 四种信息系统顶级期刊发表的文章进行研究，结果显示这四种期刊上合著文章的比例在 25 年中翻了一番，从 1978 年的近 40%增长到 2002 年的 80%以上[11]。Grover 认为信息系统领域的研究正越来越复杂、越来越成熟，因此可能需要更多的学者共同研究同一个问题，他对 1990~2009 年 MISQ、ISR 和 JMIS 上发表的实证和综述性文章进行分析，结果显示越来越多的论文是以 3 人或 3 人以上的合著形式发表的[17]。

科学合作促进了科学家之间的知识分享和学科间的交叉合作，对科研产出的数量和质量也产生了巨大影响。Figg 等选择了 *Cell*、*Science* 和 *Nature* 等 6 种顶级期刊发表的文章进行分析，结果表明文章被引次数和作者数量正相关，并且乐于合作的研究者或者合作的主导者会获得更大的影响力[18]。Wuchty 等的研究表明各个领域中合著文章的数量都在增加，合著文章的引用高于单个作者的文章，并且这种优势会随着时间扩大[19]。

可见，关注科学合作的态势对于了解科研情况和学科发展有重要意义，美国是中国重要的科学合作国，中美科学合作的研究也是国内学者关注的热点。金碧辉等分析了中国和美国在纳米科技、化学、遗传学和细胞生物学领域 1996~2005 年的科学合作态势，从论文增长数量、合作强度等分析表明中美合作发展迅速，美国已经成为中国最重要的合作伙伴[20]。孟祥保指出美国是中国最重要的人文社会科学研究合作国家，其分析结果表明近 10 年是中美人文社会科学合作的快速发展期，合作领域主要是经济、管理、心理学与公共卫生[21]。袁晓园和华薇娜对 Web of Science 中图书情报学领域文章的分析显示，中国图书情报学的国际合著文章呈良好的发展态势，其中与美国的合著数量最多[22]。就信息系统领域而言，在国内起步较晚，研究中美学者在信息系统领域的合作态势和变迁趋势对于分析国内信息系学科发展是很有意义的。

与此同时，影响合作的因素也一直受到学者们的关注，特别是在国家间合作中，各国在合作网络中的地位与作用是由多方面因素所决定的，包括认知上的、社会的、地理的、经济的、技术水平的等[23]。Katz 的研究显示学者合作的数量随着距离的增加而成指数级下降，并强调了科学合作中面对面的重要性[24]。随着信息技术的不断发展，通信成本的下降使得人们能够随时随地交流，经由互联网开展科学合作打造了"没有围墙的实验室"[25]，这也使得科学合作表现出新的特点。Ding 等研究了信息技术对科学家生产力和合作的影响，他们认为信息技术使得科学研究所需的精力、材料、设备和知识更易获得并降低了通信成本，其结果显示信息技术对于科学家的生产力和合作网络有正效应，并且使非精英研究机构的女科学家获益，这表明信息技术具有提高生产力、增进合作和促进公平化的作用[26]。尽管沟通的便捷使得合作者选择的范围扩大，但这并没有改变研究者们本身的差异，研究者会倾向于寻找和建立对自己更有帮助的合作关系，而这可能会加大处于学术圈边缘的研究者寻找合作者的难度[14]。Jones 等利用 Web of Science 数据库，对美国 662 所大学在 1975~2005 年所发表的文章进行分析，结果显示距离遥远的顶尖大学之间的合作在增加，科学研究的分层也越来越明显[27]。信息技术对于科学合作的影响在不同领域、不同国家间还有待进一步探索。和美国相比，国内信息系统领域的研究还有一定差距，这种差异在中美合作中的变化趋势还有待研究，特别是信息技术的发展对这种趋势是否有影响也有待检验。

## 3 数据来源

我们选择 Web of Science 数据库中 1980~2010 年期刊文章发表的数据，研究在信息系统领域中美学者的合作情况。信息系统领域是一个交叉学科领域，因此我们以美国信息系统协会（Association for Information System，AIS）列举的 86 本期刊作为分析对象（见附表）。根据期刊引证报告（journal citation reports，JCR）中对期刊所属领域的分类，可以将这 86 本期刊大致分为商业和管理、信息科学和图书馆科学、计算机科学和工程技术三类，我们进一步将它们分为管理类和技术类期刊。对于跨领域的期刊，根据期刊的名称和主题，我们进一步认为商业，管理，信息科学与图书馆学的期刊为核心信息系统领域的期刊，各类期刊的数量分布如表 1 所示。从 Web of Science 数据库中，我们还提取了论文的作者大学、地址和电子邮件作为中美学者归属地的鉴别，并统计了相关引用文献、被引用文献等信息用于分析。

表 1　美国信息系统协会（AIS）列举的信息系统领域期刊分布

| 期刊类型 | 主要领域 | 期刊数量 |
| --- | --- | --- |
| 管理类 | 商业，管理，信息科学与图书馆学 | 19 |
| 技术类 | 计算机科学与工程 | 67 |

## 4 分析结果

统计 1980~2010 年信息系统领域 86 本期刊文章的发表结果显示（图 1），1980~2010 年信息系统领域共发表期刊文章 91 751 篇，其中合著文章 66 381 篇，合著文章数量呈逐年增长的趋势，独立发表文章的数量则每年保持相对稳定。这表明，同其他学科类似，科学合作已经成为信息系统领域知识创造的主要形式，科学合作的重要性正逐渐凸显出来。

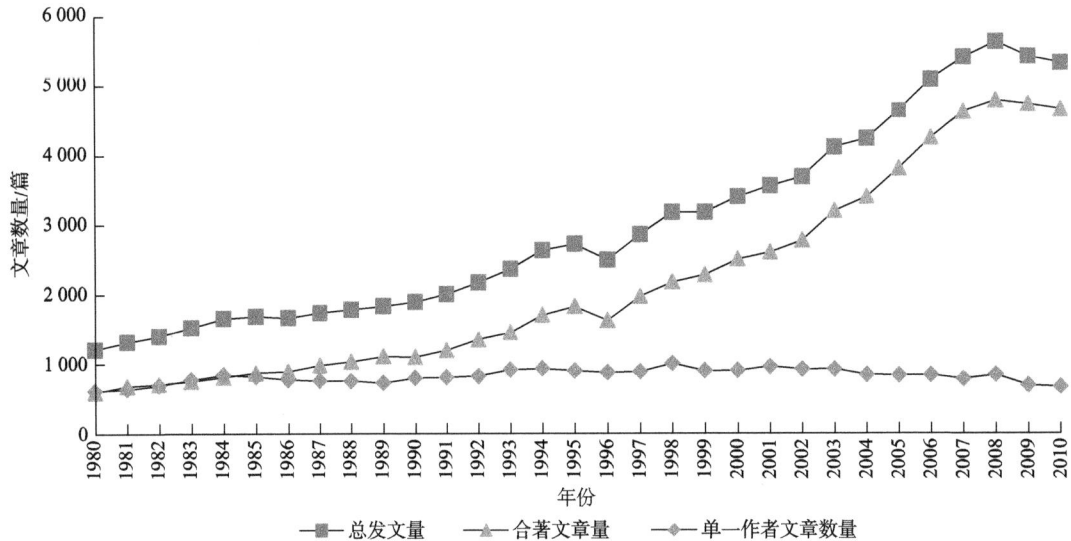

图 1　1980~2010 年信息系统领域期刊文章发表数量

## 4.1　中美两国在信息系统领域期刊文章发表情况

如图 2 所示，我们分别统计了作者所在国包含中国或美国的文章，以分析中美两国在信息系统领域期刊论文的发表情况。图 2（a）展示的是 1980~2010 年中美两国发表的期刊论文数量分别占这一时期期刊论文总数的比例，可以看出中国在信息系统领域期刊文章发表所占的比重不断上升，从 1980 年的不足 1% 增长到 2010 年的近 20%，体现了中国信息系统领域研究的不断发展。图 2（b）分别显示了中美两国在管理类和技术类期刊上发文的占比情况。可以看出从发文比例来说，在技术类期刊上，中美两国的差距已经较小，而在管理类期刊上，中国发表的期刊论文所占比例虽有了提升，但和美国相比仍然存在较大差距。

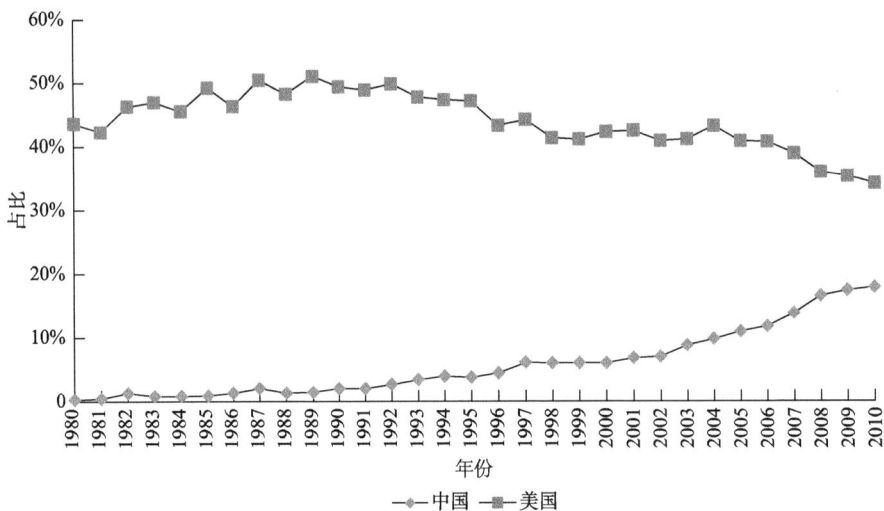

（a）

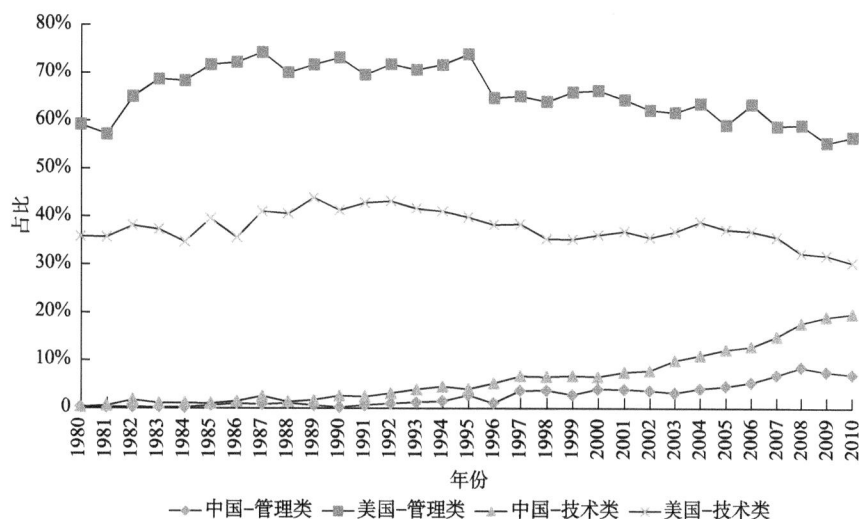

（b）

图 2　1980~2010 年中美两国信息系统领域期刊发文数量占总发表文章比例

将中美两国 1980~2010 年各年期刊发文所占的比例对年份进行回归，可以得到表 2 所示的结果。回归结果表明，中国信息系统领域期刊发文占比随着时间是显著上升的，其中管理类和期刊上的占比都呈显著上升趋势。而美国在信息系统领域发文的占比则呈显著下降的趋势，这与图形所展示的趋势是一致的。

表 2　中美两国信息系统领域期刊发文占比随时间变化情况

| 系数 | 全部 | | 管理类 | | 技术类 | |
|---|---|---|---|---|---|---|
| | 中国 | 美国 | 中国 | 美国 | 中国 | 美国 |
| 年份 | 0.004 6[***]<br>（0.000 4） | −0.004 5[***]<br>（0.000 8） | 0.002 5[***]<br>（0.000 2） | −0.003 2[**]<br>（0.001 2） | 0.005 8[***]<br>（0.000 6） | −0.001 6[**]<br>（0.000 7） |
| Beta 系数 | 0.922 1 | −0.790 1 | 0.916 3 | −0.527 4 | 0.928 8 | −0.444 3 |
| $R^2$ | 0.850 3 | 0.624 3 | 0.839 5 | 0.278 1 | 0.862 6 | 0.197 4 |
| 样本量 | 31 | 31 | 31 | 31 | 31 | 31 |

*表示 $p<0.10$；**表示 $p<0.05$；***表示 $p<0.01$。括号中为稳健标准误

进一步地，我们计算各年中美两国期刊文章占比的差值，并对年份进行回归，可以得到表 3 所示的结果。这反映了中美两国在信息系统领域期刊文章发表占比之间的差距，回归结果显示这一差距随着时间推移呈显著缩小趋势。这表明，从发文数量上来看，中国信息系统领域的研究取得了显著的发展，和美国的距离也在不断缩小。

表 3　中美两国信息系统领域期刊发文占比差距随时间变化情况

| 系数 | 全部<br>ΔRatio | 管理类<br>ΔRatio | 技术类<br>ΔRatio |
|---|---|---|---|
| 年份 | −0.009 1[***]<br>（0.001 2） | −0.005 7[***]<br>（0.001 4） | −0.007 5[***]<br>（0.001 2） |
| Beta 系数 | −0.874 6 | −0.698 8 | −0.827 1 |
| $R^2$ | 0.765 0 | 0.488 4 | 0.684 1 |
| 样本量 | 31 | 31 | 31 |

*表示 $p<0.10$；**表示 $p<0.05$；***表示 $p<0.01$。括号中为稳健标准误；ΔRatio=Ratio 美国−Ratio 中国

## 4.2　中美合作文章发表情况

我们将作者数在 2 人或 2 人以上的文章视为合著论文，并且根据作者所在的国家和机构信息保留来自中美两国大学的作者，以进一步分析中美合作文章发表情况。统计显示，1980~2010 年信息系统领域中美合著期刊论文共发表 1 177 篇，其中在管理类期刊发表 216 篇（18.4%），在技术类期刊发表 961 篇（81.6%）。

图 3 的子图（a）和（b）分别展示了信息系统管理类期刊和技术类期刊上，中国独立发表和中美合作发表文章所占的比例情况。图（a）显示，管理类期刊中，中国独立发表和中美合作发表的文章占比均有较为明显的上升趋势；在技术类期刊中，中国学者独立发表的文章比例有显著的上升趋势，而中美合作文章的比例则增长相对缓慢。

将各年度的比例数据分别对年份进行回归可以得到表 4 所示的结果，结果显示中国独立发表和中美合作发表的文章所占比例随时间的推移都在显著上升，但是中国独立发表占比上升得更快一些。

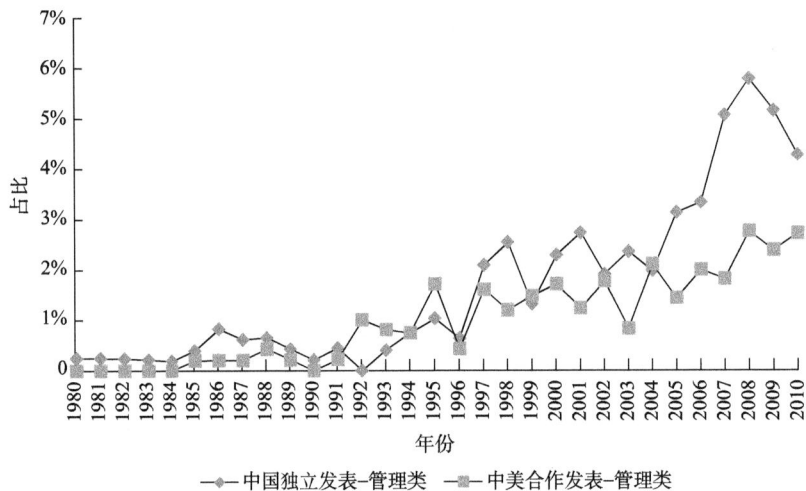

（a）

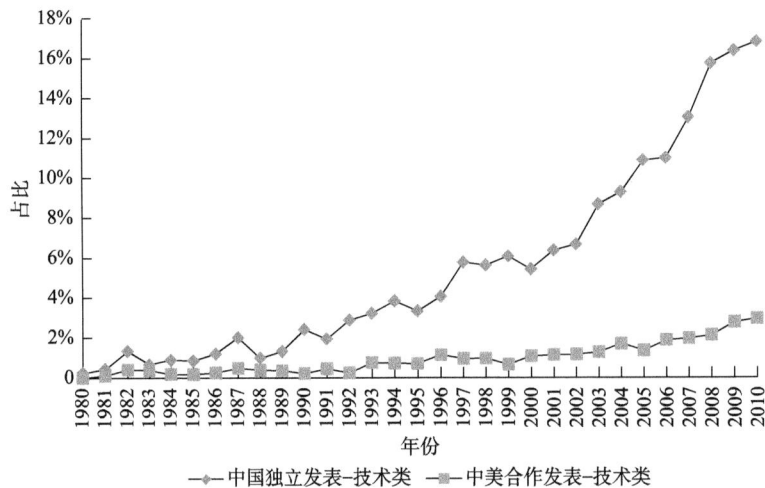

（b）

图 3　1980~2010 年信息系统领域中国独立发表和中美合作发表文章数占比情况

**表 4　中国独立发表和中美合作发表期刊文章占比变化情况**

| 系数 | 全部 | | 管理类 | | 技术类 | |
|---|---|---|---|---|---|---|
| | 中国独立发表 | 中美合作 | 中国独立发表 | 中美合作 | 中国独立发表 | 中美合作 |
| 年份 | 0.004 6[***]<br>（0.000 4） | 0.000 8[***]<br>（0.000 1） | 0.001 6[***]<br>（0.000 2） | 0.000 9[***]<br>（0.000 1） | 0.005 1[***]<br>（0.000 5） | 0.000 8[***]<br>（0.000 1） |
| Beta 系数 | 0.922 1 | 0.930 4 | 0.870 3 | 0.912 9 | 0.928 3 | 0.906 1 |
| $R^2$ | 0.850 3 | 0.865 7 | 0.757 4 | 0.833 3 | 0.861 7 | 0.821 0 |
| 样本量 | 31 | 31 | 31 | 31 | 31 | 31 |

*表示 $p<0.10$；**表示 $p<0.05$；***表示 $p<0.01$。括号中为稳健标准误

在科学计量学中，一般使用 Salton 指数来表征合作双方的紧密程度[28]。Salton 指数的计算公式是 $S_{xy}=C_{xy}\big/\sqrt{C_x \bullet C_y}$，其中，$C_{xy}$ 表示 $x$、$y$ 两国合作发表的论文数量，$C_i(i=x,y)$ 则表示 $i$ 国发表的论文总数[29]。利用 Salton 指数，我们可以分析中美两国在信息领域的合作强度。图 4 显示了 1980~2010 年中美合作的 Salton 指数变化情况，可以看出中美两国的合作紧密程度整体呈上升趋势，从不同类型的期刊来看，1991 年之后管理类期刊上中美合作的紧密程度高于技术类期刊上合作的紧密程度。

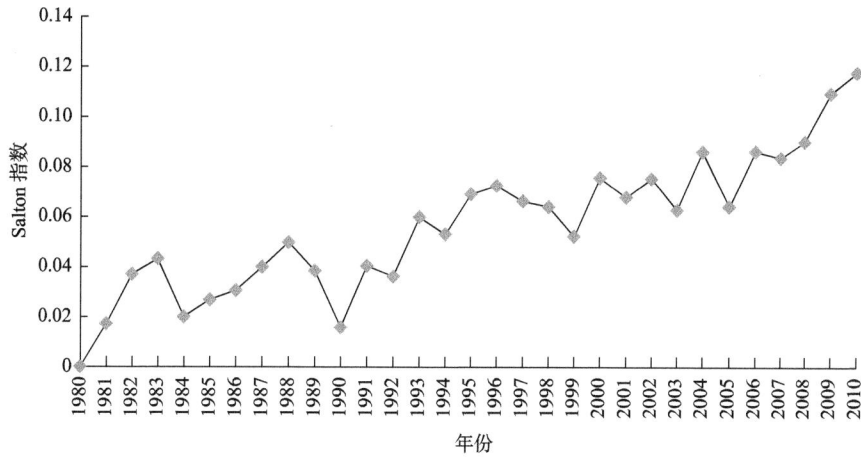

（a）

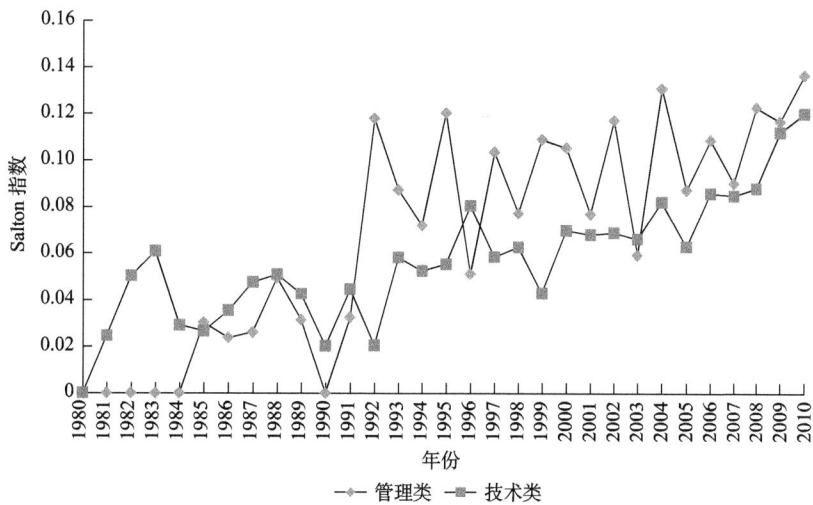

（b）

图 4　1980~2010 年信息系统领域中美合作的 Salton 指数

　　把各年的 Salton 指数对年份进行回归可以得到表 5 所示的结果，结果显示中美信息系统领域的合作紧密程度呈显著上升趋势，并且平均来说，管理类期刊上合作的紧密程度的上升幅度高于技术类期刊上的。

表 5　中美合作的 Salton 指数变化情况

| 系数 | 全部 | 管理类 | 技术类 |
|---|---|---|---|
| 年份 | 0.002 8[***]<br>（0.000 3） | 0.004 4[***]<br>（0.000 3） | 0.002 4[***]<br>（0.000 3） |
| Beta 系数 | 0.907 3 | 0.851 0 | 0.831 0 |
| $R^2$ | 0.823 2 | 0.724 2 | 0.690 5 |
| 样本量 | 31 | 31 | 31 |

*表示 $p<0.10$；**表示 $p<0.05$；***表示 $p<0.01$。括号中为稳健标准误

　　通过构建合著者之间的"合作对"，我们可以研究信息系统领域中中美合作的特点是什么，即他们寻找什么样的合作伙伴。我们将中美大学 1980~2010 年发表的信息系统领域期刊文章的引用频数分别加总，按照总引用频数分别对中美大学从高到低进行排序，共包括 706 所中国大学（含港澳台地区）和 663 所美国大学。我们将总被引量排名在前 5%的设为第一层次的大学，其余的设为第二层次的大学。然后构造中美合著文章合著作者的作者对，如一个来自第一层次大学的中国学者和来自第二层次的美国大学学者合作，就会标记这个合作对为"T12"。

　　文献通常将 1995 年作为信息技术宽泛应用的起点[14, 26, 27]，因此我们以 1995 年来界定"前信息时代"和"信息时代"，并比较两个时间段内不同类型的合作对数量及所占的比例情况，结果如图 5 所示。

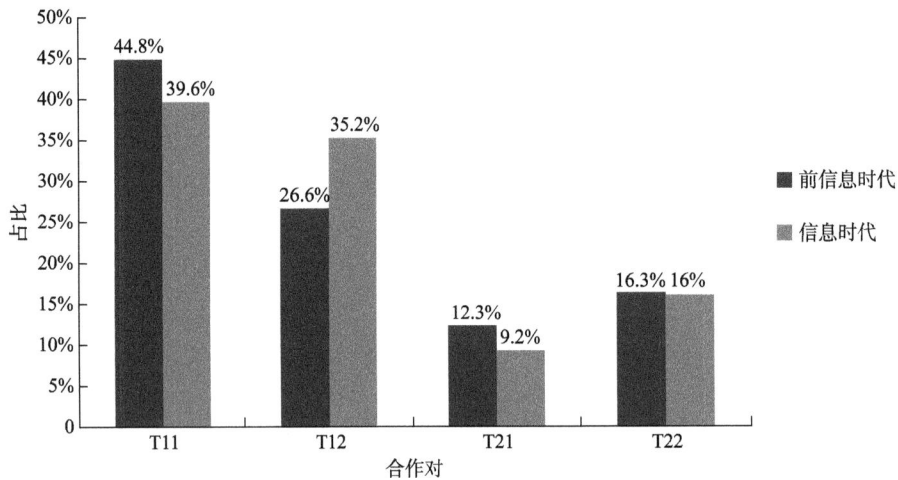

（a）全部

　　从 4 类合作对的数量变化上看，1995 年之后 4 类合作对数量都有明显增加，这和信息系统领域合著文章数量的不断上升是一致的。从 4 类合作对的比例变化上看，图 5 表明，总体上［图 5（a）］，1995 年之后 T12 类型的比例较之前有明显的上升，而其他 3 类合作对比例都有所下降。按照期刊类型分别来看，技术类期刊的变化情况和总体情况一致，管理类期刊中除 T12 合作对在 1995 年之后比例上升外，T22 的比例也有所增加。

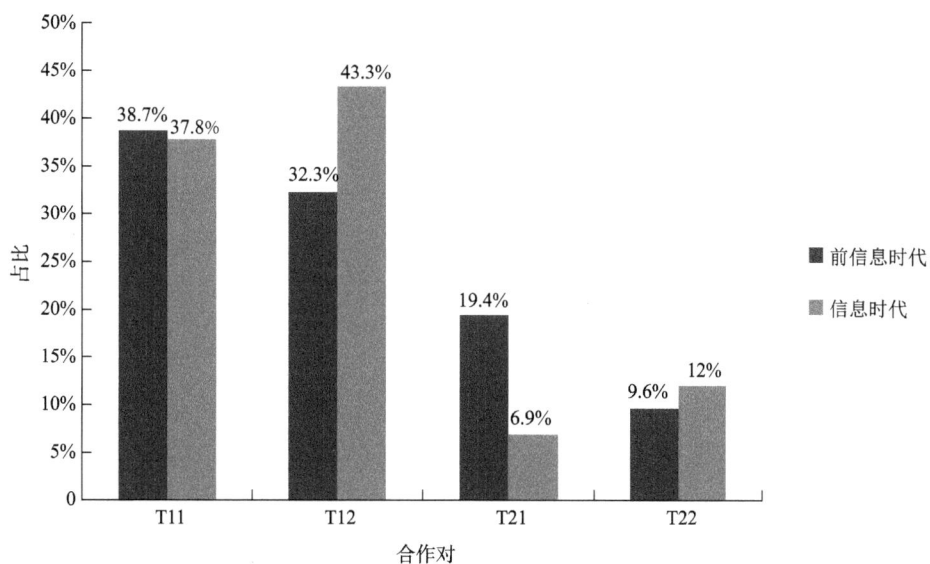

（b）管理类

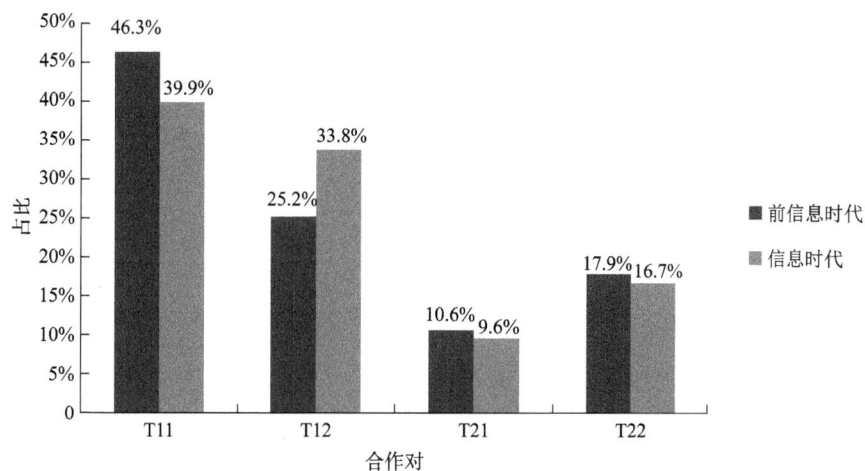

（c）技术类

图 5 中美合作不同时期不同类型合作对所占比例

将 T11 和 T12 所占的比例相加可以得到中国第一层次大学在中美合作中所占的比例（表 6），结果表明，1995 年之后无论是从总体看还是按照期刊类型分别看，中国第一层次大学参与合作的比例都在上升。这说明在中美合作开展中美国学者更倾向于和中国第一层次大学的学者合作，但是从合作类型来看，1995 年之后 T11 的比例下降而 T12 的比例上升，这表明与中国第一层次大学学者合作的主要是美国第二层次大学的学者。

表 6 中国第一层次大学在中美合作对总量中所占比例（T11+T12）

| 期刊类型 | 前信息时代 | 信息时代 |
| --- | --- | --- |
| 全部 | 74% | 0.748 ↑ |
| 管理类 | 71% | 0.811 ↑ |

续表

| 期刊类型 | 前信息时代 | 信息时代 |
|---|---|---|
| 技术类 | 71.5% | 0.737↑ |

上述结果表明，以互联网为代表的信息技术的快速发展一方面降低了沟通的成本，使得中美学者之间能够更容易地进行合作（4 类合作对数量都有明显增加）；另一方面，中美信息系统领域的合作增长最显著的是错层合作（T12 比例上升）。

## 4.3　中美合作文章被引情况

论文引证因子是指一定时期内论文的平均被引次数，可以用来评价论文的学术影响力[22]。表 7 显示了 1980~2010 年全部、美国独立发表、中国独立发表和中美合著文章的论文引证因子，结果显示中美合著文章的论文引证因子（C/P）高于全部文章的平均水平，并且是中国独立发表文章的论文引证因子的 2 倍以上。这表明中美合著文章的学术影响力显著高于中国独立发表文章的学术影响力，并且略高于总体平均水平，这对国内信息系统领域的发展有很大的促进作用。

表 7　1980~2010 年中美两国信息系统领域期刊论文被引情况比较

| 类型 | 发文量（P） | 总被引数（C） | 篇均被引数（C/P） |
|---|---|---|---|
| 全部 | 91 751 | 2 447 977 | 26.681 |
| 美国独立发表 | 37 716 | 1 484 116 | 39.350 |
| 中国独立发表 | 6 238 | 79 942 | 12.815 |
| 中美合著 | 1 177 | 32 889 | 27.943 |

图 6 所示为 1980~2005 年管理类和技术类信息系统期刊上中美及其合作文章 5 年引用频数均值的比较。和论文引证因子的变化相比，5 年引用频数均值的变化表现出了类似的趋势。可以看出，总的来说，中国独立发表的 5 年引用频数均值要低于中美合作文章的 5 年引用频数均值。

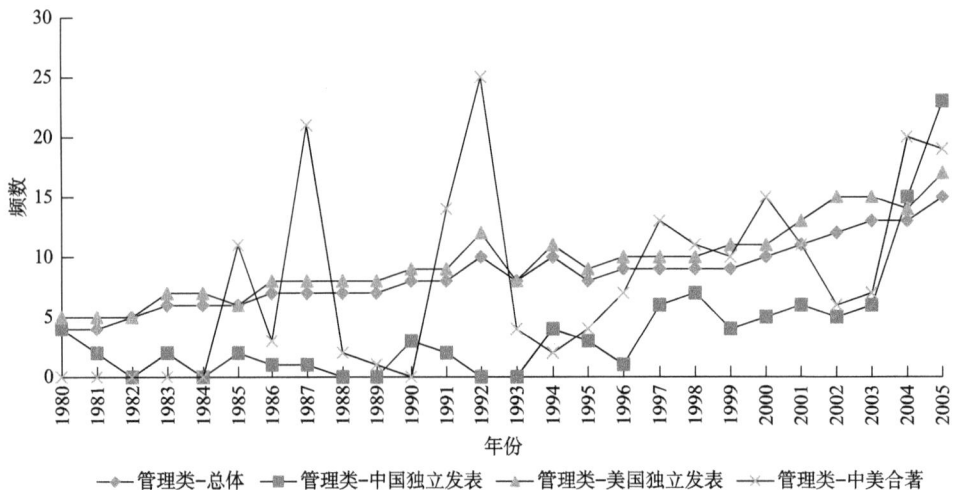

（a）

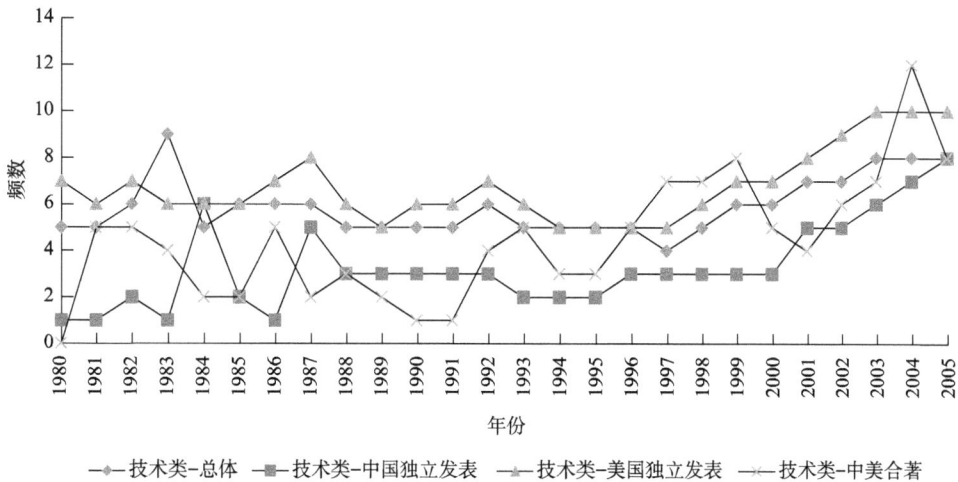

（b）

图 6　1980~2005 年不同类型信息系统期刊上中美及其合作文章 5 年引用频数均值

# 5　稳健性分析

## 5.1　中美合作对分析中对大学层次划分的调整

　　中美合作对的分析中，不同合作对类型的数量和所占比例的计算依赖于对大学层次的划分，因此，我们在此将总被引量排名在前 10%的作为第一层次的大学，其余的为第二层次的大学，构造中美合著文章合著作者的作者对，以此进行稳健性分析。同样以 1995 年来界定"前信息时代"和"信息时代"，比较两个时间段内不同类型的合作对数量及所占的比例情况，得到图 7 所示的结果。

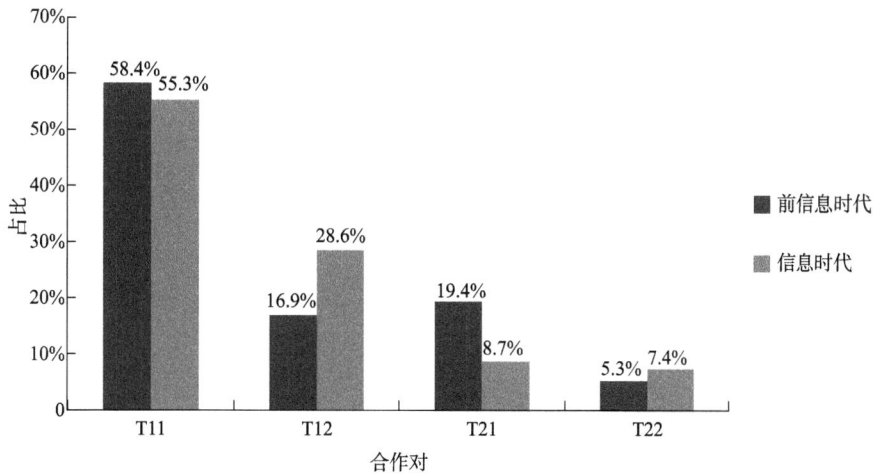

（a）全部

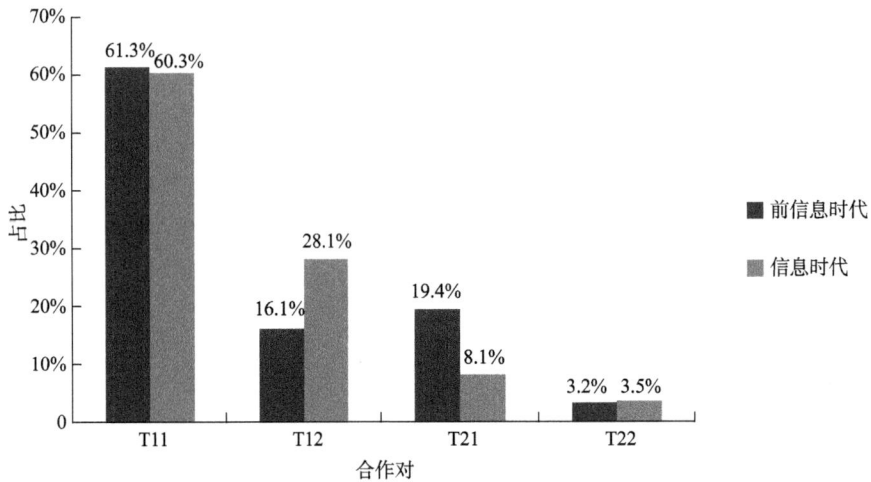

（b）管理类

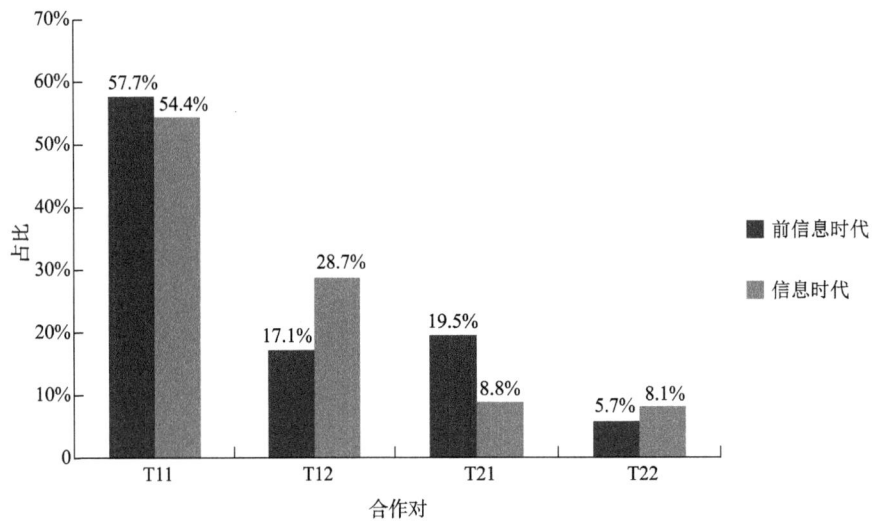

（c）技术类

图 7　中美合作不同时期不同类型合作对所占比例（10%划分法）

　　图 7 显示，1995 年之后，无论是从总体上看还是分别看管理类和技术类期刊，4 类合作对所占的比例中 T12 有明显上升，T11 和 T21 都在下降，T22 有微弱的上升。同样地，汇总中国第一层次大学参与的合作对比例，可以得到表 8 所示的结果，结果显示，1995 年之后中国第一层次大学参与的合作对比例都有明显的上升。这些结果表明，10%划分法和 5%划分法得出的结论基本一致：信息技术的发展促进了中美信息系统学者的合作，但同时也使得双方的信息不对称减少，美国第二层次大学的学者更愿意同中国学者合作，并更愿意与中国第一层次大学的学者合作，这说明中国信息系统领域的研究和美国还存在差距。

表 8　中国第一层次大学（10%划分法）在中美合作对总量中所占比例（T11+T12）

| 期刊类型 | 前信息时代 | 信息时代 |
| --- | --- | --- |
| 全部 | 0.753 | 0.839 ↑ |
| 管理类 | 0.774 | 0.884 ↑ |
| 技术类 | 0.748 | 0.831 ↑ |

## 5.2 中美合作趋势的随机性检验

基于以上分析，我们有理由相信中国在信息系统的研究合作已经有了明显的国际化特征。但这种国际化合作是一种随机组合还是社会趋势需要我们进一步检验。我们可以采用构建随机合作网络与真实的合作情况进行比较的方法进行检验：首先根据研究者的合作关系构建网络，将作者分为中国作者和美国作者两组节点，然后分别计算每组内部和组间关系数的期望值，最后和实际观测值进行对比。

我们假设节点之间随机建立联系的情况下，网络中的关系将在网络的三个部分（中国–中国、美国–美国、中国–美国）中均匀分布，通过生成10 000个这样的随机网络可以计算出每部分应包含的关系数量的期望值，然后比较期望值和观测值是否有显著差异即可，如表9所示。对期望值和观测值之间的差异进行卡方检验，结果表明观测值显著与期望值不同（$\chi^2$=85 394.188，df=2，$p<0.001$），这说明中美合作不是一个随机组合。

**表9  中美合作趋势随机性的假设检验**

| 合作类型 | 期望值（A） | 观测值（B） | 差异（B-A） |
|---|---|---|---|
| 中国–中国 | 2 628.981 | 15 773 | 13 144.020 |
| 美国–美国 | 52 103.035 | 59 736 | 7 632.965 |
| 中国–美国 | 23 409.985 | 2 633 | −20 776.985 |

从得到的结果来看，中美两国作者内部合作的关系数量以及中美两国合作的关系数量和期望值都有显著差异。因此，中美两国的作者都更倾向于与国内的学者合作。进一步观察观测值和期望值差异的数值，就内部合作来看，对中国来说，差异是期望值的近5倍，而对于美国来说，差异仅占到期望值的14.6%。从这个角度上说，美国信息系统研究合作的国际化倾向比中国更明显。从中美两国间合作来看，观测值相比期望值为负，说明中国学者更愿意和国内学者合作，而中美两国的合作还有很大的发展空间。

# 6  总结和展望

以上研究，我们以1980~2010年的信息系统领域发表的期刊论文数据为基础，构建了中美学者合作对，并分析了中美学者的合作特征。我们发现和其他学科一样，信息系统领域中合著论文的比例正在不断上升，科学合作已经成为最主要的知识生产方式。从发文数量和所占的比例来看，中国信息领域正在不断发展，发文比例正不断上升，并且和美国发文占比相比，差距也在不断缩小，这说明我国信息系统领域的研究保持着良好的发展态势。从中美合作的情况来看，中美合著文章的比例也随时间显著上升，呈现不断增长的趋势，两国合作的紧密程度也呈不断上升的趋势，这表明中美两国在信息系统领域的科学合作正越来越紧密。利用论文引证因子分析文章的学术影响力，结果表明，中美合著文章的论文引证因子显著高于中国独立发表文章的论文引证因子，且略高于总体平均水平。这表明中美合作提升了我国在信息系统领域的研究质量，扩大了学术影响力，对论文5年引用频数均值的分析也可以得出类似的结论。对于这些特征的了解，将有助我们领域的研究者认识现存的国际合作关系，更好地发展新的合作。

更进一步，为了了解中美在信息系统领域合作模式的发展动态，我们以互联网技术发展的前后时期进行对比，比较合著文章中不同类型合作对的数量和比例的变化情况。结果显示，互联网技术发展之后，各个类型的合作对数量都明显增加，这与中美合作紧密开展的结论一致。但从合作对的比例变化来看，中国第一层次大学所参与的合作比例在互联技术发展之后有明显上升，但是从比例构成来看，中国第一层次大学和美国第二层次大学的合作（T12）比例在增加，中国第一层次大学和美国第一层次大学的合作（T11）比例在下降。这表明信息技术的发展一方面降低了中美学者的沟通成本，使得合作的开展更为频繁，但另一方面使得我国学者和美国学者的错层合作加剧，具体体现在中国第一层次和美国第二层次大学间的学者合作显著增长。

　　总的来说，我们很高兴地看到，中国研究者在信息系统领域的国际合作比较丰富，合作质量也较高，并且还有很大的发展空间。我们相信，对于信息系统研究合作中的团体及其影响力的认识能够帮助关心这个领域的人们获得信息系统发展现状的一个宏观图景。

　　当然，本文还存在一定问题和局限。例如，我们依据美国信息系统协会列举的期刊列表来确定信息系统领域存在一定局限性，列表的不同会显著影响结论，需要后续根据不同的期刊范围进行检验，并思考如何更加科学地选择期刊和论文。

# 参 考 文 献

[1] Acedo F J，Barroso C，Casanueva C，et al. Co-authorship in management and organizational studies：an empirical and network analysis[J]. Journal of Management Studies，2006，43（5）：957-983.

[2] Hudson R A. Sociolinguistics[M]. Cambridge：Cambridge University Press，1996.

[3] Laband D N，Tollison R D. Intellectual collaboration[J]. Journal of Political economy，2000，108（3）：632-662.

[4] Barnett A H，Ault R W，Kaserman D L. The rising incidence of co-authorship in economics：further evidence[J]. The Review of Economics and Statistics，1988，70（3）：539-543.

[5] Egghe L，Rousseau R. Introduction to Informetrics[M]. Amsterdam：Elsevier，1990.

[6] Kretschmer H. Coauthorship networks of invisible colleges and institutionalized communities[J]. Scientometrics，1994，30（1）：363-369.

[7] Persson O，Beckmann M. Locating the network of interacting authors in scientific specialties[J]. Scientometrics，1995，33（3）：351-366.

[8] Newman M E J. Coauthorship networks and patterns of scientific collaboration[J]. Proceedings of The National Academy of Sciences，2004，101（suppl 1）：5200-5205.

[9] Newman M. Who is the best connected scientist? A study of scientific coauthorship networks[J]. Complex Networks，2004，650：337-370.

[10] Cheon M J，Lee C，Grover V. Research in MIS—points of work and reference：a replication and extension of the Culnan and Swanson study[J]. ACM SIGMIS Database，1992，23（2）：21-29.

[11] Oh W，Choi J N，Kim K. Coauthorship dynamics and knowledge capital：the patterns of cross-disciplinary collaboration in information systems research[J]. Journal of Management Information Systems，2005，22（3）：266-292.

[12] Schubert A，Braun T. International collaboration in the sciences 1981–1985[J]. Scientometrics，1990，19（1~2）：3-10.

[13] Narin F，Stevens K，Whitlow E. Scientific co-operation in Europe and the citation of multinationally authored papers[J]. Scientometrics，1991，21（3）：313-323.

[14] van Alstyne M，Brynjolfsson E. Could the internet balkanize science? [J]. Science，1996，274（5292）：1479.

[15] Babchuk N，Keith B，Peters G. Collaboration in sociology and other scientific disciplines：a comparative trend analysis of scholarship in the social，physical，and mathematical sciences[J]. The American Sociologist，1999，30（3）：5-21.

[16] Adams J D，Black G C，Clemmons J R，et al. Scientific teams and institutional collaborations：evidence from US universities，1981–1999[J]. Research Policy，2005，34（3）：259-285.

[17] Grover V. The information systems field：making a case for maturity and contribution[J]. Journal of the Association for Information Systems，2012，13（4）：254.

[18] Figg W D，Dunn L，Liewehr D J，et al. Scientific collaboration results in higher citation rates of published articles[J]. Pharmacotherapy：The Journal of Human Pharmacology and Drug Therapy，2006，26（6）：759-767.

[19] Wuchty S，Jones B F，Uzzi B. The increasing dominance of teams in production of knowledge[J]. Science，2007，316（5827）：1036-1039.

[20] 金碧辉，张望，曹聪，等. 中美科学合作：文献计量学分析[J]. 山西大学学报：自然科学版，2007，30（2）：295-302.

[21] 孟祥保. 论中美人文社会科学研究合作结构——基于 SSCI，A&HCI 论文 （2002-2011） 的计量分析[J]. 东南大学

学报（哲学社会科学版），2012，14（4）：14-19.

[22] 袁晓园，华薇娜. 中国图情学国际合著论文的文献计量分析[J]. 情报杂志，2014，33（10）：137-141.

[23] Luukkonen T, Persson O, Sivertsen G. Understanding patterns of international scientific collaboration[J]. Science, Technology & Human Values, 1992, 17（1）：101-126.

[24] Katz J. Geographical proximity and scientific collaboration[J]. Scientometrics, 1994, 31（1）：31-43.

[25] Teasley S, Wolinsky S. Scientific collaborations at a distance[J]. Science, 2001, 292（5525）：2254.

[26] Ding W, Levin S G, Stephan P E, et al. The impact of information technology on academic scientists' productivity and collaboration patterns[J]. Management Science, 2010, 56（9）：1439-1461.

[27] Jones B F, Wuchty S, Uzzi B. Multi-university research teams：shifting impact, geography, and stratification in science[J]. Science, 2008, 322（5905）：1259-1262.

[28] 郭永正. 从第四到第一：中国对美科学合作的位次转变[J]. 情报杂志，2013，32（9）：84-87.

[29] Wagner C S, Leydesdorff L. Mapping the network of global science：comparing international co-authorships from 1990 to 2000[J]. International Journal of Technology and Globalisation, 2005, 1（2）：185-208.

# Evolution of Sino-American Scientific Collaboration in Information Systems Research

## YAO Xinlin[1], ZHANG Cheng[2]

（1. School of Economics & Management, Nanjing University of Science and Technology, Nanjing 210094, China；

（2. School of Management, Fudan University, Shanghai 200433, China）

**Abstract**  Based on bibliographic data of 91 751 articles that were published in 86 major journals of information systems from 1980 to 2010, we analyzed the evolution of collaboration patterns between Chines and American scholars during the 30 years. We also compared the differences of collaboration patterns before and after the emergence of the Internet as well. The results indicate that Sino-American co-authored information systems research is increasing in terms of publication amount and proportion. Moreover, the average impact factor of Sino-American co-authorship publication is significantly higher than that of publication which is written merely by Chinese scholars. The evolution of Sino-American collaboration patter before and after 15 years shows that, on the one hand, the development of information technologies reduces communication costs between Chinese and American scholars, which makes collaborations more frequent. On the other hand, this leads Sino-American collaboration occurring between scholars from different tiers rather than from same tiers.

**Key words**  scientific collaboration, collaboration patterns, Sino-American collaboration, information systems research, academic influences

## 作者简介

姚欣林（1990—），男，南京理工大学经济管理学院副教授，研究方向为科学合作、虚拟团队创新、社交媒体等。E-mail：xinlinynjust@163.com。

张诚（1977—），男，复旦大学管理学院教授，研究方向为信息技术扩散、社会网络、电子商务。E-mail：zhangche@fudan.edu.cn。

附表　美国信息系统协会列举的 86 本信息系统领域相关期刊

| 序号 | 期刊名称 | ISSN | 主要领域 |
| --- | --- | --- | --- |
| 1 | ACAD MANAGE REV | 0363-7425 | 商业/管理 |
| 2 | ACAD MANAGE J | 0001-4273 | 商业/管理 |
| 3 | MIS QUART | 0276-7783 | 商业/管理 |
| 4 | ORGAN SCI | 1047-7039 | 商业/管理 |
| 5 | ACAD MANAGE EXEC | 0896-3789 | 商业/管理 |

续表

| 序号 | 期刊名称 | ISSN | 主要领域 |
|---|---|---|---|
| 6 | ACM T GRAPHIC | 0730-0301 | 计算机科学与工程 |
| 7 | OMEGA-INT J MANAGE S | 0305-0483 | 商业/管理 |
| 8 | J ACM | 0004-5411 | 计算机科学与工程 |
| 9 | J INF TECHNOL | 0268-3962 | 计算机科学与工程 |
| 10 | J STRATEGIC INF SYST | 0963-8687 | 计算机科学与工程 |
| 11 | INFORM SCIENCES | 0020-0255 | 计算机科学与工程 |
| 12 | IEEE T INFORM THEORY | 0018-9448 | 计算机科学与工程 |
| 13 | J MANAGE INFORM SYST | 0742-1222 | 计算机科学与工程 |
| 14 | INFORM MANAGE-AMSTER | 0378-7206 | 计算机科学与工程 |
| 15 | COMPUT EDUC | 0360-1315 | 计算机科学与工程 |
| 16 | IEEE MICRO | 0272-1732 | 计算机科学与工程 |
| 17 | IEEE INTERNET COMPUT | 1089-7801 | 计算机科学与工程 |
| 18 | IEEE T MOBILE COMPUT | 1536-1233 | 计算机科学与工程 |
| 19 | COMMUN ACM | 0001-0782 | 计算机科学与工程 |
| 20 | MANAGE SCI | 0025-1909 | 商业/管理 |
| 21 | IEEE T SOFTWARE ENG | 0098-5589 | 计算机科学与工程 |
| 22 | VLDB J | 1066-8888 | 计算机科学与工程 |
| 23 | IEEE PERVAS COMPUT | 1536-1268 | 计算机科学与工程 |
| 24 | INFORM SYST RES | 1047-7047 | 商业/管理 |
| 25 | DECIS SUPPORT SYST | 0167-9236 | 计算机科学与工程 |
| 26 | IEEE T SYST MAN CY C | 1094-6977 | 计算机科学与工程 |
| 27 | INFORM SYST J | 1350-1917 | 信息科学与图书馆学 |
| 28 | IEEE NETWORK | 0890-8044 | 计算机科学与工程 |
| 29 | IEEE T VIS COMPUT GR | 1077-2626 | 计算机科学与工程 |
| 30 | DATA KNOWL ENG | 0169-023X | 计算机科学与工程 |
| 31 | IEEE T KNOWL DATA EN | 1041-4347 | 计算机科学与工程 |
| 32 | IEEE WIREL COMMUN | 1536-1284 | 计算机科学与工程 |
| 33 | COMPUTER | 0018-9162 | 计算机科学与工程 |
| 34 | EMPIR SOFTW ENG | 1382-3256 | 计算机科学与工程 |
| 35 | EUR J INFORM SYST | 0960-085X | 计算机科学与工程 |
| 36 | IBM SYST J | 0018-8670 | 计算机科学与工程 |
| 37 | IEEE COMPUT GRAPH | 0272-1716 | 计算机科学与工程 |
| 38 | IEEE T INF TECHNOL B | 1089-7771 | 计算机科学与工程 |
| 39 | ACM T SOFTW ENG METH | 1049-331X | 计算机科学与工程 |
| 40 | IEEE T MULTIMEDIA | 1520-9210 | 计算机科学与工程 |
| 41 | INFORM PROCESS MANAG | 0306-4573 | 计算机科学与工程 |
| 42 | J ASSOC INF SYST | 1536-9323 | 计算机科学与工程 |
| 43 | CALIF MANAGE REV | 0008-1256 | 商业/管理 |
| 44 | ACM T MATH SOFTWARE | 0098-3500 | 计算机科学与工程 |
| 45 | INFORM SYST | 0306-4379 | 计算机科学与工程 |
| 46 | SOFT COMPUT | 1432-7643 | 计算机科学与工程 |
| 47 | IEEE SOFTWARE | 0740-7459 | 计算机科学与工程 |

| 序号 | 期刊名称 | ISSN | 主要领域 |
|---|---|---|---|
| 48 | INT J COOP INF SYST | 0218-8430 | 计算机科学与工程 |
| 49 | IEEE T DEPEND SECURE | 1545-5971 | 计算机科学与工程 |
| 50 | IND MANAGE DATA SYST | 0263-5577 | 计算机科学与工程 |
| 51 | J INF SCI | 0165-5515 | 计算机科学与工程 |
| 52 | DECISION SCI | 0011-7315 | 商业/管理 |
| 53 | IEEE T ENG MANAGE | 0018-9391 | 商业/管理 |
| 54 | COMPUT J | 0010-4620 | 计算机科学与工程 |
| 55 | INFORM RETRIEVAL | 1386-4564 | 计算机科学与工程 |
| 56 | IEEE T RELIAB | 0018-9529 | 计算机科学与工程 |
| 57 | J SYST SOFTWARE | 0164-1212 | 计算机科学与工程 |
| 58 | HARVARD BUS REV | 0017-8012 | 商业/管理 |
| 59 | DATA MIN KNOWL DISC | 1384-5810 | 计算机科学与工程 |
| 60 | INFORM SOC | 0197-2243 | 信息科学与图书馆学 |
| 61 | ACM T DATABASE SYST | 0362-5915 | 计算机科学与工程 |
| 62 | MULTIMEDIA SYST | 0942-4962 | 计算机科学与工程 |
| 63 | INFORMS J COMPUT | 1091-9856 | 计算机科学与工程 |
| 64 | ACM T PROGR LANG SYS | 0164-0925 | 计算机科学与工程 |
| 65 | INTERNET RES | 1066-2243 | 计算机科学与工程 |
| 66 | ACM T INFORM SYST | 1046-8188 | 计算机科学与工程 |
| 67 | IEEE MULTIMEDIA | 1070-986X | 计算机科学与工程 |
| 68 | GROUP DECIS NEGOT | 0926-2644 | 商业/管理 |
| 69 | WORLD WIDE WEB | 1386-145X | 计算机科学与工程 |
| 70 | MIT SLOAN MANAGE REV | 1532-9194 | 商业/管理 |
| 71 | SOC SCI COMPUT REV | 0894-4393 | 计算机科学与工程 |
| 72 | COMPUT SECUR | 0167-4048 | 计算机科学与工程 |
| 73 | J INTELL INF SYST | 0925-9902 | 计算机科学与工程 |
| 74 | INT J ELECTRON COMM | 1086-4415 | 商业/管理 |
| 75 | SIGMOD REC | 0163-5808 | 计算机科学与工程 |
| 76 | INTERFACES | 0092-2102 | 商业/管理 |
| 77 | J COMPUT INFORM SYST | 0887-4417 | 计算机科学与工程 |
| 78 | J ORG COMP ELECT COM | 1091-9392 | 计算机科学与工程 |
| 79 | SOFTWARE QUAL J | 0963-9314 | 计算机科学与工程 |
| 80 | J VISUAL LANG COMPUT | 1045-926X | 计算机科学与工程 |
| 81 | INFORM PROCESS LETT | 0020-0190 | 计算机科学与工程 |
| 82 | VISUAL COMPUT | 0178-2789 | 计算机科学与工程 |
| 83 | J BUS TECH COMMUN | 1050-6519 | 商业/管理 |
| 84 | ACM T DES AUTOMAT EL | 1084-4309 | 计算机科学与工程 |
| 85 | J VISUAL COMP ANIMAT | 1049-8907 | 计算机科学与工程 |
| 86 | INT J SOFTW ENG KNOW | 0218-1940 | 计算机科学与工程 |

# 信息系统专业审计研究与实践

穆勇[1]，赵莹[1]，张燕生[2]，支俊辉[2]

（1. 北京市信息资源管理中心，北京 100101；

2. 航天世纪咨询有限公司，北京 100048）

**摘　要**　针对已建成或正在运行的大量信息系统中存在的系统与实际业务流程不匹配、数据不规范、信息共享难及系统与技术文档"两层皮"等方面的问题，首次引入了"信息系统专业审计"的概念，界定了其内涵和外延，创新性地提出了一套信息系统专业审计的定位、目标、对象、内容、依据、工具、方法、组织、策略、流程、成果及作用的体系框架，并对某市政府部门 28 个信息系统进行了专业审计，取得了良好效果。

**关键词**　信息系统专业审计，研究，实践

**中图分类号**　F239.1

## 1　引言

经过多年的信息化建设，我国政府部门和企业建成了大量的信息系统，在企业管理和公众服务等方面发挥了重要作用，但由于这些系统大都是在不同时期由不同厂商建设、运维的，加之多年来不断升级改造，普遍存在着系统与技术文档"两层皮"、系统与实际业务流程不匹配、功能与接口错综复杂难以把控、数据标准化程度差、信息共享难、业务系统和数据安全隐患高等问题。对此，如果任其发展，将会给后续系统的运维管理、升级改造和互联互通带来困难，但又不能一关了之。

为了解决上述问题，急需创新信息系统审计理论和方法，能够快速有效地找出系统问题，发现"僵尸"系统，整治系统乱象，助力系统整合，确保信息资产保值增值。

## 2　国内外 IT 审计理论研究与实践现状

### 2.1　国外 IT 审计研究与实践现状

IT 审计（也称为"信息系统审计"）出自 20 世纪 60 年代 IBM 出版的 *Audit encounters Electronic Data Processing*[1]，70 年代中后期到 80 年代初，由于计算机在发达国家的初步普及，利用计算机犯罪和计算机系统失效的事件频频出现，IT 审计日益得到社会重视，美国、日本先后成立了 IT 审计方面的协会组织，从事 IT 审计规则的制定和实施指导。90 年代是 IT 审计的普及期[2]，互联网的普及为计算机犯罪提供了温床，此外，日益严重的软件项目失败问题引发了是否要对信息系统的投资和开发进行审计的深思，IT 审计得到了前所未有的重视。1994 年，EDP（Electronic Data Processing，电子数据处理）审计师协会正式更名为信息系统审计与控制协会（Information Systems Audit and Control Association，ISACA），它是国际上唯一的 IT 审计专业组织，通过制定和颁布信息系统审计标准、指南和程序来规范 IT 审计师的工作[3]。

---

通信作者：赵莹，女，工程师，北京市信息资源管理中心项目主管。E-mail：zhaoy@bjeit.gov.cn。

目前，业内对于 IT 审计还没有一个统一的定义。国际 IT 审计领域的权威专家 Ron Weber[4] 将其定义为"收集并评价证据，以判断一个计算机系统（信息系统）是否有效做到保护资产、维护数据完整、完成组织目标，同时最经济地使用资源"。1996 年日本通产省情报处理开发协会信息系统审计委员会将其定义为"为了信息系统的安全、可靠和有效，由独立于审计对象的信息系统审计师，以第三方的客观立场对以计算机为核心的信息系统进行综合的检查与评价，向信息系统审计对象的最高领导层提出问题与建议的一连串的活动"。

随着信息技术在社会经济中的广泛运用，IT 审计的目标从对数据处理系统的正确性和可靠性进行审查发展到对整个信息系统的效率、可靠性、有效性和安全性的审查；审计的方法从手工审计发展到手工审计与计算机辅助审计工具和技术相结合；开展审计的人员从注册会计师发展到专门的 IT 审计师；指导 IT 审计的组织从传统的审计机关和组织发展成为专业的 IT 审计组织；IT 审计的内容、依据、准则等也随着信息技术和信息系统的发展而不断发展和完善[5]。

## 2.2  我国 IT 审计研究与实践现状

从 20 世纪 80 年代起，国内专家学者就开始尝试将国外的 IT 审计理论引入我国[6]。例如，关于 IT 审计的定义，潘晓江[7]提出"IT 审计是现代审计的有机组成部分，主要任务是检查会计信息系统数据的可靠性，检查资产保护的状况，数据处理工作的成效以及对系统内的人、财、物等各种资源的利用率"。唐清亮[8]提出"IT 审计的基本任务是通过计算机系统的检查、测试和评价，提供确切可靠的审计证据，以确定企业的经济活动是否符合党和国家的法律、法规，是否执行了党和国家的方针政策，企业的财务收支活动是否符合财经制度和纪律，是否存在违法乱纪活动，以及确定企业经济效益的高低"。这些理论虽然已经进行了一定程度的本土化改造，但在发展过程中证明，起源于国外的理论和方法与我国实际情况存在较多不适应，无法很好地指导我国信息系统审计实践[9, 10]。为了进一步规范信息系统审计行为，中国内部审计协会[11]于 2008 年发布了《内部审计具体准则第 28 号——信息系统审计》，但由于这些准则过于笼统，缺乏实施细则，难以真正指导审计实践[12]。

由于缺乏理论指导，目前国内的信息系统审计应用实践还很局限，主要是针对信息安全审计[13]和信息化项目审计[14]（偏重于财务收支审计）两方面，分别由安全测评部门和财务审计部门组织实施，而针对信息系统的技术文档、业务流程、数据规则、功能接口等方面的专业审计工作还基本处于空白[15]。同时，由于信息系统审计专业性较强，传统的审计手段、审计工具、审计人员难以满足信息系统审计的要求。

2017 年 5 月，国务院办公厅印发的《政务信息系统整合共享实施方案》（国办发〔2017〕39 号）明确提出"探索政务信息系统审计的方式方法"，"加快消除'僵尸'信息系统"。在上述背景下，本文针对我国政务信息系统共享整合的特点和需求，对 IT 审计部分内容进行了裁剪，对重点内容进行了补充扩展，创新性地提出了与我国信息化发展相适应的信息系统审计的理论体系框架，有别于传统的 IT 审计，称为"信息系统专业审计"（information system professional auditing，ISPA）。

# 3  信息系统专业审计体系框架和主要内容

信息系统专业审计是一个系统工程，涉及众多复杂问题，需要建立一个完整的体系框架（图 1），该体系框架包括系统分类与系统数据采集、实施审计与查找问题、提出建议与系统整改方案、实施策略与保障机制、专业人员和专用工具等五大方面。本文重点针对信息系统专业审计的定义、定位、目标、对象、内容、依据、工具、方法、组织、策略、流程、成果及作用等方面进行阐述。

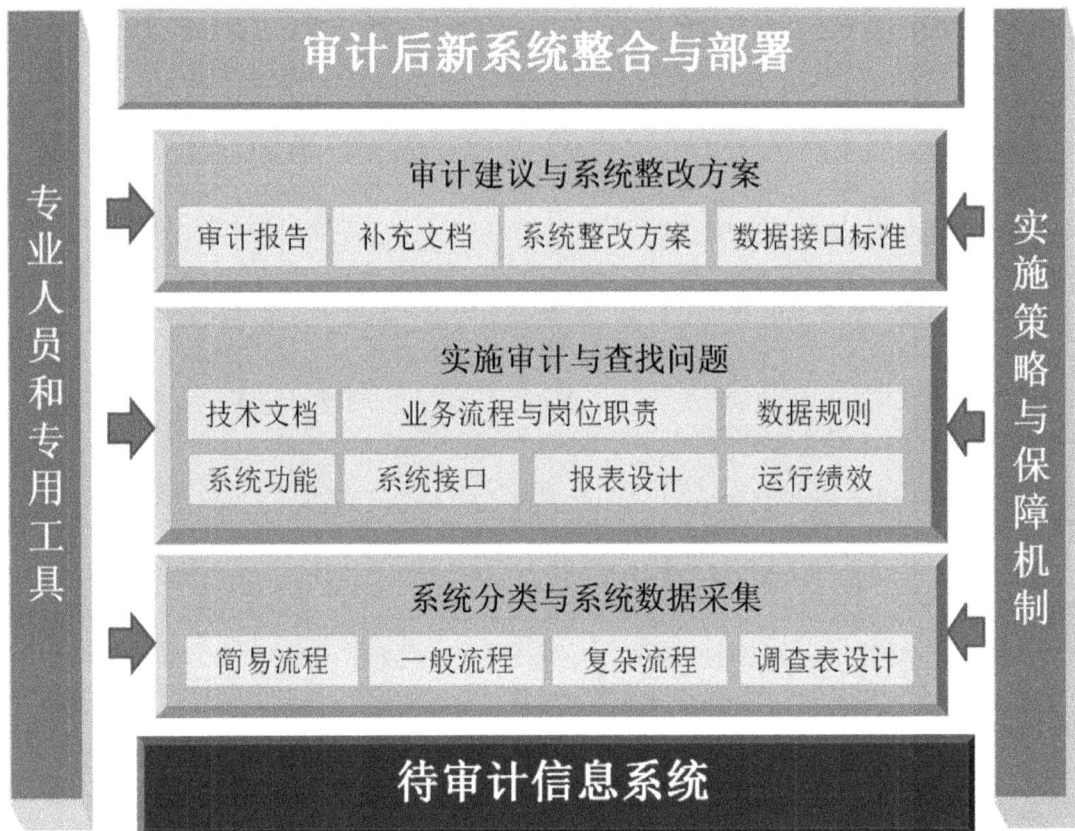

图 1　信息系统专业审计体系框架

### 3.1　信息系统专业审计的定义与定位

　　信息系统专业审计是指对已建并投入运行的信息系统技术文档、业务流程、数据、功能、接口、运维等按照国家和国际的相关标准规范进行合规性和一致性审计，补充完善相关技术文档，理清与修正系统业务流程、数据关系以及数据操作规则、交换规则和展示规则，并对系统的整体运行情况和效益给出审计意见和专业建议，审计报告将作为相关系统整合、数据迁移、共享交换、安全运行和运维管理等工作的重要依据。

　　"信息系统专业审计"是在国外 IT 审计理论基础上结合我国信息化发展的实际需求形成的本土化概念。与传统的 IT 审计相比，信息系统专业审计最大的不同点在于：传统的 IT 审计的目标是"发现问题，给出建议"，而对于信息系统专业审计，仅仅发现并指出信息系统存在的管理上和技术上存在的问题是不够的，还要针对发现的问题，由专业人员采用一套信息系统专业审计的方法和专用工具来帮助解决好这些问题，从而"根治"系统病灶，更好地保护已建信息资产。

### 3.2　审计目标、对象和内容

　　信息系统专业审计的目标体现在如下几个方面：一是发现技术文档存在的内容不完整、功能不一致、数据不正确等问题，并有针对性地补充完善相关技术文档；二是理清并修正现有系统开发与运行中的业务流程、系统功能、接口、数据关系和操作规则、交换规则、展示规则等方面的问题；三是对系统的运维效率、效能和效果进行审计；四是对系统整体运行情况和绩效给出审计意见和建议，专业审计报告将作为相关系统整合、数据迁移、共享交换、安全运行和运维管理等工作的重要依据。

信息系统专业审计的对象可以是单个系统，也可以是一组系统。对以下三类业务系统应优先进行专业审计：一是承担业务工作相对比较重要的业务系统；二是在开发过程中存在问题比较多的业务系统；三是将要进行升级改造、数据迁移和整合的业务系统。

信息系统专业审计内容不仅是信息系统本身，还涵盖信息系统的技术文档、业务流程、岗位职责、数据质量、系统功能、系统接口、软硬件及整体绩效等。具体审计以下几方面内容：一是技术文档是否合规、完整、一致、可用；二是业务流程和岗位职责是否合规、是否存在安全隐患；三是系统数据是否规范、可用，基础数据是否统一；四是系统功能是否与技术文档一致、执行有效；五是系统接口是否规范、需求明确、设计正确；六是应用系统硬件设备效率及整体绩效是否明显。

## 3.3 审计依据、方法和工具

信息系统专业审计过程需严格遵照国家、北京市及相关行业领域信息化建设相关标准和准则，如参照《GB/T 8567-2006 计算机软件文档编制规范》进行技术文档合规性审核；参照《GB/T 19488.1-2004 电子政务数据元 第一部分：设计和管理规范》进行数据元素梳理分析；参照《GB/T 19487-2004 电子政务业务流程设计方法通用规范》进行业务流程梳理和业务建模等。

在审计方法上，综合采用多种方法实施审计。例如，通过开发商调研、质询和系统确认，审计技术文档与系统的一致性；通过参照《GB/T 8567-2006 计算机软件文档编制规范》分解的 273 项审计指标，审计文档的完整性、合规性；按照《GB/T 19487-2004 电子政务业务流程设计方法通用规范》执行一体化业务建模，审计业务流程和岗位职责的合规性；按照《GB/T 19488.1-2004 电子政务数据元 第一部分：设计和管理规范》进行基础数据分析与抽取，审计系统数据的可用性和规范程度；通过对系统接口进行在线监听和传输包分析，理清接口关系，审计接口的合理性和有序性；通过考察 CPU 使用效率、机房总体能耗与系统运行的能耗比，审计系统设备运行效率和能耗等。

为了提高审计的质量和效率，可综合采用各类定制、通用或开源的计算机辅助工具实施审计。例如，运用专业业务建模工具（如 HDBMW）构建基于 GB/T 18487 的全程一体化业务建模，产生业务构成的组成结构树、职责执行流程图、业务协作流程图和数据关系图的"一树三图"模型；运用数据元素设计工具（如 HDELEMENT）进行数据元素分析，排除噪声数据干扰，分析 U/C 矩阵，产生财政主数据；运用数据库开发工具（如 PL/SQL）对测试环境数据库的实例数据进行分析和确认，把握数据流转情况；运用数据库设计工具（如 PowerDesginer）实现数据库的 ER（Entity Relationship Diagram，实体关系图）模型分析和数据物理建模；运用开源的接口分析工具对网络接口如 Web 服务、Socket、Http 等接口进行在线监听和传输包分析。

## 3.4 审计组织保障

由于信息系统专业审计涉及信息系统的方方面面，因此需要由专业审计机构、审计业主单位、所审系统开发单位三方共同协作完成，缺一不可。

专业审计机构须具备从事专业审计所需的完备的专业技术能力和成熟规范的专业审计工作模式，且审计涉及的业务系统的开发单位、监理单位、咨询单位均不得承担该系统的专业审计工作；审计业主单位需派出专门人员指导审计机构的专业审计工作，并协调系统开发商组织召开系统文档介绍、系统演示等会议；所审系统开发单位需指定了解所审系统的项目经理或技术总监全程配合专业审计工作，积极配合审计机构做好系统文档介绍和系统演示，保质保量地补充所缺失的技术文档，对审计机构提出的技术文档相关问题给予清晰明确的回答。

## 3.5　审计实施策略

按照被审计业务系统的复杂性、规模和开发商配合程度，将审计执行流程划分为以下三种：一是简易审计流程，适用于系统复杂程度不高、规模不大、资料齐全、应用情况良好、开发商紧密配合的应用系统的审计，这种情况下只需依托技术文档和开发商执行审计；二是一般审计流程，适用于系统复杂程度较高、规模较大、资料存在一定缺陷、应用情况良好、开发商紧密配合的系统的审计，这种情况下除了借助文档和开发商以外，还需要搭建测试环境进行审计；三是复杂审计流程，适用于系统复杂程度高、规模大、资料不全，开发商不配合的系统，这时要利用审计辅助工具，通过逆向建模分析，完成审计工作。

## 3.6　审计流程

信息系统专业审计主要分为前期准备、形式审计、实质审计、报告编制四个阶段实施。

1）前期准备阶段

审计机构收集审计对象系统的技术文档，并按照《GB/T 8567-2006 计算机软件文档编制规范》规范整理归类，形成13类技术文档的"技术文档清单"；按照《GB/T 8567-2006 计算机软件文档编制规范》分解审计指标，形成"审计指标模板"，保证审计工作有据可依；同时下发"开发商调研表"，包括功能调研表、接口调研表、报表调研表，掌握当前系统基本情况。

2）形式审计阶段

审计机构按照审计指标，对业务系统的 13 类技术文档进行逐项审计和评价，形成"审计指标表"；在指标审计基础上，从技术文档的完整性、一致性、可用性三个方面，对业务系统的技术文档分别给出形式审计结论，形成"审计结论表"。

3）实质审计阶段

审计机构首先以会议和面谈形式进行开发商质询，由开发商进行系统演示和讲解，审计机构在开发商的配合下，对业务系统的业务流、数据流、接口等逐一进行确认，并就审计中发现的问题与其进行沟通；其次，基于开发商调研表和质询反馈的情况，对技术文档与业务系统的一致性进行审计，包括操作功能、统计报表、系统接口、业务数据与文档一致性；最后，根据审计情况，对开发商提出文档补齐要求，系统开发商按要求对技术文档进行大规模内容补充。

4）报告编制阶段

补充文档是最终编制审核报告的重要依据和素材。补充文档主要包括五类：第一类补充文档是业务模型。开发商需在审计机构的指导下，按照《GB/T 19487-2004 电子政务业务流程设计规范》，采用"全程一体化精细建模"方法，建立组织模型、业务协作流程模型、职责执行模型和数据关系模型。其中最为核心的是业务协作流程模型，即指岗位职责之间的协作关系流程的模型，描述了表单流转路径，以及系统间接口和人机交互的协作关系。基于业务协作流程，可以实现组织组成、数据资源和职责的聚集与展现，形成上下贯通的一体化业务视图模型。

第二类补充文档是主要功能的页面交互设计。对常用功能操作界面进行整理，补充页面迁移图（图2）和说明、页面设计、页面（初始化、控件事件）数据流表以及关联字典等基础数据。

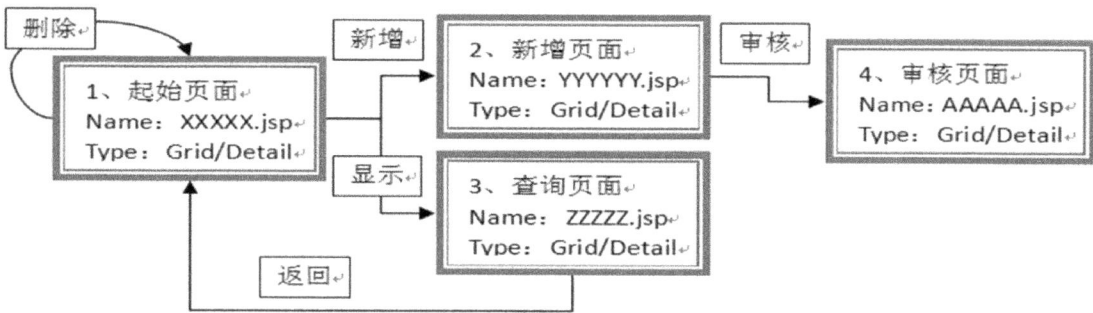

图 2　页面迁移图示例

第三类补充文档是报表设计。对报表的展示界面进行整理，补充报表页面、数据流和统计计算关系（图 3）。

图 3　报表 PL/SQL 举例

第四类补充文档是系统接口，补充系统接口的整体结构，以及每个接口的业务描述（图 4）、接口类型、消息数据格式设计（图 5）、交换数据与业务数据表关系表。

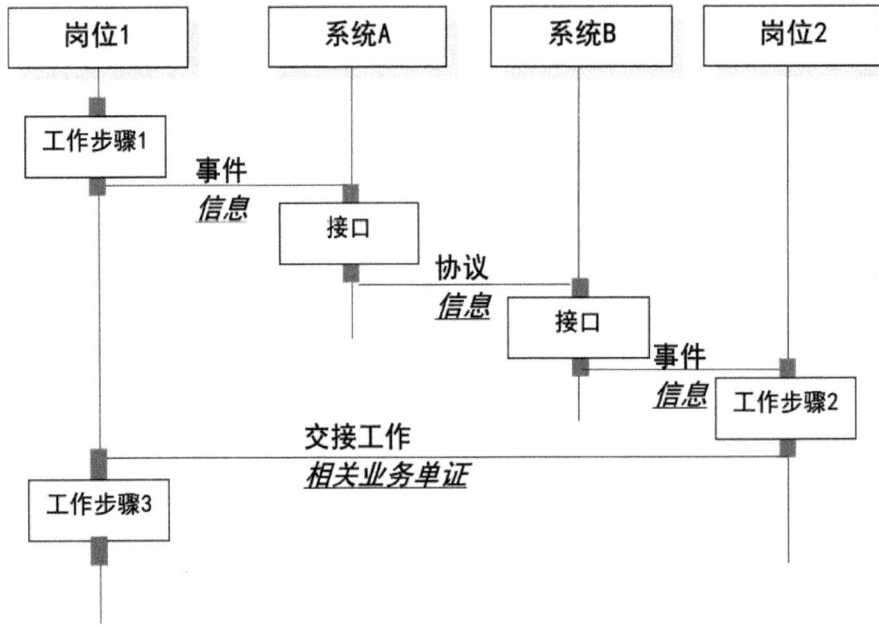

图 4　接口业务描述模板

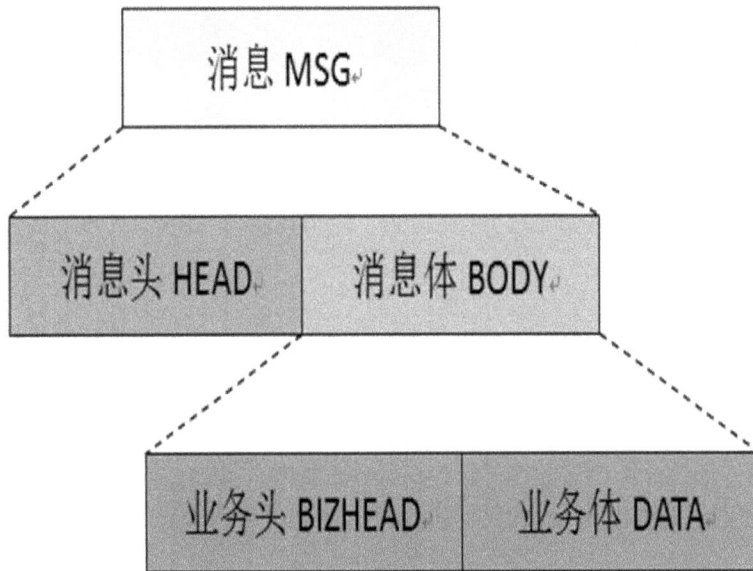

图 5　消息数据格式设计模板

第五类补充文档是对数据库字段的中文语义进行追加补充。

最后，基于前期审计过程编制审计报告。

## 3.7　审计报告

审计报告包括主报告和专项报告。主报告主要介绍审计工作的背景与目标、实施内容与过程、取得的成果、存在的问题及建议等，最后给出审计的总体结论；专项报告针对各业务系统给出审计结论。

除了主报告和专项报告，审计报告还附有五个附件，是审计报告的核心和精髓。附件一是"业务系统数据规则报告"，此报告是在开发商补充文档的基础上，由审计组进行审核确认，最终形成的对业务系统数据规则的详细说明，内容包括系统的业务模型、交互页面操作数据规则、接口数据规则、报表数据规则等；二是"业务系统业务实体表编码"，描述系统内的全部具有中文语义的业务数据表，以及数据字典；三是"业务系统功能一致性审计状态表"，描述系统的功能、接口、统计数据现状，及其与文档的一致性审计评价；四是"业务系统技术文档审计指标表"，描述系统技术文档形式审计指标结论和说明。审计报告的展示方式是多样的，可以通过纸质方式存档，也可以开发专门的应用系统对成果进行展现和应用。

## 3.8 审计的作用

信息系统专业审计可以概括为对现有信息系统进行"摸底"和"改进"的过程。一方面，通过审计及时发现所审信息系统在技术文档、业务流程、岗位职责、数据质量、系统功能、系统接口、运维管理等方面存在的问题和不规范之处；另一方面，针对发现的问题，补充技术文档，对业务模型、系统功能、接口、数据关系等予以完善和修正，有效提升现有技术文档的可用性，保护了宝贵的历史数据资源，减少了对系统开发商的过度依赖，为今后系统进一步升级改造、数据迁移与共享交换奠定了基础。

# 4 信息系统专业审计典型案例

北京市某局在不同时期各业务部门按需建设的业务系统 89 个，在工作中发挥了重要作用，但由于应用系统在不同时期由不同厂商建设，开发架构、数据格式、技术标准不统一，难以满足未来该局业务协同、信息共享的需求。为了有效整治系统"乱"象，该局聘请第三方专业审计机构，对其 28 个核心业务系统进行了专业审计。

按照被审计系统的重要性，将 28 个系统分成二期、五个批次进行审计。通过前期调研了解到，大多数被审系统应用情况良好，开发商较为配合，且技术文档比较完整，仅有 1 个系统的技术文档完全缺失，开发商无法配合。因此审计项目组决定采用一般审计流程对其中 20 个系统进行审计，对 1 个系统执行复杂审计流程。审计过程中，审计业主单位派出 2 名专门人员指导审计机构的专业审计工作，8 家所审系统开发商指定了解所审系统的项目经理或技术总监共 13 人全程配合专业审计工作。本次审计历时 1 年，取得了良好的效果，具体如下。

一是技术文档的可用性显著提升。通过审计，找出该局 28 个核心业务系统在技术文档、业务流程、岗位职责、数据质量、功能接口、运维管理等方面存在的诸多问题，并针对审计发现的问题，补充技术文档，完善了系统业务流程，纠正了数据错误，理清了接口关系，共补充技术文档 4 852 页，其中业务协作流程 142 个，职责执行流程 1 116 个，交互界面设计 865 个，系统间接口关系 113 个，查询和报表 617 个，业务实体表单 1521 个，数据项 27 972 个。通过专业审计，技术文档的可用性达到90%以上。

二是实现了项目管理系统优化整合。在审计之前，该局先后开发了市级项目管理系统、区县项目管理系统、文化创意产业项目库系统、中外合作项目库系统等 20 余个项目管理系统，各系统功能大量重复。通过审计，全面梳理了现有各类项目管理业务流程和管理方式，整合优化出一套适合各类项目管理的通用业务模式。将该局原有的针对不同项目开发的 20 余个项目管理系统整合归并为一套统一、通用的项目管理系统，减少了重复投资、重复建设。

三是运维和升级改造费用大幅降低，运维管理更加规范。在审计之前，该局由于存量系统多而杂，不得不过度依赖开发商，驻场开发商多达 100 余人，系统运维费用高居不下。通过审计，建立了一套基于国标的技术文档验收标准，从由不同开发商多头运维转变为统一运维，增强了政府部门对其信息化建设的把控能力，减少了对开发商的过度依赖，运维费用也大幅下降。

四是为后续系统整合和数据迁移打下良好基础。通过专业审计，理清了该局业务主线，梳理"1 条核心业务线-25 个业务分类-147 项业务流程"的三级业务体系，形成业务全景图；基于业务线和业务分类，梳理跨系统的共享数据关系，初步建立基础数据标准，提升了数据标准化规范化程度，为后续政府部门信息系统一体化整合、数据迁移及后续系统开发奠定了坚实基础。

## 5　结论

上述理论研究和实践应用表明，本文提出的"信息系统专业审计"体系框架和方法对于解决系统与实际业务流程不匹配、信息共享难、系统与技术文档"两层皮"等方面的问题是有效的，虽然仍有很多需要完善的地方，但可以预见其所具有的十分重要的理论意义和广阔的应用前景。

## 参 考 文 献

[1] 胡克谨，等. IT 审计[M]. 第二版. 北京：电子工业出版社，2004.

[2] ISACA. IT Standards，Guidelines，and Tools and Techniques for Audit and Assurance and Control Professionals[S]. 2010.

[3] ISACA. Case study on using COBIT 5 for strategy implementation[S]. 2013.

[4] Weber R. Information System Control and Audit[M]. Upper Saddle River：Prentice Hall，1999.

[5] 庄明来，吴沁红，李俊. 信息系统审计内容与方法[M]. 北京：中国时代经济出版社，2008：22-23.

[6] 熊耀亮. 基于 COBIT 信息系统审计研究[J]. 科技信息，2012，（18）：269-270.

[7] 潘晓江. 电子计算机审计与数据可靠性控制[J]. 会计研究，1983，（5）：55-59.

[8] 唐清亮. 试论电算系统的审计[J]. 财经研究，1987，（4）：42-45.

[9] 张静，余建坤，尹建业，等. 国内外信息系统审计操作指南对比研究[J]. 全国商情：经济理论研究，2011，（Z3）：14-16.

[10] 李春青，周座. "国外引进"还是"自主发展"？——对我国政府信息系统审计发展途径的探讨[J]. 南京审计学院学报，2012，（1）：51-57.

[11] 王会金. 论信息系统审计准则在我国的需求与发展[J]. 南京审计学院学报，2012，9（6）：1-7.

[12] 刘杰. 我国信息系统审计准则构建研究[J]. 财会月刊，2014，（17）：43-47.

[13] 陈义生. 信息系统审计初探实例[J]. 审计与理财，2013，（5）：15-16.

[14] 张鹏，王延章. 信息系统审计在电子政务中的应用[J]. 中国管理信息化，2006，26（10）：47-49.

[15] 史达，张萍. 电子政务信息系统审计中的风险分析[J]. 电子政务，2008，（1）：38-43.

## Theoretical Research and Practical Application on Information System Professional Auditing

MU Yong[1]，ZHAO Ying[1]，ZHANG Yansheng[2]，ZHI Junhui[2]

（1. Beijing Information Resource Management Center，Beijing 100101，China；

2. Space Century Consulting Company，Beijing 100048，China）

**Abstract**　In order to solve some common problems of many information systems in use, such as the system workflows not match actual business process, data not standard, hard for information sharing, system not meet the technical document, ect, the paper innovatively put forward the concept of "Information System Professional Auditing"，defines its connotation and extension, points out its objectives, targets, contents, basis, methods, tools, strategies, organization, process, result and effect. The theory has been practiced on 28 information systems in a government department，and got good results.

**Key words** information system professional auditing，research，practice

**作者简介**

穆勇（1965—），男，博士，高级工程师，北京市信息资源管理中心副主任，长期从事信息资源管理研究，参加和主持数字奥运、智慧北京多项政府信息化重大工程。E-mail：muy@bjeit.gov.cn。

赵莹（1984—），女，工程师，北京市信息资源管理中心项目主管。研究方向包括政务信息资源管理研究、政务大数据应用研究等。E-mail：zhaoy@bjeit.gov.cn。

张燕生（1957—），男，高级工程师，研究方向包括信息系统专业分析、软件开发架构分析等。E-mail：zhangyangsheng@huadi.com.cn。

支俊辉（1972—），男，高级项目经理，研究方向包括信息化咨询等。E-mail：zhijh@httz.cc。